잊혀진 질문에 대한

가톨릭출판사

오래된 대답

2019년 6월 25일 교회 인가
2019년 12월 9일 초판 1쇄 펴냄
2025년 2월 14일 초판 3쇄 펴냄

지은이 · 조규만
그린이 · 임의준
펴낸이 · 정순택
펴낸곳 · 가톨릭출판사
편집 겸 인쇄인 · 김대영
편집 · 강서윤, 김소정, 김지영, 박다솜
디자인 · 강해인, 이경숙, 정호진
마케팅 · 임찬양, 안효진, 황희진, 노가영

본사 · 서울특별시 중구 중림로 27
등록 · 1958. 1. 16. 제2-314호
전자우편 · edit@catholicbook.kr
전화 · 1544-1886(대표 번호)
지로번호 · 3000997

ISBN 978-89-321-1669-3 03230

값 14,000원

글 © 조규만, 2019
그림 © 임의준, 2019

성경 · 교회 문헌 © 한국천주교중앙협의회

이 책은 저작권법에 의해 보호를 받는 저작물이므로 무단 전재와 무단 복제를 금합니다.

가톨릭의 모든 도서와 성물, 디지털 콘텐츠를 '가톨릭북플러스'에서 만날 수 있습니다.
https://www.catholicbookplus.kr | (02)6365-1888(구입 문의)

오래된 대답

이병철 회장이 남긴 질문 24가지

잊혀진 질문에 대한

조규만 지음

가톨릭출판사

책을 펴내며

이미 이병철 회장의 질문에 답을 한 사람들이 있습니다. 첫 번째로 그의 질문을 '잊혀진 질문'이라 이름하여 세상에 공개한 차동엽 신부입니다(《내 가슴을 다시 뛰게 할 잊혀진 질문》, 명진출판, 2012). 둘째로 한국천주교 경제인회 회장을 역임한 유도 그룹의 유영희 회장입니다(《가슴 속의 질문과 삶 속의 고백》, 도서출판 빅벨, 2012). 그리고 세 번째로는 아마도 글의 내용으로 보아 프로테스탄트 신자로 여겨지는 철학자 김용규 옹입니다(《백만장자의 마지막 질문》, 휴머니스트 출판그룹, 2013년).

사목신학자로서 차동엽 신부는 이병철 회장의 질문을 종합하여 다시 분류하여 몇 가지 문제로 재작성하고 그에 대한 답을 마련했습니다. 정말 중요한 것이 무엇인지 간단명료하게 답을 하려는 시도를 놓치지 않으려 했다고 후기에 밝히고 있습니다. 유영희 회장은 같은 경제인의 입장에서, 그리고 가톨릭 신자로서 답안지를 마련했습니다. 그의 글에 따르면, 하늘나라에 들어가는 일이 낙타가 바늘구멍을 통과하기보다 힘들다는 부자에 관한 예수님의 말씀이 마음에 많이 남았던 것 같습니다. 그리고 김용규 옹은 철학자로서, 그리고 프로테스탄트 신자의 입장에서 가톨릭에 대한 비판을 담아 답을 했습니다.

저의 답변은 이미 오래 전에 많은 신학자들과 교회 문헌이 밝혔던 것을 바탕으로 마련한 것입니다. 그리고 또한 저의 게으름 때문에 오랜 시간이 지났기 때문에, 제목을 '오래된 대답'이라고 했습니다. 제가 모르는 답변의 글들이 있을 것이고, 또 앞으로 저의 답안지가 마음에 들지 않는 많은 사람들이 새로운 대답을 시도할 것입니다. 저는 그렇게 되기를 바랍니다.

저의 원고를 교정하고 읽기 쉬운 책을 만들기 위해 노력해 준 신우식 토마스 신부에게 고마움을 전합니다. 저의 책을 편하게 볼 수 있도록 삽화를 그려 준 임의준 프란치스코 신부에게도 고마운 마음입니다. 저의 책을 선뜻 출판해 줄 것을 허락해 준 가톨릭출판사의 사장 김대영 디다꼬 신부에게도 감사의 마음을 전합니다. 테이야르 드 샤르댕 신부님처럼, 사무실, 실험실, 공장에서 일하면서 진리의 꿈을 가지고, 혹은 실수에도 불구하고 지상 현실의 진보를 믿는 사람들, 그래서 오늘도 진리를 향해 열정적 탐색을 계속하는 사람들을 위해서도 하느님의 축복을 기도합니다.

차례

질문 1 신의 존재를 어떻게 증명할 수 있나?
　　　　신은 왜 자신의 존재를 똑똑히 드러내 보이지 않는가?　　　11

질문 2 신은 우주 만물의 창조주라는데 무엇으로 증명할 수 있는가?　45

질문 3 생물학자들은 인간도 오랜 진화 과정의 산물이라고 하는데,
　　　　신의 인간 창조와 어떻게 다른가?
　　　　인간이나 생물도 진화의 산물 아닌가?　　　　　　　　　　53

질문 4 언젠가 생명의 합성 무병장수의 시대도 가능할 것 같다. 이처럼
　　　　과학이 끝없이 발달하면 신의 존재도 부인되는 것이 아닌가?　67

질문 5 신이 인간을 사랑했다면, 왜 고통과 불행과 죽음을 주었는가?　75

질문 6 신은 왜 악인을 만들었는가?
　　　　예. 히틀러나 스탈린, 또는 갖가지 흉악범들　　　　　　　　85

질문 7   예수는 우리 죄를 대신 속죄하기 위해 죽었다는데,
　　　　우리의 죄란 무엇인가?
　　　　왜 우리로 하여금 죄를 짓게 내버려 두었는가?   95

질문 8   성경은 어떻게 만들어졌는가?
　　　　그것이 하느님의 말씀이라는 것을 어떻게 증명할 수 있나?   105

질문 9   종교란 무엇인가? 왜 인간에게 필요한가?   113

질문 10   영혼이란 무엇인가?   121

질문 11   종교의 종류와 특징은 무엇인가?
　　　　1) 기독교(천주교, 개신교), 2) 유대교, 3) 불교,
　　　　4) 회교(마호메트교), 5) 유교, 6) 도교   129

질문 12   천주교를 믿지 않고는 천국에 갈 수 없는가?
　　　　무종교인, 무신론자, 타 종교인 중에도 착한 사람이 많은데,
　　　　이들은 죽어서 어디로 가는가?   159

질문 13 종교의 목적은 모두 착하게 사는 것인데,
왜 천주교만 제일이고 다른 종교는 이단시하나?   177

질문 14 인간이 죽은 후에 영혼은 죽지 않고
천국이나 지옥으로 간다는 것을 어떻게 믿을 수 있나?   195

질문 15 신앙이 없어도 부귀를 누리고, 악인 중에도 부귀와 안락을
누리는 사람이 많은데 신의 교훈은 무엇인가?   205

질문 16 성경에 부자가 천국에 가는 것을 낙타가 바늘구멍에 들어가는 것에
비유했는데, 부자는 악인이란 말인가?   215

질문 17 이탈리아 같은 나라는 국민의 99%가 천주교도인데 사회 혼란과
범죄가 왜 그리 많으며 세계의 모범국이 되지 못하는가?   223

질문 18 신앙인은 때때로 광인처럼 되는데,
공산당원이 공산주의에 미치는 것과 어떻게 다른가?   227

질문 19 천주교와 공산주의는 상극이라고 하는데,
천주교도가 많은 나라들이 왜 공산국이 되었나?
예. 폴란드 등 동구 제국, 니카라과 등   239

질문 20 우리나라는 두 집 건너 교회가 있고, 신자도 많은데
사회 범죄와 시련이 왜 그리 많은가?   247

질문 21 로마 교황의 결정엔 잘못이 없다는데,
그도 사람인데 어떻게 그런 독선이 가능한가?   253

질문 22 신부는 어떤 사람인가? 왜 독신인가?
수녀는 어떤 사람인가? 왜 독신인가?   261

질문 23 천주교의 어떤 단체는 기업주를 착취자로, 근로자를 착취당하는
자로 단정, 기업의 분열과 파괴를 조장하는데, 자본주의 체제와
미덕을 부인하는 것인가?   269

질문 24 지구의 종말은 언제 오는가?   277

질문
01

신의 존재를 어떻게 증명할 수 있나?
신은 왜 자신의 존재를
똑똑히 드러내 보이지 않는가?

하느님의 존재를 증명하는 일은 가능합니다. 이미 여러 신학자들과 철학자들이 이를 시도하였습니다. 다만 그 증명을 받아들이는 것은 독자들 각자에게 달려 있습니다. 받아들일 것인지, 아니면 쓸모없는 것으로 여길 것인지는 독자들이 읽고 생각하여 결정할 일입니다. 일찍이 파스칼이 말했던가요? '하느님을 믿기 싫은 사람에게는 하느님의 존재를 부정하기에 충분할 정도의 논거가 있고, 하느님을 믿고 싶어 하는 사람에게는 하느님의 존재를 증명하기에 충분한 논거가 있다.'고.

1. 안셀무스 성인의 하느님 존재에 관한 존재론적 증명

캔터베리의 대주교였던 안셀무스(St. Anselmus, 1033~1109년)는 중세 시대의 인물입니다. 그는 하느님의 존재를 증명하기 위해 무척 고심한 사람 중의 한 명입니다. 그의 고심은 자신의 저술 《프로슬로기온》[1]에 잘 나타나 있습니다.

"내가 이 질문에 대해서 자주, 그리고 열심히 생각을 집중하는 동안, 어떤 때는 내가 찾고 있는 것이 곧 손에 넣을 수 있는 것처럼 보이다가도, 어떤 때는 내 정신의 예리함으로도 도저히 도달하지 못하는 듯했다. 마침내 나는 절망한 나머지 그 대답을 발견하는 것이 불가능한 사태에 이르러 연구를 포기하려 했다. … 그러던 어느 날 이런 괴롭힘에 대한 저항에 지쳐 있을 때 내가 포기했던 것이 사고의 혼란 속에 스스로 모습을 드러냈다. 그래서 나는 격렬히 거부하던 생각을 열심히 포착했다."(《프로슬로기온》, 171–172쪽)

그가 포착한 하느님의 개념은 '그것보다 더 큰 것이 생각될 수 없는 어떤 것'(aliquid quo nihil maius cogitari possit)이었습니다. 이러한 하느님의 개념으로, 만일 존재하지 않는다면, 존재가 결여되어 있기 때문에 '그것보다 더 큰 것이 생각될 수 없는 어떤 것'이 될 수 없다는 논리입니다. 쉽게 말하면, '그것보다 더 큰 것이 생각될 수 없는 어떤 것'을 '완전'(完全)이라는 개념으로 대체해서 이해하자면, '존재하는 것'이 필수적이라는 것입니다. 만일 존재하지 않는다면 '완전'이 될 수 없기 때문에, 그 '완전'이라는 개념 자체가 존재를 필연적으로 요청한다는 것입니다. 그러므로 '그것보다 더 큰 것이 생각될 수 없는 어떤 것'이라는 개념으로서 하느님은 존재하지 않을 수 없다는 것입니다. 이를 두고 '존재론적

---

1   캔터베리의 안셀무스, 박승찬 옮김, 《모놀로기온 & 프로슬로기온》, 아카넷, 2002.

증명'이라고 합니다.

이 증명을 받아들이지 못하는 사람들이 많습니다. 이 증명은 개념 놀이, 즉 말장난이라는 것입니다. 실제로 존재하지 않는 것도 얼마든지 개념으로 우리 머릿속에 그려 넣을 수 있다는 것입니다. 즉 '하늘을 나는 용(龍)', '하늘을 나는 천마(天馬)' 등과 같은 공상적인 존재도 개념화할 수 있다고 말하고, 현재 지갑에 없는 '5만 원 권의 지폐'도 개념화할 수 있다고 말합니다.

그러나 사실 우리는 날개를 가진 새와 말이라는 것이 없다면 '천마'를 생각할 수 없습니다. '용'이라는 가상의 짐승도 호랑이 눈과 돼지의 코, 도마뱀의 몸통 등이 없었다면 생각할 수 없습니다. 현재 내 주머니에 5만 원이 없다 해도 5만 원 권 지폐라는 것이 존재하기 때문에 개념화할 수 있습니다. 그래서 논쟁은 계속되고 있습니다. 존재에서 개념이 나오는 것이냐? 개념에서 존재가 나오는 것이냐? 이 가운데 개념에서 존재가 나온다는 생각에서 무신론이 비롯됩니다.

정민 교수는 《비슷한 것은 가짜다》[2]라는 저서에서 연암 박지원의 《염재기(念齋記)》의 이야기를 한 편 소개하고 있습니다. 송욱이라는 사람이 어느 날 술에 취해 잠이 들었다가 깨어 보니 모든 것이 있는데 자기 자신만 없더라는 것입니다.

"눈을 들어 살펴보니 저고리는 옷걸이에, 바지는 횃대에 있고, 갓은 벽에 걸려 있고, 허리띠는 횃대 끝에 매달려 있었다. 책상 위엔 책이 놓여 있고, 거문고는 가로 놓이고, 비파는 세워져 있었다. 거미줄은 들보에

---

2 정민, 《비슷한 것은 가짜다》, 태학사, 2000.

얽혀 있고, 파리는 창문에 붙어 있었다. 무릇 방 안의 물건은 모두 그대로 있지 않는 것이 없는데 유독 자기만 보이지 않는 것이었다."《비슷한 것은 가짜다》, 203-204쪽)

과연 생각이 존재를 낳는 것일까요? 아니면 존재가 생각을 낳는 것일까요? 저는 존재가 생각을 낳는다고 보는데, 여러분들은 어떻게 생각하시나요?

2. 토마스 아퀴나스 성인의 하느님 존재에 관한 우주론적 증명

토마스 아퀴나스(St. Thomae de Aquino, 1225~1274년)는 플라톤 철학의 영향 속에 있었던 중세 가톨릭교회에 아리스토텔레스 철학을 소개하고 접목한 철학자요, 신학자요, 사제입니다. 그가 하느님의 존재를 증명한 《신학대전》[3]의 '다섯 가지 길'은 아리스토텔레스의 형이상학(形而上學)을 원용한 것입니다. 일찍이 아리스토텔레스는 제1원동자(第一原動者)라는 개념으로 신의 존재를 증명한 바 있습니다.

1) 운동으로부터의 증명

우리는 감각으로 사물들이 운동(運動)을 하고 있다는 사실을 확신합니다. 운동을 하고 있는 사물들은 다른 사물에 의해 움직여지고 있습니다. 어떤 사물이 정지해 있다면 다른 사물이 그것을 움직이게 하지 않는 한

---

3 토마스 아퀴나스, 정의채 옮김, 《신학대전 1》, 바오로딸, 1985.

결코 움직이지 않습니다. 어떤 사물이 정지 상태에 있을 경우 그것은 잠재적인 운동 상태에 있는 것입니다. 잠재적인 운동 상태에 있는 사물이 움직여지고 현실적으로 운동을 하게 될 때, 비로소 운동이 발생합니다. 운동은 가능태(可能態)에서 현실태(現實態)로의 변화입니다. 야구 선수가 친 야구공을 가정하면, 야구공은 야구 선수의 방망이에 의해서 움직여진 것입니다. 방망이는 야구 선수의 팔의 힘에 의한 것입니다. 야구 선수의 힘은 영양이 풍부한 많은 음식물에 의해서 생겨납니다. 이런 식으로 우리가 보는 운동은 계속 소급될 수 있습니다. 그러나 그 소급이 무한할 수는 없습니다. 얼마를 소급할지는 몰라도 반드시 그 시작점이 있습니다. 그렇지 않다면 그 야구공은 결코 날아가지 못할 것입니다.

 현실태의 상태에 있는 사물에 의하지 않고는 어떠한 사물도 가능태에서 현실태로 환원될 수 없습니다. 그리고 하나의 동일한 사물이 운동에 관해 동시에 현실태와 가능태에 있을 수 없습니다. 현실적으로 정지해 있는 사물이 동시에 운동 중에 있을 수 없으니까요. 이것은 잠재적인 운동 상태에 있는 사물이 스스로 움직일 수 없음을 의미합니다. 움직이는 각각의 사물이 선행(先行)하는 운동 중인 사물에 의해서 움직여지고 있다면 그것을 움직이게 하는 최종적 운동자에 도달하게 됩니다. 최종적 운동자가 없이 무한히 소급된다면 현실적인 움직임은 있을 수 없습니다. 어느 순간 마지막의 운동자, 원인으로서 운동자가 있어야 합니다. 이 운동자는 다른 것에 의해서 움직여지는 것이 아니라 스스로 움직일 뿐만 아니라 다른 것을 움직이게 하는 운동자여야 합니다. 이것을 제1운동자(第一運動者)라고 합니다. 이 제1운동자가 하느님이라고 토마스 아퀴나스는 주장합니다(《신학대전 1》, 151-555 참조).

2) 작용인으로부터의 증명

우리는 여러 가지 종류의 결과를 경험하며, 모든 경우에 각 결과에 대해 작용인(作用因)을 부여합니다. 조각상(彫刻像)의 작용인은 조각가의 작업입니다. 만약 조각가의 활동을 금지한다면 그 작업의 결과인 조각 작품은 나오지 않을 것입니다. 작용인에도 순서가 있습니다. 일련의 원인들이 요구되는 이유는 어떤 사건도 그 자신이 원인이 될 수 없기 때문입니다. 원인은 결과에 선행(先行)합니다. 그러므로 어떤 사물도 그 자체에 선행하진 않습니다. 조각가는 그 자신의 원인이 되지 않습니다. 조각가도 스스로 생겨나진 못합니다. 조각가에게는 부모라는 작용인이 있습니다. 그 부모도 그들의 부모가 있어야 하듯이 각각의 선행 원인은 그 자신의 원인을 가져야 합니다. 그러나 그 원인이 무한히 소급(遡及)될 수는 없습니다. 그 원인이 무한히 소급된다면, 소급 과정이 영원하다면, 오늘의 결과는 있을 수 없기 때문입니다. 얼마를 소급될지는 몰라도 반드시 그 시작이 되는 제1작용인(第一 作用因)이 있습니다. 그리고 이 제1작용인을 하느님이라 합니다.

루카 복음사가는 예수님의 족보(族譜)를 통해 소급의 방법으로 그 시작이요, 원인으로서, 즉 제1작용인으로서 하느님의 존재를 증명하고 있는 셈입니다(《신학대전 1》, 157-159 참조).

"예수님께서는 서른 살 쯤에 활동을 시작하셨는데, 사람들은 그분을 요셉의 아들로 여겼다. 요셉은 엘리의 아들, 엘리는 마탓의 아들, … 에노스는 셋의 아들, 셋은 아담의 아들, 아담은 하느님의 아들이다."(루카 3,23-38)

3) 우연유와 필연유로부터의 증명

 자연 안에서 사물들은 존재할 가능성도 있고 존재하지 않을 가능성도 있습니다. 그러한 사물들을 우연유(偶然有)라고 합니다. 왜냐하면 생성되기도 하고 소멸되기도 하기 때문입니다. 어떤 나무가 존재하지 않았던 때가 있었고, 현재 그것은 존재하며, 마침내 그 나무는 사라지게 됩니다. '나무가 존재한다는 것이 가능하다'라는 말은 곧 그것이 존재하지 않을 가능성이 있다는 의미이기도 합니다. 나무가 존재하지 않을 가능성은 두 가지 측면으로 나누어 생각할 수 있습니다. 첫째로 나무가 전혀 존재하지 않을 가능성이며, 두 번째는 나무가 일단 존재한 후에 그것이 사라질 가능성입니다. 무언가가 가능하다는 말은 그것이 존재의 양극단에서, 즉 그것이 존재하기 전과 그것이 사라진 후에 그것은 존재하지 않는다는 의미입니다. 우연유는 존재하지 않을 수 있다는 이러한 기본적인 특성을 소유합니다. 그것은 존재한 후뿐만 아니라 생겨나기 전에도 존재하지 않을 수 있습니다. 이런 이유로 존재하지 않을 수도 있는 사물은 사실상 미래의 어떤 시각에도 존재하지 않게 됩니다. 그러므로 모든 우연유들은 과거 어느 시각에 존재하지 않았으며, 미래 어느 시각에는 존재하더라도 결국 사라지게 될 것입니다. 우연유들은 일단 존재하게 되면 부모가 자식을 낳는 것처럼 그것들은 다른 유사한 가능한 존재들을 생성시킬 수 있습니다. 그런데 모든 사물이 우연유라고 한다면, 아무것도 존재하지 않았던 때가 있었을 것이고, 그러므로 어떤 사물도 존재하지 않아야만 합니다. 우연유란 반드시 이미 존재하는 어떤 것에 의해서 존재하기 때문입니다. 그러니까 현재 우연유가 존재한다는 것은 반드시 존재해야만 하는 어떤 필연유(必然有)가 있었어야 함을 의미합니다. 지금 우리는 사물들이 존재하는 것을 확인하고 있습니다. 이는 곧 모든 존재가 다 우연유일 수 없음을 알려 줍니다. 반드시 있었어야만 하는 존재, 자신의 존재를 위해 다른 존재가 필요하지 않으면서 다른 존재들이 존재하게 하는 필연적 존재가 있어야만 함을 알려 줍니다. 그리고 이 필연유를 하느님이라 합니다(《신학대전 1》, 163-165 참조).

테이야르 드 샤르댕(Pierre Teilhard de Chardin, 1881~1955년) 신부는 '우리 그리스도인은 커다란 두 가지 기적' 속에 산다고 했습니다. 한 가지는 '존재하지 않았던' 우리가 '존재'하게 되었다는 것입니다. 어떻게 '무'(無)가 '유'(有)가 될 수 있을까? 그건 기적이 아닐 수 없다는 것입니다. 다른 한 가지는 '유한한 존재'인 우리가 어떻게 '영원한 존재'를 희망할 수 있을까 하는 것입니다. 왜냐하면 그리스도인들은 영원한 생명을 구원으로 희망하기 때문입니다. 샤르댕 신부는 '유한한' 우리 인간이 '영원한' 생명을 산다는 것이 '무'가 '유'가 되는 것보다 더 큰 기적이라고 합니다. 그렇습니다. 그리스도인들이 희망하는 구원이란 바로 '우연유'인 우리 존재들이 '필연유'이신 하느님과 함께하는 일입니다.

4) 완전성의 단계로부터의 증명

우리는 어떤 것을 선(善)하다고 말합니다. 어떤 사물을 두고서는 아름답다(美)고 말하기도 합니다. 그러나 우리가 선하다 또는 아름답다고 말할 수 있는 근거는 가장 아름다운 것, 가장 선한 것이 존재하기 때문에 그 존재에 가까울 때, 더 아름답고, 더 착하다고 말할 수 있는 것입니다. 또 그 존재로부터 더 먼 그만큼 더 추하다고, 더 악하다고 말할 수 있는 것입니다. 진리(眞理)에 대해서도 마찬가지로 이야기할 수 있습니다. 이와 같은 진선미(眞善美), 이 완전성(完全性)의 원인인 존재를 하느님이라고 일컫습니다. 이러한 완전한 기준이 없을 때, 우리는 누가 착하더 기나 악하다고 판단할 수 없고, 어떤 것이 아름답다거나 추하다고 할 수 없게 됩니다(《신학대전 1》, 165-167 참조).

5) 우주의 질서로부터의 증명

우리는 지성(知性)을 소유하지 않은 자연 세계의 부분들이나 인간의 육체의 부분들이 질서 정연하게 행동한다는 사실을 알고 있습니다. 그것들은 어떤 목적이나 기능을 수행하기 위해 특별하고 예측 가능한 방식으로 행동합니다. 이러한 사물들이 항상 혹은 거의 언제나 똑같은 방식으로 목적을 이루기 위해 행동하며 최선의 결과를 이루기 위해 행동하기 때문에, 그것은 우연에 의해서가 아니라 목적된 대로 그들의 목적을 성취한다고 하는 것은 분명한 사실입니다. 마치 궁수의 손을 떠난 화살이 자신이 가는 목적을 몰라도 과녁을 향해 가는 것처럼, 우주 만물이 어떤 목적을 지향하여 가고 있습니다. 우리 인간은 그 우주에 목적을 부여하지 않았습니다. 하지만 우주는 어떤 목적을 부여받았으며, 이로부터 우리는 우주에 그 목적을 부여한 어떤 지성적인 존재가 있음을 알 수 있습니다. 우리는 이 존재를 하느님이라고 부릅니다(《신학대전 1》, 169-171 참조).

이처럼 토마스 아퀴나스는 하느님의 존재에 관하여 이성적으로 현재의 경험 세계에 근거를 두고 논증했습니다. 이와 같은 논증의 기본 바탕은 '원인결과론'(原因結果論)입니다. 원인 없이 이루어지는 결과는 없다는 것입니다. 그렇습니다. 모든 것이 '산 절로 수 절로 산수 간의 나도 절로' 생겨난 것은 분명 아닙니다. 시승(詩僧) 한용운은 '오동잎이 떨어지는' 이유를 알 수 없다고 노래했지만, 그것은 원인을 알 수 없다는 것이지 원인이 없다는 건 아닐 것입니다. 그러나 저절로 가능하다는 입장을 지닌 사람에게는 이 '원인결과론'은 이해될 수 없을 것입니다.

3. 정약종 아우구스티노 복자의 《주교요지》[4]

정약종(丁若鍾, 1760~1801년)은 다산 정약용의 둘째 형(이복형 정약현을 고려하면 셋째 형)입니다. 그는 다른 형제들과 함께 천주교 교리를 배웠고, 세례를 받았지만, 박해 속에서 끝까지 신앙을 지키다 목숨을 바쳐, 1801년 신유박해 때 순교하였습니다. 2014년 8월 프란치스코 교황은 한국을 방문하여 광화문 앞 광장에서 그를 비롯한 124위의 순교자들을 시복했습니다. 그는 당시 배우지 못한 천주교 신자들을 위해 교리서 《주교요지(主敎要旨)》를 지었습니다. 그가 어떤 교리서들을 바탕으로 이 책을 지었는지는 알길 없지만 이 책은 우리나라 상황에 가장 잘 토착화된 교리서라고 감히 말할 수 있습니다. 당시 배움이 짧았던 순교자들이 관헌들에게 놀라운 답변을 하는 데 크게 공헌했음에 틀림없습니다. 특히 보이지 않는 하느님의 존재를 증언하는 데 큰 기여를 하였습니다.

"여기에 큰 집이 있다. 아래엔 기둥을 세우고, 위에는 들보를 얹고, 옆에는 벽을 맞추고, 앞에는 문을 내어 비바람을 가리워야 사람이 몸을 담아 평안히 살 수 있으니, 이 집을 보면 어찌 '저절로 되었다'고 하리요? 반드시 '목수가 있어서 만들었다' 하리라. 만일, 어떤 사람이 이 집을 보고 말하기를 '기둥과 들보와 벽이 문창과 저절로 어울려 되었다'고 하면, 이 사람을 '지각이 없다'고 할 것이라. … 이 천지 같은 큰 집이 어찌 절

---

[4] 정약종, '주교요지', 《순교자와 증거자들》, 천주교조선교구설정 150주년 기념사업집행위원회, 한국교회사연구소, 1982, 9–70쪽.

로 되었으리요? 분명히 지극히 신통하시고, 지극히 능하신 이가 계셔서 만들어야 될 것이니, 목수들을 보지 못해도 집을 보면 집 지은 목수들이 있는 줄을 알 것이요. 천주를 보지 못해도 천지를 보면, 천지를 만드신 임자가 계신 줄을 알 것이라."《주교요지》, 3항)

삼라만상이 저절로 생긴 것이 아니라면, 반드시 그 결과는 원인으로서 창조주 하느님이 계시다는 논리입니다. 토마스 아퀴나스의 두 번째 논증 제1작용인과 같은 내용입니다. 이와 같은 논리는 당시 순교자들이 보이지 않은 하느님을 증언하는 데 크게 이바지했습니다.

"온갖 것이 지각과 손발이 있어야 능히 움직이고, 지각이 없으면 움직이지 못하니, 사람과 짐승은 지각이 있기에 움직이고, 흙과 돌은 지각이 없기에 움직이지 못하니, 그중에 지각이 없고도 움직이는 것은 반드시 지각있는 이가 잡고 흔들어야 움직이므로, 흙과 돌은 지각이 없어도 지각이 있는 사람이 굴리면 움직이고, 물레와 수레는 지각이 없어도 지각 있는 사람이 잡고 돌리면 움직이니, 저 하늘과 해와 달과 모든 별이 귀와 눈이 없고, 손과 발이 없고, 혼과 지각이 없는데, 능히 날마다 움직여 돌아가고, 또 돌아가되 일정한 법이 있어, 봄, 여름, 가을, 겨울이 차례로 돌아오고, 밤과 낮, 덥고 추움이 고르게 나누어져서 천백 년이 되도록 그 돌아가는 도수가 털끝만큼도 틀리지 않으니, 지각없는 것이 어찌 스스로 돌아가며, 돌아간들 어찌 절로 도수에 맞으리오. 분명히 지극히 신명하고 지극히 능한 이가 잡고 돌려야 돌아갈 것이니, 이 돌아가게 하시는 이는 곧 천주이신, 그러므로 물레와 수레가 돌아감을 보면, 저 하늘도 천주가 계셔서 돌리시는 줄로 알 것이라."《주교요지》, 4항)

위의 가르침은 토마스 아퀴나스의 첫 번째 논증인 제1운동인과 다섯 번째 논증인 목적인과 같은 내용입니다. 다만 철학적인 용어를 사용하지 않으면서 일반 사람들이 알아듣기 쉽게 풀이한 내용입니다.

4. 한국 순교자들의 원인결과론적 하느님 존재 증명

토마스 아퀴나스는 철학적인 용어로 하느님의 존재를 증명하고자 하였습니다. 원인결과론과 같은 논리로 우리 순교자들도 하느님의 존재를 증명하였습니다. 200년 전 박해자들은 순교자들에게 보이지도 않고 만져지지도 않는 하느님을 어떻게 믿을 수 있냐고 질문했습니다. 철학적 용어도 알지 못했고, 배움도 짧았던 순교자들은 다음과 같이 아주 알기 쉬운 말로 답을 하였습니다.

'눈길에 찍힌 토끼 발자국을 보면 토끼를 보지 못했어도 토끼가 있다는 것을 알게 됩니다. 임금님을 뵙지 못했어도 나라의 임금님이 계시는 것을 알고 있습니다. 하물며 삼라만상을 보면서 그것을 지으신 분을 보지 못했지만 그분이 계시다는 것을 어찌 모르겠습니까?'

무엇보다 그들의 순교 자체가 하느님을 증명하는 한 가지 사실입니다. 순교라는 뜻의 라틴어 'martyrium'은 그리스어 'martus' 곧 '증언'이라는 용어에서 비롯됩니다. 순교가 곧 '하느님을 증거한다'는 뜻입니다. 가톨릭교회는 초세기부터 많은 순교자들이 있었습니다. 베드로 사도를 비롯한 예수님의 제자들은 요한 사도를 제외하고는 모두 순교한 것으로 알려져 있습니다. 그리고 콘스탄티누스 대제가 종교의 자유를 신인하기 전까지 로마에는 많은 순교자들이 있었습니다. 우리나라에도 이승훈이 북경에서 세례를 받고 1784년 천주교를 들여오면서 100여 년 간 신유박해, 기해박해, 병오박해, 병인박해를 비롯한 많은 박해 속에서 만 여명의 순교자들이 있었던 것으로 추정되고 있습니다. 그들 가운데 기록이 확실한 분들만 로마 교황청으로부터 인정을 받고 시복시성(諡福諡聖)되었습니다. 우선 1984년 여의도 광장에서 요한 바오로 2세 교황에 의해 시성된 103위 성인들이 있습니다. 그리고 지난 2014년 광화문에서 프란치스코 교황에 의해 시복된 124위 복자들이 있습니다. 또한 그 자료들이 조사되어 시복시성을 기다리고 있는 '하느님의 종'들이 있습니다. 이벽 요한 세례자와 그의 동료 순교자들 132위, 근현대 순교자로서 6·25 전쟁 전후 공산주의자들에 의해 순교한 홍용호 프란치스코 보르지아 주교와 동료 순교자들 80위입니다. 한편 성 베네딕토 왜관 수도원은 신상원 보니파시오 아빠스와 동료 순교자 37위를 위한 시복시성 준비를 하고 있습니다. 순교자는 아니지만 우리나라 두 번째 사제였던 최양업 토마스 신부도 하느님의 종으로서 시성시복이 준비되고 있습니다. 그 외 기록이 없는 무명의 순교자들 역시 그들의 삶과 죽음으로 하느님을 증거한 셈입니다.

그러한 사실을 명확하게 보여 주는 것은 정의배 마르코 성인의 경우입니다. 그는 새남터에서 순교한 3명의 선교사, 앵베르 범(范) 라우렌시오 주교, 모방 나(羅) 베드로 신부, 샤스탕 정(丁) 야고보 신부가 의연한 태도로 순교하는 장면에 감동을 받아 세례를 받고 입교했으며, 마침내 병인박해 때 순교까지 한 것으로 전해지고 있습니다.

"정의배는 1795년 서울 창동의 한 양반가에서 태어났다. … 그는 1839년 우연히 앵베르 주교와 모방, 샤스탕 신부 등의 순교를 목격했다. 그때까지만 해도 그는 천주교를 한 패륜의 종파로 생각하고 있었고 제사를 지내지 못하게 한다는 그 교를 나라에서 법으로 금하는 것이 옳은 일이라고 생각하고 있었다. 그런데 그는 죽으러 가면서도 기쁨에 넘쳐 있는 선교사들과 신자들의 모습에 감동했던 것이다. 그는 이렇게 놀라운 힘을 내게 하는 이 종교에 대해 호기심이 생겨 교리책 몇 권을 구했다. 성령의 인도하심에 힘입어 그는 마침내 결론을 내리게 되었다. … 자연적인 결과로 그는 가르치는 일을 계속하면서 입교했고 얼마 후에는 한국 교회의 기둥이 되었다."(《한국 순교자 103위 성인전》[5], 375-376쪽)

5. 앤터니 플루의 하느님 존재 증명

우리 시대에 한때 무신론자로 유명했던 앤터니 플루(Antony Flew, 1923~2010년)는 그의 저서 《존재하는 신 – 신의 부재는 입증되지 않는다》[6]에서 자신의 입장을 밝히고 있습니다. 그는 '어디건 논증이 이끄는 곳으로 따라가야 한다'는 소크라테스의 철학적 원칙을 따라 하느님의 존재를 받아들이지 못했습니다. 그러나 '증거를 따라가면 결정적으로 신에 이르게 된다'는 결론을 얻어 냈습니다.

"예, 그렇습니다. 제가 그렇게 생각하게 된 것은 … 거의 전적으로 DNA 연구의 가장 큰 성과는 생명을 만들어 내는 데 필요하며 믿을 수 없을

---

5 아드리앵 로네 · 폴 데통베 지음, 안응렬 옮김, 《한국 순교자 103위 성인전》, 가톨릭출판사, 2009년(개정 초판 7쇄).
6 앤터니 플루, 홍종락 옮김, 《존재하는 신》, 청림출판, 2011.

만큼 복잡한 DNA 배열을 보여 줌으로써 다양한 요소들이 함께 작용하게 만드는 일에 지성이 틀림없이 개입했음을 보여 준 것이라 생각합니다. 엄청 많은 복잡한 요소들이 아주 미묘한 방식으로 협력합니다. 이 두 요소가 우연히 정확한 시기에 맞아 떨어질 가능성은 참으로 희박합니다. 엄청난 복잡성으로 이루어진 그 결과는 제게 지성의 작품으로 보였습니다."(《존재하는 신》, 90쪽)

이 책에서 앤터니 플루는 다음과 같이 결론짓습니다.

"지구에서 볼 수 있는 '목표 지향적이고 자기 복제하는' 생명의 기원을 설명해 내는 만족스러운 대안은 무한한 지성을 갖춘 정신 하나뿐입니다."(《존재하는 신》, 139쪽)

이를테면 플루는 '생명이 우리 행성의 우호적인 조건 때문에 생존할 수 있었지만, 물질에게 목표를 따르고 자기 복제하는 존재들을 만들어 내라고 지시하는 자연법칙은 없다'는 것을 알게 되었고, 이 생명의 기원을 설명하려면 그 원인으로서 그 무엇을 이야기해야 하는데, 그것은 '무한한 지성을 갖춘 지성'이 아닐 수 없다는 것입니다. 결국 토마스 아퀴나스의 '원인결과론'을 받아들인 셈입니다.

6. 프랜시스 콜린스의 하느님 존재 증명

프랜시스 콜린스(Francis S. Collins, 1950년~)는 자유사상가를 부모로 둔 덕분에 신앙은 그리 중요하지 않은 젊은 시절을 보냈습니다. 그는 아인

슈타인의 영향으로 '지각 있는 과학자라면 지적 자살을 감행하지 않고서야 어찌 신의 존재 가능성을 심각하게 받아들일 수가 있겠는가?'라는 생각을 하며 과학에 심취했습니다. 그러다가 독실한 그리스도교 신자인 어느 할머니로부터 '종교가 무엇이냐?'라는 질문을 받고 믿음에 대한 고민을 하게 되었습니다. 그는 자신의 저서 《신의 언어》[7]에서 다음과 같이 술회합니다.

"과학자가 자료를 검토하지 않고 결론을 내리는 경우가 있던가? 인생에서 '신이 존재하는가?'라는 질문보다 더 중요한 질문이 있을까?"(《신의 언어》, 26쪽)

프랜시스는 루이스(Clive Staples Lewis, 1898~1963년)의 논리 정연함을 통해서 자신의 치기어린 무신론이 흔들림을 느끼게 되었습니다. 그는 루이스의 글[8]을 인용합니다.

"만물을 통제하는 힘이 우주 밖에 존재한다면, 그것은 우주 안에 있는 어떤 실체로 우리 앞에 모습을 드러낼 수 없을 것이다. 집을 지은 건축가가 그 집 안에 있는 벽이나 계단이나 벽난로가 될 수는 없지 않은가? 그 존재가 모습을 드러내리라고 기대해 볼 수 있는 유일한 가능성은 우리 내부에서 영향력을 발휘하거나 명령을 내려 우리 행동을 통제하는 것뿐이다. 우리 내부에서 발견하는 것도 바로 이것이다. 그러니 우리에게 의심이 생기는 건 당연하지 않겠는가?"(《신의 언어》, 35쪽)

---

7 프랜시스 S. 콜린스, 이창신 옮김, 《신의 언어》, 김영사, 2009.
8 C. S. Lewis, 《Mere Christianity》, Westwood, Barbour and Company, 1952, p.21.

그는 수긍하였습니다. 만약 신이 존재한다면 자연계 바깥에 존재할 것이며 따라서 과학은 신을 배우기에 적절한 도구가 되지 못한다는 것을. 또한 신의 존재를 증명하려면 증거가 아닌 믿음을 기초로 해야 한다는 것을. 그는 고백합니다. 자신을 끊임없이 존경심과 경외감으로 가득 채우는 것은 별이 총총한 하늘과 도덕법이라고. 마침내 그는 10년에 걸쳐 6개국 2,000여명의 학자가 참여한 '인간 게놈 프로젝트'를 이끌고 완성된 인간 유전자 지도를 예정보다 3년 앞당겨 내놓았습니다. 그리고 그 감회를 다음과 같이 술회하였습니다.

"오늘은 전 세계에 경사스러운 날입니다. 지금까지 오직 하느님만이 알고 있던 우리 몸의 설계도를 처음으로 우리가 직접 들여다보았다는 사실에 저는 겸허함과 경외감을 느낍니다."《신의 언어》, 7쪽)

그리고 결론을 내립니다.

"내 생각에는 엄격한 과학자가 되는 것과, 우리 한 사람 한 사람에게 관심을 갖는 하느님을 믿는 것 사이에는 상충되는 요소가 전혀 없습니다. 과학의 영역은 자연을 탐구하는 것입니다. 신의 영역은 영적인 세계이며, 과학적 언어라는 수단으로는 탐색할 수 없는 영역입니다. 따라서 가슴으로, 머리로, 영혼으로 탐색해야 하며, 머리는 양쪽 영역을 끌어안을 방법을 찾아야 합니다."《신의 언어》, 10쪽)

7. 윌리엄 페일리의 목적론적 논증[9]

계획성에 의한 논증이라고 불리는 이 목적론적 논증은 토마스 아퀴나스의 존재론적 논증의 다섯 번째와 유사합니다. 18세기와 19세기에 널리 유행된 논증이기도 합니다. 윌리엄 페일리(William Paley, 1743~1805년)는 시계에 관한 유추로 논증의 핵심을 다음과 같이 표현합니다.

> 가령 사막을 걸어가다가 하나의 바위를 발견하고 이 물체가 어떻게 생겨났는지를 생각할 수 있습니다. 우리는 이 바위가 우연에 의해, 즉 바람, 비, 열, 서리, 화산 폭발 같은 자연의 힘에 의해 생겨났다고 생각할 수 있습니다. 그러나 하나의 시계를 발견했다면 그것은 자연의 힘에 의해 생겨났다고 상상할 수 없다는 것입니다. 시계는 바퀴, 톱니, 축대, 용수철 등이 복잡하게 배열되어 있으면서 정확하게 작용함으로써 시간을 알려 줍니다. 이렇게 복잡한 시계가 바람이나, 비와 같은 자연에 의해 만들어졌다고 생각하는 사람은 없습니다(《종교철학개론》, 54-55쪽 참조).

페일리는 시계와 세계를 비교하여 유추하는 과정에서 몇 가지 점을 덧붙입니다. 첫째, 우리가 이 세상 이외에 다른 세상을 본 일이 없는 것과 같이, 한 번도 시계를 본 일이 없고, 시계가 인간 지성의 산물이라는 사실을 직접적인 경험으로 알지 못했다고 해도 시계와 세계의 유추는 그대로 성립될 수 있다는 것입니다. 둘째로 이 세계의 운행이 언제

---

9 존 H. 힉, 황필호 편역, 《宗敎哲學槪論》, 종로서적, 1992(증보판), 54-56쪽. 저자는 William Paley의 《Natural Theology or Evidences of the Existence and Attributes of the Deity; Collected from the Appearances of Nature》(1802)를 참조하였다.

나 징확하지 잃은 깃처럼, 시계의 모든 부분이 언제나 정확하게 움직이지 않는다 해도 시계를 만든 사람을 끌어내는 유추는 그대로 성립될 수 있다는 것입니다. 그리고 세 번째로 우리가 자연의 모든 현상을 이해하지 못하는 것처럼, 우리가 시계의 어떤 부분이 정확히 어떤 역할을 하는지 모른다고 해도 이 유추는 여전히 가능하다는 것입니다(《종교철학개론》, 55-56쪽 참조).

8. 확률에 의한 논증

20세기에 테넌트(F. R. Tennant, 1866~1957년)는 하느님이 존재하지 않는다는 가정보다 존재한다는 가정이 더 높은 확률을 지니고 있다고 주장했습니다.[10] 하지만 확률이란 여러 개의 경우가 있을 때만 사용될 수 있습니다. 가령 몇 개의 우주가 있는데 그 가운데 절반은 하느님이 창조했고, 나머지는 하느님에 의해 창조된 것이 아니라면, 우리는 우주가 하느님에 의해 창조된 것일 확률이 2분의 1이라고 말할 수 있습니다. 그러므로 우주는 유신론적으로 해석될 수도 있고, 자연론적으로도 해석될 여지가 있는 것입니다.

그럼에도 일부 학자들은 비논리적 확률론에 의해서 우주를 논할 수 있다고 주장합니다. 비록 수학적인 확률로는 설명할 수 없지만, 상식에 비추어 하느님의 존재를 믿는 것이 믿지 않는 것보다 더욱 그럴듯하다는 것입니다. 결국 확률에 의한 논증은 믿는 사람들에게만 호소력을 지

---

10 존 H. 힉, 같은 책, 59쪽; F. R. Tennant, 《Philosophical Theology》, Cambridge University Press, 1930, 제2권, 제4장 참조.

닐 뿐입니다.[11]

9. 도덕적 논증

칸트(Immanuel Kant, 1724~1804년)는 토마스 아퀴나스의 '우주론적 논증', 안셀무스의 '존재론적 논증', 그리고 페일리의 '목적론적 논증'을 모두 거부합니다. 그는 하느님의 실재를 확신할 수 있는 근거로 도덕적인 삶을 제시합니다. 물론 그것을 하느님의 존재를 이론적으로 이끌어 낼 수 있는 신의 증명 방법으로 제시한 것은 아니었습니다. 단지 절대적이고 무조건적인 의무감을 인정하는 도덕적 삶은 어쩔 수 없이 절대적인 실재를 지적한다고 주장했을 뿐입니다.[12]

도덕적 논증은 뉴먼(John H. Newman, 1801~1890년) 추기경에 의해서도 제안됩니다. 그는 인간의 양심으로부터 양심의 '소리'를 가지고 있는 하느님을 논리적으로 추론할 수 있다고 주장합니다. 만일 우리가 양심의 소리를 거부했을 때 책임감을 느끼고 부끄러워하거나 두려워한다면, 그것은 우리가 두려워하는 어떤 분이 존재하며 그분의 요구를 우리가 두려워함을 의미한다는 것입니다.[13]

그러나 이와 같은 논증 역시, 자연론적 회의론자들의 견해에서는 증명할 수 없는 논증으로 받아들여집니다. 인간의 도덕적 가치는 공리주의와 같은 자연론적으로도 설명될 수 있기 때문입니다.[14]

---

11 존 H. 힉, 같은 책, 60-61쪽 참조.
12 존 H. 힉, 같은 책, 62-63쪽 참조; B. 바이스마르, 허재윤 옮김, 《철학적 신론》, 서광사, 1994, 84-87쪽 참조.
13 존 H. 힉, 같은 책, 62쪽 참조; J. H. Cardinal Newman, 《A Grammar of Assent》, David Mcay Co., pp.83-84 재인용 참조.
14 존 H. 힉, 같은 책, 63쪽 참조.

10. 기적 또는 신비 체험에 의한 논증

　이 외에도 특별한 체험, 곧 기적이나 영적 체험을 근거로 한 논증들이 있습니다. 성경의 많은 기록들은 개인이나 어떤 단체의 신 체험에 관한 증언들입니다. 구약 성경은 아브라함과 모세를 비롯하여 많은 예언자들의 하느님 체험, 또는 신비 체험을 이야기하고 있습니다. 아브라함은 낯선 이들을 대접하다가 하느님을 대접하게 됩니다(창세 18장 참조). 모세는 장인의 양 떼를 치다가 야훼 하느님의 음성을 듣습니다(탈출 3장 참조). 그리고 시나이 산에서 하느님을 만나 십계명을 받습니다(탈출 19장 참조). 판관 기드온은 주님의 천사를 향엽나무 아래에서 만납니다(판관 6장 참조). 삼손의 아버지 마노아는 야훼의 천사를 만나 삼손의 출생을 알게 됩니다(판관 13장 참조). 이사야를 비롯한 많은 예언자들은 한결같이 신비 체험을 통하여 소명을 받았습니다(이사 6장, 에제 2장, 아모 1장 등 참조).
　신약 성경도 예외는 아닙니다. 베드로 사도는 야고보 사도와 요한 사도와 함께 타볼산에서 예수님의 신원을 알아볼 수 있는 신비를 체험합니다(마태 17장 참조). 그리고 다른 어부 출신의 제자들과 함께 부활하신 예수님을 갈릴래아 호수에서 고기잡이를 할 때 만납니다(요한 21장 참조). 또한 환시를 보았을 뿐 아니라(사도 10,9-16 참조) 투옥되었던 그가 하느님의 천사의 도움으로 감옥에서 풀려나는 신비를 체험합니다(사도 12장 참조). 첫 순교자 스테파노 성인은 순교의 순간 하느님의 영광과 하느님 오른쪽의 예수님을 봅니다(사도 7,54-57 참조). 바오로 사도는 그리스도교 신자들을 박해하며 붙잡으러 다니다가 다마스쿠스에서 예수님을 만나는 신비를 체험합니다(사도 9장 참조). 그리고 부활하신 예수님을 만난 신비 체험에 관해 전해 줍니다.

"그리스도께서는 성경 말씀대로 … 사흗날에 되살아나시어, 케파에게, 또 이어서 열두 사도에게 나타나셨습니다. 그다음에는 한 번에 오백 명이 넘는 형제들에게 나타나셨는데, 그 가운데 더러는 이미 세상을 떠났지만 대부분은 아직도 살아 있습니다. 그다음에는 야고보에게, 또 이어서 다른 모든 사도에게 나타나셨습니다. 맨 마지막으로는 칠삭둥이 같은 나에게도 나타나셨습니다."(1코린 15,3-8)

이외에도 성모 마리아를 비롯하여(루카 1,26-38 참조), 사제 즈카리야(루카 1,5-25 참조), 로마 백인대장 코르넬리우스(사도 10,1-8 참조) 등 많은 신비 체험들이 전해지고 있습니다.

이러한 신비 체험은 그 이후에도 계속 이루어졌습니다. 토마스 아퀴나스는 신비 체험을 한 후 그가 하느님께 관하여 설명하던 모든 것이 지푸라기와 같다고 고백하며, 《신학대전》의 집필을 멈추었습니다. 그러므로 《신학대전》 후반부, 소위 '보충부'는 그의 제자들에 의해서 쓰인 것입니다. 프란치스코 성인은 예수님이 십자가에서 받았던 다섯 가지 상흔을 자신의 몸에 받기도 했습니다. 아빌라의 데레사 성녀, 십자가의 성 요한 사제는 많은 신비 체험을 했습니다. 신비 체험은 우리 시대를 사는 우리에게도 가능합니다. 많은 사람들에게 회자되는 성모 발현 역시 하나의 신비 체험입니다. 루르드, 파티마, 과달루페 등 세계 곳곳에서 성모님 발현을 목격한 사람들이 많이 있습니다. 장소도 다양하고, 현시 때 받은 메시지와 목격자들도 다양합니다. 그리고 발현에 대한 교회의 태도도 경우에 따라 다릅니다.

교회는 언제나 발현의 가능성을 인정합니다. 따라서 일부 성모 마리아 발현을 승인하였습니다. 교회가 발현을 승인하는 경우, 그 발현과

메시지의 내용이 신앙과 윤리적 가르침에 반대되는 것이 없고, 신심을 위한 충분한 징후들이 있다는 교회의 판단에 의한 것입니다. 비록 승인하였다 하더라도 거기에 반드시 동의하는 일이 의무는 아닙니다.

때때로 발현을 비롯한 신비 체험과 정신적 착란 현상이 혼동될 수 있습니다. 그러므로 교회는 발현을 승인하는 일에 있어서 신중을 기하고 있습니다. 자칫 주관적 환시를 발현이나 신비 체험으로 승인할 수 있고, 또 그와 반대로 발현이나 신비 체험을 통하여 전해지는 카리스마적 기능이나 메시지를 거부할 위험이 있기 때문입니다.

리처드 도킨스(Richard Dawkins)의 경우, 교회의 모든 신비적 체험을 거부하는 셈입니다. 그는 사도들이 체험하고, 또 나중에는 오백 명이 넘는 교우들이 체험하는 집단적 신비 체험까지도 망상으로 취급합니다.

"누군가 망상에 시달리면 정신 이상이라고 한다. 다수가 망상에 시달리면 종교라고 한다."《만들어진 신》[15], 14쪽)

성경에 따르면, 일찍이 사람들은 예수님에게 기적을 요구한 적이 있습니다. 곧 십자가에서 내려오면 믿어 주겠다고 공언을 합니다. 그러나 예수님은 그들의 말을 들어주지 않았습니다. 왜 그랬을까를 생각해 보았습니다. 사람들이 이러한 신비 체험이나 기적을 쉽사리 받아들이지 않을 것이라는 확신 때문이었을 것입니다. 그러한 예수님의 생각을 엿볼 수 있는 대목이 있습니다. 바로 '부자와 나자로'(루카 16,19-31 참조)의 비유입니다. 죽은 부자는 자기 형제들이 그 고통스러운 곳에 오지 않도

---

[15] 리처드 도킨스, 이한음 옮김, 《만들어진 신》, 김영사, 2007.

록 회개하기 위해서는 죽은 이들 가운데 누군가 다시 살아나는 기적이 필요하다고 주장합니다. 그러자 예수님은 말씀하십니다.

"그들이 모세와 예언자들의 말을 듣지 않으면, 죽은 이들 가운데에서 누가 다시 살아나도 믿지 않을 것이다."(루카 16,31)

하느님의 존재는 증명할 수 있습니다. 그러나 사람들에 따라서 그 증명을 납득하느냐 받아들이지 못하느냐의 문제들이 여전히 남아 있습니다. 하느님의 존재는 결국 믿음의 영역에 남아 있는 셈입니다. 만일 하느님이 계시지 않다면, 하느님이 계시다고 믿는 일이 어리석겠지만, 하느님이 계시지 않다고 전제하고 살다가 하느님이 계실 때 따라오는 위험 부담이 훨씬 크다는 이유 때문에 하느님이 계시다고 믿는 편이 훨씬 유리하다는 파스칼의 도박 이론(《빵세》[16], 418항 참조)도 있습니다. 하지만 그 이론 역시 받아들이느냐 받아들이지 않느냐는 각자의 수용 여부에 달려 있습니다. 파스칼은 '오직 보기만을 원하는 이들에게는 빛이 넉넉히 있고, 그와 반대되는 심적 경향을 지닌 자들에게는 암흑이 넉넉히 있다'(《빵세》, 148항 참조)고 하며, 그러므로 '우리가 불신자들을 설복시킬 수도 없고 불신자들이 우리를 설복시킬 수도 없다.'(《빵세》, 234항 참조)고 말했습니다. 과연 그럴까요? 그렇다면 참으로 안타까운 일입니다.

---

16 빠스칼, 안응렬 옮김, 《빵세》, 동서문화사, 1975.

그렇다면 왜 하느님은
자신을 똑똑히 드러내시지 않는 것일까요?

첫째로 하느님께서 보여 주시는데 우리가 보지 못하는 경우가 있을 수 있습니다. 우선 우리 시력에 한계가 있습니다. 우리 시력은 사람마다 차이가 있습니다. 심지어 아무것도 볼 수 없는 맹인들도 있습니다. 가끔은 저 멀리 있는 물체가 사람인지 나무인지도 구분하지 못합니다. 고속도로 공사 지점에서 빨간 깃발을 흔드는 마네킹을 가끔 봅니다. 그런데 이것이 과연 실물인지는 아주 가까이 가서 보아야만 확인할 수 있는 경우가 많습니다.

우리가 볼 수 있다는 사실에 얼마나 빈틈이 많은지 《열하일기》[17]에서 연암 박지원(1737~1805년)이 지적해 줍니다. 요술쟁이의 신비한 요술을 보고 나서 쓴 글입니다.

---

[17] 박지원, 고미숙·길진숙·김풍기 엮고 옮김, 《열하일기》, 그린비, 2008.

"비록 요술을 잘하는 자가 있더라도 소경은 눈속임하기가 어려울 테니, 눈이란 과연 믿을 만한 것일까요? … 제가 세 살에 소경이 되어 바야흐로 40년이 되었습니다. 이전에는 걸음을 걸을 땐 발을 의지해서 보고, 물건을 잡을 땐 손을 의지해서 보았습니다. 목소리를 들어 누구인지를 분별할 때는 귀를 의지해서 보았고, 냄새를 맡아 무슨 물건인지 살필 때에는 코를 의지해서 보았습니다. 다른 사람들은 두 눈만 가졌지만 나는 팔과 다리, 코와 귀 모두 눈이 아닌 것이 없었습니다. 어디 다만 팔과 다리와 귀와 코뿐이었겠습니까? 날이 이르고 늦은 것은 낮의 피로함으로 보고 물건의 형용과 빛깔은 밤에 꿈으로 보아서, 아무런 장애도 없고, 의심과 혼란도 없었습니다. 한데 아까 길을 걸어오다가 홀연히 두 눈이 맑아지고 동자가 저절로 열려 눈을 뜨고 보니 천지는 드넓고 산천은 마구 뒤섞이어 만물이 눈을 가리고 온갖 의심이 마음을 막게 되었습니다. 팔과 다리와 귀와 코는 뒤죽박죽 착각을 일으켜 온통 이전의 일상을 잃어버리고 말았습니다. 급기야 살던 집까지 잊어버려 돌아갈 방법이 없는지라 이렇게 울고 있습니다."《열하일기》, 331-332쪽)

오늘날 마술을 구경할 때에도 마술사가 눈속임을 하는 것이 아니라 실은 구경꾼들이 스스로 속은 것일 뿐입니다. 마술이 진짜 현실이라면 그들은 마술을 하지 않을 것입니다. 그들은 얼마든지 돈을 만들 수 있고, 부풀릴 수 있습니다. 그래서 그들에게는 하지 못할 것이 없기 때문에 무대에 나서서 다른 사람에게 무엇인가를 보여 주는 사람, 즉 무대에 어릿광대로 나설 이유가 없기 때문입니다.

우리는 눈으로만이 아니라 온 마음으로, 온몸으로 보아야 합니다. 그렇게 해서 하느님께서 똑똑히 자신을 드러내는 것을 보는 사람이 있고,

또 불행하게도 보지 못하는 사람이 있습니다. 시편 저자는 우주 만물을 보면서, 자연의 풀 한 포기와 꽃 한 송이를 보면서 하느님의 존재를 보았습니다. 안셀모 성인은 개념을 통해서 보았습니다. 토마스 아퀴나스는 우주 만물을 보면서 제1원인으로 하느님의 존재를 확실하게 보았습니다. 프랜시스 콜린스는 DNA를 연구하면서 게놈 프로젝트를 통해 하느님의 언어를 읽을 수 있었습니다.

사실 우리가 보는 데에는 한계가 있습니다. 우리 시력은 1.5나 2.0이면 대단히 좋다고 말합니다. 게다가 아무것도 보지 못하는 소경들도 있습니다. 이런 까닭에 아무리 시력이 좋다 해도 멀리 있는 것은 알아보지 못합니다. 아주 먼 것을 위해서는 망원경이 필요합니다. 그리고 아주 작은 것도 보지 못합니다. 아주 작은 것은 현미경을 이용해야 합니다. 그런데 아이로니컬하게도 볼 수 없는 사람이 더 잘 보는 경우도 있습니다.

헬렌 켈러(Helen Adams Keller, 1880~1968년)는 《사흘만 볼 수 있다면》[18]이라는 자신의 저서에서 이렇게 쓰고 있습니다.

"들을 수 있다는 게 얼마나 고마운지 아는 사람은 귀머거리뿐입니다. 볼 수 있다는 것만으로도 얼마나 다채로운 축복을 누릴 수 있는지는 소경밖에 모릅니다. … 얼마 전 친한 친구를 만났는데 그 친구는 마침 숲속을 오랫동안 산책하고 돌아오는 참이었습니다. 나는 무엇을 보았느냐고 물었습니다. '별거 없어.' 어떻게 한 시간 동안이나 숲속을 거닐면서도 눈에 띄는 것을 하나도 보지 못할 수가 있을까요? 나는 앞을 볼 수 없기

---

18 헬렌 켈러, 이창식 · 박에스더 옮김, 《사흘만 볼 수 있다면》, 산해, 2005.

에 다만 촉감만으로 흥미로운 일들을 수백 가지나 찾아낼 수 있는데 말입니다."《사흘만 볼 수 있다면》, 21-22쪽)

'보아도 보지 못하고, 들어도 듣지 못한다'(마태 13,13 참조)는 예수님의 말씀에 반발하는 사람들도 있겠지만, 실제로 그렇습니다. 사람들은 듣고 싶은 것만 듣습니다. 보고 싶은 것만 봅니다. 차라리 볼 수 없었다면 더 많은 것을 볼 수 있었을 것입니다. 들을 수 없었다면 더 많은 것을 들을 수 있었을 것입니다.

둘째로 우리의 감각으로 확인할 수 없도록 보여 주지 않는 이유가 있다면, 불평등의 문제 때문일 수 있습니다. 그렇게 하느님께서 당신의 존재를 보이는 것에 의존하게 한다면 맹인들에게는 매우 불평등한 처사가 아닐 수 없습니다. 하느님의 존재를 확인하는 유일한 인간의 능력은 믿음뿐입니다. 믿음만이 모든 사람에게 공평하기 때문입니다. 보인다고 해서 믿을 수는 없습니다. 우리는 종종 마술을 하는 사람을 봅니다. 그러나 그 속임수를 알지는 못합니다. 그런데도 뭔가를 보면 믿을 수 있다고 생각하는 것 같습니다. 그래서 기적을 요구하기도 합니다.

많은 사람들이 기적을 통해서 하느님이 자신을 증명해 줄 수 있다고 기대하는 것 같습니다. 그런 의미에서 성경의 기록에 따르면, 많은 유다인들은 기적을 요구하였습니다. 그런 기적을 통해서 하느님을 믿을 수 있는 것처럼 기적을 행하지 않는 예수님을 비아냥거렸습니다.

"다른 이들은 구원하였으면서 자신은 구원하지 못하는군. 이스라엘의 임금님이시면 지금 십자가에서 내려와 보시지. 그러면 우리가 믿을 터인데."(마태 27,42)

오늘날에도 하느님의 존재를 확인하기 위해서 기적을 요구하는 현대인들이 적지 않습니다. 과거 한때 기적을 '신학의 귀염둥이'라고 여겼습니다. 기적이 하느님의 존재를 드러낸다고 생각했고, 사람들이 하느님을 믿게 해 줄 수 있다고 여겼기 때문입니다. 현대 신학은 기적을 '신학의 문제아'로 취급합니다. 현대인이 기적을 믿지 않는 까닭입니다. 더 나아가 기적에 관한 성경의 언급들을 비판합니다.

루이스는 기적이란 '전 세계에 너무나 큰 글씨로 적혀 있어 일부 사람들은 보지 못하는 이야기를 작은 글씨로 다시 들려주는 일'[19]이라 풀이합니다. 예컨대 하느님은 포도나무를 창조하셨습니다. 그 포도나무는 뿌리로 물을 빨아올린 후 태양의 도움에 힘입어 그 물을 과즙으로 바꿉니다. 그런데 예수님은 카나의 혼인 잔치에서 물을 포도주로 바꾸시면서 이 사실을 알려 주신다는 것입니다. 그것은 바커스라는 신이 한 것이 아니라, 아버지 하느님께서 노아 시대부터 해 오시는 일이라는 사실을 깨닫게 해 준다는 것입니다. 포도주가 본래 물을 빨아들여 포도라는 과즙의 과정을 통하여 만들어지는 것이라는 사실을 알려 준다는 것입니다. 예수님의 빵의 기적도 다르지 않습니다. 해마다 하느님께서는 소량의 곡식으로 많은 곡식을 만드십니다. 얼마 되지 않는 작은 씨로 많은 곡식과 열매를 맺어 많은 사람들이 먹고도 남게 하십니다. 몇 개의 빵을 가지고 많은 빵을 만들어 많은 사람들이 먹고도 남게 하신 예수님의 기적은 바로 '가문의 스타일'이라는 것입니다. 그런 일이 곡물의 신이나, 대지의 여신인 가이아에 의해서가 아니라, 바로 아버지 하느님 때문에 이루어지는 일이라는 사실을 보여 준다는 것입니다. 결국 '하느

---

19 C. S. 루이스, 홍종락 옮김, 《피고석의 하나님》, 홍성사, 2011, 20쪽 참조.

님은 존재하신다', '하느님은 위대하시다'라는 사실을 보여 주는 기적이 날마다 이루어지고 있지만 우리는 그것을 보지 못하고 있는 것입니다. 예수님은 작은 글씨로 써서 우리로 하여금 그것을 알아보게 하십니다. 우리가 큰 글씨로 적혀 있는 것을 잘 볼 수 없다는 데 문제가 있습니다.

보지 못하고 있는 사람들이 있습니다. 하느님을 믿는 사람들의 악한 행위에 가려서, 하느님을 보지 못하고 있습니다. 《만들어진 신》의 저자 리처드 도킨스가 그렇습니다.

> "종교의 이름으로 자행되는 사악한 행위를 우려하는 사람이 많은 것이다. … 존 레넌의 노랫말처럼, '상상해 보라. 종교 없는 세상을' 자살 폭파범도 없고, 911도, 런던 폭탄 테러도, 십자군도, 마녀 사냥도, 화약 음모 사건도, 인도 분할도, 이스라엘과 팔레스타인의 전쟁도, 세르비아와 크로아티아와 보스니아에서 벌어진 대량 학살도, 유다인을 '예수 살인자'라고 박해한 것도, 북아일랜드 '분쟁'도, 머리에 기름을 바르고 번들거리는 양복을 빼입은 채 텔레비전에 나와 순진한 사람들의 돈을 우려먹는 복음 전도사도 없다고 상상해 보라. 고대 석상을 폭파하는 탈레반도, 신성 모독자에 대한 공개 처형도, 속살을 살짝 보였다는 죄로 여성에게 채찍질을 가하는 행위도 없다고 생각해 보라."《만들어진 신》, 6-8쪽)

그들은, 하느님을 자기 마음대로 생각해서 하느님의 이름으로 전쟁과 폭력을 행사하는 종교인들에게 질려 있는 것입니다. 하느님을 아전인수격으로 해석해서 다른 사람을 미워하고 죽이는 종교인들에게 질려 그분을 제대로 보지 못한 것입니다.

《신은 위대하지 않다》[20]의 저자 크리스토퍼 히친스(Christopher Hitchens)도 그렇습니다.

"순전히 B라는 글자만 이용하더라도, 나는 벨파스트, 베이루트, 봄베이, 벨그라드, 베틀레헴, 바그다드에서 실제로 그런 경험을 한 적이 있다. … 벨파스트에서 나는 여러 기독교 교파들 사이의 분리주의 싸움 때문에 도시 곳곳이 불에 탄 것을 보았으며, 순전히 교파가 다르다는 이유만으로 다른 교파의 결사대에게 납치되어 살해되거나 고문을 당한 사람들의 친척과 친구들을 인터뷰했다. … 1975년 여름에 내가 베이루트를 처음 보았을 때만 해도 '동방의 파리'다운 모습이 아직 남아 있었다. 하지만 겉으로는 에덴동산처럼 보이던 이 도시에는 사실 많은 다양한 종류의 뱀들이 우글거리고 있었다. 이 도시는 지나치게 많은 종교 때문에 몸살을 앓고 있었다. … 1947~1948년에 봄베이에서 종파 간의 싸움이 벌어진 것은 사실이다. 그 종교적 유혈 사태 때문에 봄베이에서 쫓겨나거나 도망친 사람도 많았다. … 1990년대에 힌두교도가 봄베이를 다스려야 한다는 결론을 내리고 폭력단과 깡패들을 거리에 풀어놓았다. 그리고 순전히 자신의 능력을 증명하기 위해 도시의 이름을 '뭄바이'로 바꾸라는 지시를 내렸다."(《신은 위대하지 않다》, 35-39쪽)

그가 400쪽에 해당되는 글에 계속 열거한 것들은 이처럼 종교가 저지르고 있는 죄악과 사악함입니다. 그 죄악과 사악함에 가려 어떻게 하느님을 볼 수 있겠습니까?

---

[20] 크리스토퍼 히친스, 김승욱 옮김, 《신은 위대하지 않다》, 알마, 2012.

무신론자였던 저널리스트 페터 제발트(Peter Seewald)는 베네딕토 16세 교황이 추기경인 시절부터 인터뷰를 한 적이 있습니다. 최근까지 세 번이나 인터뷰했습니다. 첫 번째 인터뷰를 책으로 낸 것이 《이 땅의 소금》[21]입니다. 두 번째 인터뷰는 《하느님과 세상》[22]이라는 책으로 나왔습니다. 그리고 교황이 된 후 인터뷰를 한 것이 《세상의 빛》[23]이라는 책으로 나왔습니다. 두 번째 인터뷰에서 페터 제발트는 다음과 같은 질문을 하였습니다.

"저의 어린 아들이 '아빠, 하느님은 어떻게 생기셨어요?'라고 묻곤 하는데요."

그러자 당시 추기경이었던 베네딕토 16세 교황은 다음과 같이 대답하셨습니다.

"저라면 이렇게 대답하겠습니다. '예수 그리스도를 통해 알게 된 그대로 하느님 모습을 상상하면 된다.'고 말입니다. 그리스도께서 이런 말씀을 하시지 않으셨습니까? '나를 보는 것이 곧 하느님 아버지를 뵙는 것이다.'"《하느님과 세상》, 31쪽)

그렇습니다. 하느님은 예수 그리스도를 통하여 당신 자신을 드러내셨습니다. 복음사가가 얼마만큼 정확하게 사실적으로 예수 그리스도를

---

21 요제프 라칭거, 페터 제발트와 대담, 정종휴 옮김, 《이 땅의 소금》, 가톨릭출판사, 2000.
22 요제프 라칭거, 페터 제발트와 대담, 정종휴 옮김, 《하느님과 세상》, 성바오로, 2004.
23 베네딕토 16세 교황, 페터 제발트와 대담, 정종휴 옮김, 유경촌 감수, 《세상의 빛》, 가톨릭출판사, 2012.

전해 주는지는 또 공부해야겠지만, 적어도 복음서는 예수 그리스도가 누구이고 어떤 분인지를 알려 주고 있습니다. 그러므로 우리는 '신은 왜 자신의 존재를 똑똑히 드러내 보이지 않는가?'라는 질문에 답을 할 수 있습니다. '하느님은 당신 자신의 존재를 똑똑하게 드러내 보이십니다. 당신의 아드님 예수 그리스도를 통해서 말입니다. 그 모습은 복음을 통해서 볼 수 있습니다.'

우리가 하느님을 보지 못하는 것은 다만 볼 수 있는 눈에 문제가 있는 것은 아닐까요? 우리가 너무 시력에만 의존하여 하느님을 보려 하는 것은 아닐까요? 아니면 하느님의 모습을 너무나 가리고 있는 그리스도인들의 악행이 그 원인 아닐까요? 하지만 우리는 구름이 가려도 여전히 태양이 있는 것을 알고 있지 않습니까?

질문
02

신은 우주 만물의 창조주라는데
무엇으로 증명할 수 있는가?

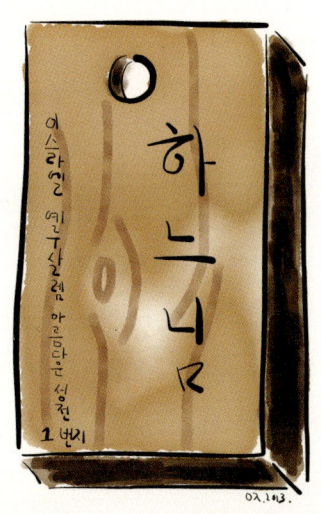

가톨릭 신앙은 우리가 믿는 하느님이 우주 만물을 창조하셨다고 가르치고 있다고 생각합니다. 사실 더 정확하게 말하자면, 그리스도인은 우주 만물을 창조하신 분을 하느님으로 믿고 있는 것입니다.

우리가 하느님을 믿는 이유 중 하나는 우리 인간의 한계 때문입니다. 인간이 할 수 없는 것이 있기 때문에, 그리고 도움을 필요로 하는 까닭에 하느님을 믿고 있습니다. 그 하느님은 분명 인간보다 훨씬 큰 능력을 지닌 존재임에 틀림없습니다. 우리는 세상을 경험합니다. 우리 앞에는 우주 만물이 펼쳐져 있습니다. 그 광활함에 우리는 경이로움을 느낍니다. 인간의 보잘것없음을 깨닫습니다. 우리는 천문학자들 덕분에 우주 만물이 형성되기 위해서는 대단한 능력이 필요하다는 것을 알게 됩니다. 인간의 능력으로는 도저히 어림없다는 사실 또한 알고 있습니다. 그리고 한편으로 우리는 인간이 만들어 낸 것이 무엇인지 알고 있습니다. 그것은 돈, 컴퓨터, 로봇, 건물, 우주선 등입니다. 그러나 우리 인간이 산천초목과 더불어 해와 달과 많은 별들을 만들어 내지 않았다는 것을 잘 압니다. 그리고 그런 우주 만물을 만들어 내기 위해서는 인간보다 훨씬 큰 능력을 지니지 않으면 안 된다는 것도 압니다. 아직 이 우주 안에 최고의 지성인 인간보다 훨씬 지성적이고, 인간의 과학보다 더 과학적이고, 인간의 심미적인 아름다움보다 더 아름답고, 인간의 선함보다 훨씬 더 선한 어떤 존재이지 않으면 안 된다는 것을 이해할 수 있습니다.

저의 짧은 지식과 요즈음 쏟아져 나오는 과학 서적을 통하면, 우주는 137억 년 전 소위 '빅뱅' 사건으로 말미암아 시작되었다고 합니다. 몇 년 전까지만 해도 120억 년 전, 또는 150억 년 전, 200억 년 전 등 그 시작에 관한 시기에 대해서 여러 가지 설이 있었습니다. 그런데 최근 137억 년 전으로 합의가 된 것 같습니다. 정진석 추기경의 《우주를 알면 하느님이 보인다》[24]에 따르면, 미국 항공 우주국이 우주 배경 복사가 얼마나 적색 편이가 되었는지 측정하면서 우주의 팽창 속도로 따져 보니 우주의 나이는 137억 년(오차 범위 2억년)이라고 결론 내렸다는 것입니다. 우주는 빛의 속도로 위로, 아래로, 옆으로, 뒤로, 사방으로 펼쳐져 나갔으니 우주 공간이 274억 광년의 거리로 펼쳐져 있다는 이야기가 됩니다. 빛이 사방으로 퍼졌으니 반지름이 137억 광년이 될 터이고, 지름은 그 두 배가 되는 만큼 274억 광년의 거리가 되는 셈입니다. 더욱이 다중 우주를 주장하는 학자들의 견해에 따르면, 이런 우주가 여럿이라는 것입니다. 그렇다면 그 공간은 더욱 넓어집니다. 최근 천문학자 이석영의 《빅뱅 우주론 강의》[25]에 따르면, 빅뱅으로 이 우주가 탄생하기 위해서는 폭발하는 속도가 적정해야 한다는 것입니다. 너무 빠르면 열린 우주가 되고, 너무 느리면 팽창하다가 다시 축소되어 우주

---

24 정진석, 《우주를 알면 하느님이 보인다》, 가톨릭출판사, 2003, 37-38쪽 참조.
25 이석영, 《빅뱅 우주론 강의》, 사이언스북스, 2012.

가 형성되지 않는다는 것입니다. 그리고 이렇게 적정한 속도가 나타나려면 밀도가 정밀해야 한다는 것입니다. 1입방센티미터에 4472해 2591경 7218조 5074억 128만 4016그램이어야 한다는 것입니다. 여기에서 1그램만 더 밀도가 짙어도, 또 1그램만 더 밀도가 옅어도 우주가 형성이 되지 않는다는 것입니다(《빅뱅 우주론 강의》, 137쪽 참조). 참으로 놀라운 일입니다. 그 정밀함이란 하느님이 아니고서는 가능하지 않은 일입니다.

루이스의 글을 기억하며, 가끔 '하느님이 쓰신 큰 글씨'인 밤하늘을 바라봅니다. 어둠 속에 별들이 희미하게 여기저기 있습니다. 지상의 불빛이 약하고, 공기가 맑은 곳에서는 별들이 찬란하게 빛나겠지만, 그래도 광활한 우주의 대부분은 어둠입니다. 99%가 어둠인 우주는 우리가 밤에 보는 그대로의 모습일 것입니다. 물론 태양처럼 스스로 빛을 내는 항성들은 많이 있습니다. 태양보다 더 크고 밝은 별들도 있다고 합니다. 그리고 시리우스나 북극성처럼 거리가 멀어서 희미하지만 태양보다 더 밝은 별들도 많은 것으로 알려져 있습니다. 그렇다 해도 밤하늘을 보면 알 수 있듯, 우주 대부분은 캄캄한 어둠으로 덮여 있는 공간이라고 해도 과언이 아닐 것입니다. 그만큼 우주는 광활하기 때문입니다.

지구가 있는 태양계도 1천억 개의 항성들로 이루어진 성단의 중심이 아니라 변두리에 위치해 있다고 합니다. 즉, 5억 광년 거리의 반지름으로 형성된 우리 성단의 중심에서 2.8억 광년 거리쯤에 위치해 있다고 합니다. 이처럼 한구석에 있지만 그래도 태양계는 태양으로 말미암아 어둠을 밝히고 있습니다. 태양과 가장 적당한 거리에 있는 지구는 사람이 살 만한 환경을 이루고 있습니다. 태양에 가까운 수성이나 금성은 너무 뜨거워서 사람이 살 수 없고, 화성이나 목성이나 토성은 태양과 너무 멀기 때문에 추워서 살 수 없답니다. 태양계에서 생물이 살 수 있는 곳은 이 지구뿐입니다. 하지만 혹시 생물이 사는 별이 또 있지 않을까 하여 지금도 열심히 찾는 중입니다. 1백억 개의 별들이 무리를 이루고 있는 성단이 1천억 개 정도 있다니, 혹시 수백 억 광년 저 멀리 어느 곳에 지구와 같은 환경을 지닌 별이 하나쯤 더 있지 않을까 생각해 볼 수 있습니다. 그래서 과학자들은 우주 저 멀리에 신호를 보내고 있습니다. 인간처럼 지성을 지닌 다른 존재가 있다면 그들 나름의 언어를 갖고 있겠지만 그들이 지성적인 존재라면 서로 소통할 수 있지 않을까 기대하고 있습니다. 심지어 다중 우주에 관한 생각도 있습니다. 우리 태양계가 속해 있는 이 우주 외에도 다른 여럿의 우주가 있지 않겠느냐는 것입니다. 그렇다면 어느 한 곳에는 인간과 유사한 지적 존재가 생존할 가능성이 훨씬 높지 않을까요? 정말 알 수 없는 일입니다.

　놀라운 일입니다. 이 광대한 우주에서 이 지구는 어쩌면 한강 백사장의 수많은 모래알 가운데 하나에 불과한 존재라는 비유가 틀리지 않을 것입니다. 이렇게 어마어마한 우주를 만드신 하느님께서 보잘것없는 지구, 그리고 그 지구에서도 점 하나에 지나지 않는 작은 존재인 인간들을 창조하시고 돌보시고 사랑하신다는 일 자체가 쉽게 믿기 어렵습니다. 정진석 추기경의 《우주를 알면 하느님이 보인다》라는 책의 제목처럼 얼핏 우주를 알기가 어려운 만큼 하느님을 믿거나 아는 일이 어려운 것은 아닐까 하는 생각을 하게 됩니다. 천문학자들은 아직도 우리가 우주에 대해 알 수 있는 부분은 극히 적다고 말합니다. 우주를 구성하는 알 수 없는 물질을 '암흑 물질'이라 하는데 그것은 우주의 24%를 차지한다고 합니다. 또한 우주의 72%를 차지하는 '암흑 에너지'도 있다고 합니다. 결국 우주는 4%의 아는 것과 96%의 모르는 것으로 구성되었다는 것입니다(《빅뱅 우주론》, 211-212쪽 참조).

그럼에도 하느님이 우주를 창조하시고 또 인간을 창조하셨다면 정말 대단한 일입니다. 창세기가 표현한 대로, "한처음에 하느님께서 하늘과 땅을 창조하시며, '빛이 생겨라.' 하시자 빛이 생기고, '당신의 모습으로 사람을 창조하셨다.'"(창세 1,1-27 참조)면 놀라운 일입니다. 그러니 시편 작가의 이러한 외침은 당연한 듯합니다.

"우러러 당신의 하늘을 바라봅니다. 당신 손가락의 작품들을 당신께서 굳건히 세우신 달과 별들을. 인간이 무엇이기에 이토록 기억해 주십니까? 사람이 무엇이기에 이토록 돌보아 주십니까?"(시편 8,4-5)

우리는 우주의 크기에 놀라지만, 우주의 정교한 운행을 알면 더욱 놀라게 됩니다. 중력 법칙을 따라 지구를 비롯한 행성들은 태양을 중심으로 부지런히 돌고 있습니다. 그 사이로 혜성이 궤도를 침범합니다. 하늘에서는 수많은 별이 죽고 다시 태어납니다. 죽어 가는 별똥별은 수도 없이 많습니다. 지구를 향해 날아오는 운석도 수없이 많습니다. 목성은 지구 저 멀리에서 일정한 궤도를 돌면서 지구를 향해 돌진하는 운석들을 막아 주는 방패 노릇을 하고 있습니다. 그렇지 않으면 지구는 벌써 산산조각이 났을 것입니다.

지구는 궤도를 따라 봄, 여름, 가을, 겨울의 계절을 어김없이 맞이하고 있습니다. 그에 따라 꽃이 피고 집니다. 해마다 나무의 나이테가 생겨납니다. 그런 것을 그저 우연이라고, 자연스러운 일이라고, '저절로' 그리되었다고 생각하기엔 너무 정교합니다. 그건 마치 시계가 저절로 움직여서 시간을 맞추어 가고 있다고 말하는 것과 다르지 않습니다. 이미 우리는 앞서서 정약종의 《주교요지》에서도 저절로 이루어질 수 없는 삼라만상에 관한 생각을 읽어 보았습니다(《주교요지》, 4항 참조).

소우주(小宇宙)라 불리는 우리 인간의 몸을 살펴보면, 역시 놀라지 않을 수 없습니다. 리더스 다이제스트에서 출판한 《당신의 몸 얼마나 아십니까?》[26]라는 책에 따르면, 인간의 몸은 60조 개의 세포로 형성되었으며, 9만6천 킬로미터에 달하는 핏줄을 지니고, 3백억 개의 신경 세포가 있답니다. 그것은 전 세계 전화 교신량보다 많고, 그 전달 속도는 시속 460킬로미터라고 합니다. 1억 장을 겹쳐야 1센티미터가 될 만큼 얇은 겉 피부를 지니고 있으나 그 얇은 피부로 몸의 불순물을 배출하고, 외부 균의 침입을 막는다는 것입니다. 340그램 정도의 무게를 지닌 심장은 하루도 쉬지 않고 1만5천 리터 용량의 피를 펌프질하여 온몸에 공급한답니다. 정말 신비롭고 놀라운 일입니다.

인간의 세포를 구성하는 DNA는 다음 후손에게 자신의 모습과 성격을 전달해 줍니다. DNA에는 4개의 알파벳으로 표시될 수 있는 30억 개의 서열 정보를 지니고 있습니다. 암호 전체를 읽으려면 꼬박 31년이 걸릴 양입니다. 이 DNA로 말미암아 인간이냐 침팬지냐가 결정된답니다. 인간에 속하는 서로 다른 개인을 비교할 때 DNA의 99.9%가 똑같다는 사실은 놀라운 일입니다. 그래서 게놈 프로젝트 연구를 지휘했던 프랜시스 S. 콜린스는 완성된 유전자 지도를 놓고 감탄하지 않을 수 없었습니다.

"지금까지 오직 하느님만이 알고 있던 우리 몸의 설계도를 처음으로 우리가 직접 들여다보았다는 사실에 저는 겸허함과 경외감을 느낍니다."

---

[26] J. D. 래트클리프, 리더스 다이제스트 편집부 옮김, 《당신의 몸 얼마나 아십니까?》, 동아출판사, 1992.

《신의 언어》, 7쪽

논증을 따라 무신론을 오랫동안 고집하였던 앤터니 플루는 완성된 유전자 지도를 놓고 고백합니다.

"과학 연구에 진지하게 참여하는 사람은 누구나 자연법칙이 인간보다 더 없이 우월한 영, 그 앞에서 우리가 겸손함을 느낄 수밖에 없는, 초월한 능력을 가진 영의 존재를 드러낸다고 확신하게 된다."《존재하는 신》, 113쪽)

아주 오래전에 솔제니친이 쓴 글을 읽었습니다. 인간들이 달이나 화성을 탐사하기 위해 우주선을 만드는 대단한 일을 하고 있지만, 자신의 손바닥 위에 놓여 있는 병아리 한 마리를 바라보면서, 그처럼 연약하지만 살아 있는 생명체를 만들 수 없다는 인간의 한계를 느끼며, 한편으로 새 생명을 창조하시는 조물주를 찬양하는 글이었습니다. 분명 창조주는 세상에 당신이 존재하시고 당신이 창조하셨다는 흔적을 분명히 남겨 두셨는데, 보는 사람에 따라 어떤 사람은 그것을 읽어 내고, 어떤 사람은 그것을 제대로 읽지 못하기도 합니다.

그렇습니다. 하느님은 당신이 창조하신 세상에서 당신이 창조주라는 흔적을 드러내십니다. 창조 자체가 그 증명입니다. 아름다운 그림은 그 화가가 훌륭한 화가라는 것을 증명하는 것처럼 말입니다. 물론 그 그림에서 화가를 찾을 수는 없습니다. 마찬가지로 창조한 작품 안에서 창조주 하느님을 찾을 수는 없습니다. 그러나 그 흔적을 찾을 수는 있습니다. 그 흔적을 읽어 내는 것은 우리 눈에 달려 있습니다. 아니 어쩌면 우리 마음에 달려 있는 것은 아닐까요?

질문
03

생물학자들은 인간도
오랜 진화 과정의 산물이라고 하는데,
신의 인간 창조와 어떻게 다른가?
인간이나 생물도 진화의 산물 아닌가?

이 문제는 오랫동안 논쟁의 주제였습니다. 지금도 이 논쟁은 종결되지 않았습니다. 아직도 많은 생물학자들은 진화를 주장합니다. 그리고 그리스도교 신앙인들은 창조론을 주장합니다. 혹자는 인류가 인간으로서 자존심을 다친 일이 세 번이나 있었다고 말합니다. 다윈의 진화론이 그중 하나라는 것입니다.

첫 번째는 코페르니쿠스(Nicolaus Copernicus, 1473~1543년)의 지동설입니다. 교회가 칼자루를 쥐고 재판을 통해 겁을 주어서, 갈릴레오 갈릴레이(Galileo Galilei, 1564~1642년)는 교회에 순명하기로 하고 법정을 나왔습니다. 그러면서 '그래도 지구는 돈다.'고 말했다고 합니다. 그게 과연 사실인지는 잘 모릅니다. 어떻든 갈릴레오 사건은 지구 중심, 인간 중심이었던 중세기에, 하늘 높은 줄 모르고 바벨탑을 쌓으며 건방을 떨었던 인간의 자존심에 상처를 주었다는 것입니다. 오늘날 우리는 우주에서 태양이 중심이 아닐 뿐더러, 태양계 안에서도 지구가 그 중심이 아니라는 것을 잘 알고 있습니다.

두 번째는 바로 찰스 다윈(Charles Robert Darwin, 1809~1882년)의 진화론

입니다. 인간이 고상하게 창조된 하느님의 걸작품이 아니라 원숭이와 같은 조상으로부터 유래하는 존재라는 점에서 만물의 영장으로서의 품위가 실추되었다는 것입니다.

그리고 마지막은 지그문트 프로이트(Sigmund Freud, 1856~1939년)의 심리학적 인간 분석입니다. 인간의 고상한 행동들도 결국은 성적 본능에 따른 결과라는 선언에서 또 한번 인간의 자존심이 상처를 입었다는 것입니다. 그럴 수 있습니다.

인간은 자신이 누구인지를 한번쯤 돌아볼 필요가 있습니다. 그런데 우주를 인식할 수 있는 존재는 인간뿐입니다. 자신의 행위를 반성할 수 있고 자기가 누구인지 성찰할 수 있는 존재도 인간뿐입니다. 그리고 인간은 겸손해질 수 있는 존재이기 때문에 여전히 우주에서 위대한 존재임에 틀림없습니다. 파스칼의 말처럼, 비참함을 인식할 수 있는 것 자체가 인간의 위대함일 수 있습니다.

"사람은 하나의 갈대에 지나지 않으며, 자연계에서 가장 약한 자이다. 그러나 그는 생각하는 갈대이다. 그를 부수는 데에는 온 우주가 무장할 필요가 없다. 한 줄기의 증기, 한 방울의 물로도 넉넉히 그를 죽일 수 있다. 그러나 우주가 그를 부수어 버린다 해도 사람은 그를 죽이는 그것보다 훨씬 더 고귀한 것이니, 그는 자기가 죽는다는 것과 우주가 자기보다 우세하다는 것을 알고 있지만 우주는 그런 것을 도무지 모르기 때문이다."《빵세》, 198항)

어느 선사가 마을에 내려오자, 마을 사람들이 선사에게 물었습니다.
"이름이 무엇이오?"

"어디서 왔소?"

"어디로 가려 하오?"

"누가 당신과 동행하고 있소?"

"무엇을 찾고 있소?"

선사가 그들에게 답했습니다.

"여러분이 이렇게 많은 질문을 하지만 사실 질문은 하나지요? 바로 '당신이 누구요?'라는 것 아닙니까?"

"맞소! 당신은 누구요?"

그러자 선사가 말했습니다.

"저도 오랜 세월을 찾아다녔지만 아직 찾지 못했습니다. 그것이 바로 제 여행의 목적이지요."

어쩌면 우리들의 질문은 '우리 인간은 누구인가?'로 집약되는 게 아닐까요!

저는 '동물의 왕국'이라는 프로그램을 즐겨 봅니다. 동물들이 철에 따라 먹이와 생존을 위해 이동하는 모습은 장관입니다. 새끼들을 위한 헌신 또한 감동적입니다. 물론 약육강식하는 그들의 세계가 비정하게 비칠 때도 많습니다. 하지만 사실 잔인한 동물보다 잔인한 인간이 훨씬 많습니다. 저는 '사람이 꽃보다 아름다워'라는 시와 노래를 좋아합니다. 맞습니다. 사람은 꽃보다 아름답습니다. 그렇지만 아름다움이 잘못되면 얼마나 추해지는지, 좋은 것이 악용되면 얼마나 악해지는지도 압니다. 꽃보다 아름다운 인간이 어떤 추한 괴물보다 더 잔인해질 수도 있습니다. 어떻든 동물의 세계는 참으로 신비합니다. 종류도 다양하고, 진화도 다양합니다. 많은 생물학자들은 다윈의 진화론의 입장에 동의합니다.

다윈은 《종의 기원》[27]에서 다음과 같이 밝힙니다.

"나는 내가 할 수 있는 가장 사려 깊은 연구와 공정한 판단을 한 후에, 많은 박물학자들이 최근까지 품고 있고 또 나 자신도 전에 품고 있었던 견해, 곧 각각의 종은 개별적으로 창조되었다고 하는 견해가 잘못이라는 것을 확실히 말할 수 있다. 나는 종은 불변의 것이 아니며, 어느 한 종에서 만들어졌다고 인정되는 변종이 그 종의 자손인 것과 마찬가지로, 이른바 같은 속에 속하는 종들은 어떤 다른, 일반적으로 소멸해 버린 종의 직계 자손이라는 것을 확신하는 바이다."(《종의 기원》, 32-33쪽)

그러면서도 다윈은 종이나 변종의 기원에 관하여 아직 설명할 수 없는 것이 많이 남아 있음을 밝힙니다.

"종이나 변종의 기원에 관하여 아직까지도 설명할 수 없는 것이 많이 남아 있다는 것에 우리는 조금도 놀랄 필요가 없다."(《종의 기원》, 32쪽)

그리고 다음과 같이 덧붙입니다.

"나는 '자연 선택'이 변화의 가장 중요한 방법이긴 하지만, 그 유일한 방법은 아니라는 것을 확신하고 있는 바이다."(《종의 기원》, 33쪽)

---

27 다윈, 이민재 옮김, 《종의 기원》, 을유문화사, 2001.

물론 다윈 이전에도 진화론의 입장을 지닌 학자들이 있었습니다. 라마르크(Jean Basptiste Pierre Antoine de Monet, Chevalier de Lamarck, 1744~1829년)의 용불용설(用不用說)도 그중 하나입니다. 사용할수록 발달하게 되고, 사용하지 않으면 퇴화된다는 이론입니다. 그것은 우리들도 얼마든지 느끼고, 확인할 수 있습니다. 다윈과 동시대를 살았던 알프레드 러셀 윌리스(Alfred Russel Wallace, 1823~1913년)도 진화의 요인으로 자연 선택을 꼽았습니다. 오늘날 많은 생물학자들이 진화론을 받아들이고 있습니다. 대표적인 인물이 무신론의 선두자로서 《이기적 유전자The Selfish Gene》[28]를 저술한 리처드 도킨스입니다. 심지어 하느님의 존재를 받아들인 프랜시스 콜린스 역시 진화론을 수용합니다.

"게놈을 연구하다 보면 인간도 다른 생물과 조상이 같다는 냉혹한 결론에 도달한다. 우리 게놈과 다른 유기체 게놈 사이의 유사성을 보여 주는 것이 그 증거 가운데 하나다."(《신의 언어》, 137쪽)

《종의 기원》을 읽어 본 사람이면 모두들 다윈의 꼼꼼한 관찰력에 놀라지 않을 수 없을 것입니다. 저도 예외가 아닙니다. 그의 치밀한 관찰력과 인내심이 감탄스럽습니다. 관찰에 있어서 달인이라고 해도 과언이 아닙니다. 그렇지만 그의 진화 이론은 분명 하나의 가설입니다. 그는 《종의 기원》에서 인간에 대해서는 아무런 이야기도 하지 않았습니다. 1871년 《인간의 유래》에서 인간의 문제를 다룹니다. 그의 진화론은 화석을 근거로 인간이 원숭이와 같은 조상으로부터 진화한 것이라는

---

28 리처드 도킨스, 홍영남 옮김, 《이기적 유전자》, 을유문화사, 2007(30주년 기념판).

주장입니다. 그러나 그의 주장에는 허점이 있습니다. 조지 메이슨 대학의 물리학 교수 제임스 트레필(James Trefil)은 화석을 근거로 주장하는 생물학자들에 대해 다음과 같은 의문을 제기합니다.

"화석이라는 아주 정교한 복사품을 통해 멸종된 생물의 형태를 조사할 수 있다. 그러나 유기체의 가장 중요한 부분은 대개 보존되지 않는다. … 화석 기록이 갖는 더 심각한 문제는 화석이 극히 불규칙하다는 점이다. 1만 종 중에서 오직 1종만이 돌 속에 화석으로 보존되며, 보존된 중에서도 겨우 몇 개체만이 우리에게 모습을 드러낸다. … 이토록 빈약한 자료로부터 역사 시대가 열릴 때부터 살았던 모든 인간들에 대한 결론을 끌어내려고 애쓰는 모습을 상상해 보라! 그러나 바로 그것이 네안데르탈인의 흔적을 통해 고생물학자들이 해야 하는 일인 것이다."《생명과 우주의 신비》[29], 132-133쪽)

다윈 자신도 화석의 기록이 지니는 불충분함을 명확하게 인식하고 있었습니다. 그는 《종의 기원》 10장에서 지질학적 기록의 불완전성에 관해 언급합니다.

"이제 우리는 가장 풍부한 지질학적 박물관에 들어가 보자. 그런데 거기에 보이는 진열품은 얼마나 빈약한 것인가! 우리의 수집이 불완전하다는 것은 누구나 인정하는 바다. … 지질학적 기록의 불완전성은 … 어느 것보다 중요한 다른 원인, 즉 여러 지층이 광대한 시간의 간격에 의해서 서

---

29 제임스 트레필, 윌리엄 H. 쇼어 엮음, 과학 세대 옮김, '네안데르탈인은 누구이며, 우리는 누구인가?', 《생명과 우주의 신비》, 도서출판 예음, 1994.

로 떨어져 나가 있기 때문에 생긴 결과인 것이다."(《종의 기원》, 332-333쪽)

하나의 가설이지만 많은 생물학자들이 진화론을 바탕으로 그리스도교의 창조론에 반대합니다. 경험할 수 있고, 검증할 수 있어야만 과학이라고 생각하기 때문에 창세기의 창조 설화를 비웃습니다. 어떻게 하느님께서 하루 동안 빛을 만드시고, 또 하루 동안 해와 별들을 만드시며, 또 온갖 식물들과 온갖 동물들을 종류대로 만드셨을까?

우리는 성경을 글자 그대로 읽는 경우가 많습니다. 물론 그렇게 읽어야 하는 경우도 있습니다. 그러나 성경 전체를, 모두를 그렇게 읽을 수는 없습니다. 그래서 오해가 생깁니다. 성경은 많은 장르의 글이 종합된 하느님의 말씀입니다. 시도 있고, 노래 가사도 있고, 우화도 있고, 왕조 실록도 있습니다. 성경은 온갖 장르가 뒤섞인 작품입니다. 우리는 시를 신문 기사처럼 읽을 수 없습니다. 또 신문 기사를 광고문처럼 읽을 수 없습니다. 우리는 소설에서 진실을 읽어 냅니다. 그리고 역사 소설에서 현실 비판을 읽어 냅니다. 이처럼 장르를 고려해서 작가의 의도를 이해해야 합니다. 이때 진실과 사실을 구별할 줄 아는 지혜가 필요합니다. 시는 많은 비유적 표현을 통해 진실을 이야기합니다. 역사는 사실을 토대로 진실을 이야기합니다. 소설은 픽션을 통해 진실을 이야기합니다. 성경은 다양한 장르를 이용하여 다양하게 진실을 표현합니다.

창세기의 창조 설화는 설화적 표현입니다. 그러므로 6일 창조가 아니라, 6단계의 창조로 알아들어야 할 것입니다. 성경에는 그것이 기록되던 당시 수준의 과학관이 그대로 반영되어 있습니다. 그런데 '빛이 생겨나면서 우주의 창조가 시작되었다'고 표현하는 창세기 작가는 마치 빅뱅이라는 사건을 알고 있었던 것처럼 보입니다. 얼마나 놀라운 일입니까? 창세기에는 어류, 조류, 파충류, 포유류, 인류가 순서대로 창조된 것으로 표현되어 있습니다. 이는 당시로서는 놀라운 자연 과학적 수준입니다. 무엇보다 창조의 핵심은 하느님에 의해서 이 우주와 인간이 생겨났다는 것입니다. 저절로, 자연 발생적으로 생겨났다는 일부 과학자들의 견해와는 다릅니다.

하느님의 창조는 진화와 대립하지 않습니다. 하느님께서 창조하신 존재들은 진화하는 작품입니다. 인간이 만든 작품들은 고정되어 있습니다. 우리는 빵을 만들지만, 먹고 나면 없어지고 맙니다. 그러나 하느님께서 창조하신 나무는 그 씨를 남겨 또 다른 나무가 태어나게 합니다. 우리 인간이 만든 컴퓨터는 제작자가 입력한 프로그램에 따라 작동합니다. 그러나 하느님이 창조하신 인간은 뇌에 입력된 프로그램만이 아니라 교육과 훈련으로 익힌 생활 습관을 따라서, 자신의 자유 의지에 따라 고정된 반응과는 다른 행동을 표현합니다. 인간이 만든 컴퓨터는 또 다른 컴퓨터를 낳을 수 없습니다. 그러나 인간이 만들지 않은 생물들은 후손을 남기거나 더 발전할 수 있는 가능성을 지니고 있습니다. 다윈은 하느님의 창조 작품 안에서 그 진화 현상을 발견한 것입니다. 우리는 그것을 부인할 수 없습니다. 인간의 발전 가능성은, 진화 가능성은 아직도 많습니다. 진화는 계속되고 있는 실정입니다.

창조 설화는 그 종류대로 하느님께서 창조하셨다고 표현합니다. 그러나 진화론은 가령 원숭이에서 인간으로 진화했다고 주장합니다. 또 원숭이는 그보다 덜 진화된 단순한 생물에서 진화되었다는 이야기입니다. 한 종에서 환경이나 자연 선택을 통해서 다른 모습으로 변이되고 진화된다는 '소진화'는 인정합니다. 그렇지만 한 종에서 다른 종으로 변이되는 '대진화'는 받아들이기가 쉽지 않습니다. 또한 그것은 앞에서 보았늦이 얼마 되지 않는 빈약한 승거로 충분히 설명될 수 없는 일입니다.

세상을 놓고 우리는 생각해 볼 수 있습니다. 별의 후손인 우리 인간은 별들의 구성 요소로 몸을 이루고 있습니다. 창세기는 우리 인간을 흙으로 빚어진 존재로 표현하고 있습니다.

"그때에 주 하느님께서 흙의 먼지로 사람을 빚으시고, 그 코에 생명의 숨을 불어넣으시니, 사람이 생명체가 되었다."(창세 2,7)

오늘날 과학자들은 우주가 137억 년 전에 생겨났고, 지구가 형성된 것은 46억 년 전이라고 말합니다. 그리고 생명이 생겨난 것을 5억 7천만 년 전으로 추정합니다. 또한 2억3천만 년 전에 공룡이 생겨나고, 4백만 년 전에 유인원이 생겨났다고 말합니다. 그런데 우리의 조상인 동물계, 척삭동물문, 포유강, 영장목, 사람과, 호모속, 사피엔스 종이 출현한 것은 9만 년 전에서 3만5천 년 전 사이로 계산합니다. 과연 아담은 누구였을까요? 네안데르탈인이었을까요? 아니면 불을 다룰 줄 아는 호모 에렉투스였을까요? 아니면 직립 보행을 하며 도구를 사용할 줄 알았던 '남방의 원숭이'라는 뜻을 지닌 오스트랄로피테쿠스였을까요? 하긴 인간의 계통수를 그려 내는 일이 얼마나 힘든지를 고백하는 진화 생물학자들이 있습니다. 마티아스 글라우브레히트(Matthias Glaubrecht)가 그중 한 사람입니다. 그는 자신의 저서 《진화 오디세이》[30]에서 다음과 같이 말합니다.

---

[30] 마티아스 클라우브레히트, 유영미 옮김, 신현철 감수, 《진화 오디세이》, 웅진닷컴, 2004.

"고인류학 '사업'은 힘들다. 다른 동물군의 화석도 늘 부족하긴 하지만 사멸해 버린 선행 인류의 뼛조각을 발견하기란 하늘의 별 따기다. 인간이 죽어 100세대가 흐르면 이빨이나 뼛조각 외에 남는 게 무엇이 있는가! 이런 불완전한 자료 위에서 인류사를 재구성하다 보니 고인류학 연구는 '연구자 마음대로'라는 비판을 받고도 남는다. … 선행 인류의 화석 찾기가 정말이지 지구라는 드넓은 모래사장에서 호미니드(유인원과 구별돼 인간의 조상이라고 생각되는 원인)라는 바늘 하나 찾기처럼 진행되는 까닭에 무엇인가가 발견할 수만 있으며 곧 주목을 받게 마련이므로, 고인류학자들은 수백만 년 묵은 먼지 속에서 건져 올린 뼛조각마다 새로운 이름을 붙이고, 그 화석의 주인공을 새로운 종의 선행 인류로 공포하기에 급급해한다. 이렇게 발굴된 화석들은 인류 진화의 계통수를 새로 그리게 만든다."《진화 오디세이》, 207쪽)

그리고 우리의 현생 인류 조상이 출현할 무렵 사라져 간 네안데르탈인과 우리 현생 인류는 전혀 다른 인종임을 밝히고 있습니다.

"1997년에는 … 네안데르탈인의 뼈대에서 유전자를 검출하여 분석한 결과 그 유전자 조성이 현대의 호모 사피엔스와 너무나 달라, 네안데르탈인이 현생 인류의 조상일 수 없다는 것이다."《진화 오디세이》, 230쪽)

즉, 교배가 가능하지 않다는 것입니다. 종이란 바로 교배가 가능하며 다른 무리와 구별되는 공동 유전자를 가지고 있는 자연 발생적 개체군을 의미합니다. 그렇다면 종을 뛰어넘는 진화란 이해하기 어렵습니다. 우리는 큰 그림을 그릴 수 있습니다. 137억 년 전에 빅뱅으로 우주기 생겨니고, 46억 년 전에 지구가 생겨납니다. 5~6억 년 전에 생명이 출현하고, 4백만 년 전에 정신을 지닌 인간 생명이 출현합니다. 그리고 오늘의 현대인들이 있습니다. 어떻게 이 세상에 우주가 생겨나고, 생명이 발생하고, 또 인간 생명이 출현하였을까요?

이를 흙먼지였던 우주에서부터 진화된 것이라고 말할 수 있을까요? 일찍이 철학자 아리스토텔레스처럼 먼지에서 구더기가 생겨나고, 나뭇가지에서 양 새끼가 태어난 것이라고 말하면 될까요? 그리고 아메바라는 단세포에서부터 점차 더 복잡한 생명체로 진화되어 오늘의 인간이 되었다고 말해야 할까요? 진화론자들은 그것을 진화라고 말하고, 그리스도교인들은 하느님의 창조라고 말합니다.

테이야르 드 샤르댕 신부는 이 문제로 고민하였습니다. 그는 예수회 사제이면서 또 한편으로는 과학자였습니다. 그는 종교와 과학이 빚어내는 마찰 속에서 갈등을 겪었습니다. 그럼에도 과학자로서 용감하게 진화론적 입장을 수용했습니다. 그래서 교회로부터 한동안 이해받지 못한 시기도 있었습니다. 이단적 사상이라고 경고를 받은 바도 있었습니다. 그의 진화론적 입장은 다윈의 생물학적 차원을 넘어서 우주적 차원입니다. 우주는 물질권(物質圈)에서 생명권(生命圈)으로 그리고 생명권에서 정신권(精神圈)으로 진화했다고 말합니다. 말하자면 어떤 것이 고도로 응축되어 높은 단계에 이르면 새로운 모습이 발생하는 것으로 설명합니다. 즉 어느 임계점에 도달하면서 물질이 출현하고, 생명이 발생하고, 정신이 발생한다는 것입니다. 그리고 이러한 진화는 시작(알파)이요 마침(오메가)이신 그리스도를 향하고 있다고 말합니다.

그는 마침내 과학적 진화론과 하느님의 창조론을 종합합니다. 둘은 서로 대립하는 것이 아니라 서로 보완하는 것이라고 말입니다. 임계점

(臨界點)에 이르러 새로운 현상이 발생되는 것을 우연이 아니라 하느님의 손길로 보는 것입니다. 우연하게 빅뱅으로 우주가 발생하고, 우연하게 생명체가 출현하고, 우연하게 정신권이 나타났다고 말할 수 없다는 것입니다. '저절로'라는 것은 없습니다. 원인 없는 결과는 없습니다. 원인을 모를 뿐입니다. 앤터니 플루가 원숭이 실험(Monkey theorem)을 통해 우연이라는 것이 어떤 것인지를 설명한 바 있습니다.

영국 국립 예술원에서 실험을 위해 원숭이 여섯 마리가 들어 있는 우리에 컴퓨터 한 대를 놓았답니다. 원숭이들이 한 달 동안 컴퓨터 자판을 두들겨 댄 끝에 50쪽 분량을 쳐 냈는데, 그중에는 단어가 하나도 없었다는 것입니다. 영어에는 한 글자로 된 A 또는 I가 있는데도 그랬다는 것입니다. 물론 A나 I 양쪽에 빈칸으로 있을 경우에만 단어로 인정할 수 있을 것입니다. 자판이 30자로 이루어져 있으니 한 글자 단어를 칠 가능성은 $30 \times 30 \times 30$, 즉 2만7천 분의 1이었습니다.[31]

제럴드 슈뢰더(Gerald Schroeder)는 이 실험을 언급하며 질문합니다. 과연 원숭이들이 컴퓨터 자판을 두들겨 우연하게 '셰익스피어 소네트'가 나올 가능성이 얼마나 되는지 묻습니다. 그리고 결론을 짓습니다.

"… 원숭이는 잊어버리십시오. 우주 전체를 컴퓨터 칩으로 바꾼다고 가정해 봅시다. 그리고 각 컴퓨터 칩이 개당 1백만 분의 1그램 무게에 488자를 초당 1백만 번씩 찍는 시도를 할 수 있다고 해 봅시다. 우주 전체를 이런 마이크로 컴퓨터 칩으로 바꾸고, 이 칩들을 초당 1백만 번씩 임의의 글자를 찍어 낸다면, 시간이 시작된 이후 지금까지 그 시도의 수는

---

31 앤터니 플루, 《존재하는 신》, 90–91쪽.

10의 90제곱에 이를 것입니다. 하지만 그것도 10의 600제곱이나 모자랍니다. 우연으로는 소네트 하나도 결코 만들어지지 않습니다. 그러기 위해서는 우주가 지금보다 10의 600제곱이나 더 커야 합니다. 하지만 세상은 원숭이들이 매번 그 일을 할 수 있겠거니, 그렇게 생각합니다."(《존재하는 신》, 91-92쪽)

세상은 진화하고 있습니다. 인간도 진화하고 있습니다. 하느님이 창조하셨기 때문입니다. '저절로' 발생한 것도, '우연'하게 진화하는 것도 아닙니다. 셰익스피어의 소네트 하나 해결할 수 없는 '원숭이 정리'라면, 생명의 기원, 생명의 진화라는 훨씬 더 정교한 위업이 '우연'으로 달성될 수 있다는 생각은 이해하기 어렵습니다. 세상은 인간의 지성보다도 말할 수 없이 더 크신 분의 작품이 아닐 수 없습니다.

질문
04

언젠가 생명의 합성
무병장수의 시대도 가능할 것 같다.
이처럼 과학이 끝없이 발달하면
신의 존재도 부인되는 것이 아닌가?

무병장수가 가능한 시대는 언제일까요? 그렇게 빠른 시일에 올 것 같지는 않습니다. 아직도 극복해야 할 과제가 너무 많기 때문입니다. 의학의 발전으로 질병 치료가 가능해지면, 또 새로운 질병이 끊임없이 나타나고 있습니다. 물론 과학이 상당히 발전하였고, 또 굉장한 속도로 그 발전을 더해가는 것에 의심할 여지는 없습니다. 그러나 과학의 발전만큼 질병도 진화하는 것으로 보입니다.

한편 인간의 평균 수명이 늘었습니다. 구약 성경에 이런 구절이 있습니다.

"저희의 햇수는 칠십 년 근력이 좋으면 팔십 년. 그 가운데 자랑거리라 해도 고생과 고통이며 어느새 지나쳐 버리니, 저희는 나는 듯 사라집니다."(시편 90,10)

요즈음 우리나라 평균 수명이 80세에 다다르고 있습니다. 의학의 발달로 90세가 보통입니다. 행운인지는 몰라도 100세를 넘긴 분도 많습니다. 앞으로 120세도 가능하다고 합니다. 그렇게 발전하다 보면 노랫말 가사처럼 '한오백년'을 살 수 있는지도 모릅니다. 그러나 과연 그것이 행복인지는 모르겠습니다.

2006년 완성을 목표로 했던 게놈 프로젝트가 3년 앞당겨져 2003년에 발표되었습니다. 여기서 유전자 31억 개의 염기 서열이 밝혀졌습니다. 그 당시 사람들의 감탄어린 탄성을 들었습니다. 클린턴 대통령은 다음과 같이 말했답니다.

"이 지도는 인류가 만든 가장 중요하고 경이로운 지도가 틀림없습니다. … 오늘 우리는 하느님이 생명을 창조할 때 사용한 언어를 배우고 있습니다. 우리는 하느님이 내려 준 가장 신성하고 성스러운 선물에 깃든 복잡성과 아름다움과 경이로움에 그 어느 때보다도 큰 경외심을 느끼게 되었습니다."(《신의 언어》, 7쪽)

이 게놈 지도를 통해서 생화학 정보를 티민(T), 구아닌(G), 아데닌(A), 시토신(C)의 철자로 표시하여 암호화된 유전 정보를 해독할 수 있는 것처럼, 즉 인간의 특별한 기능을 담당하는 유전자 요인을 찾아낼 수 있을 것이라고 보았습니다. 그러나 많은 학자들이 유전자의 철자 배열을 안다고 해서 그것을 곧장 의학적으로 응용할 수 있을 것이라고 생각하는 것은 그야말로 공상 과학에 불과하다고 말합니다. 생명의 설계도는 DNA 설계와는 비교도 되지 않을 만큼 복잡한 까닭입니다. 오케스트라에 비유하자면 인간의 게놈 정보를 해독하는 것은 단지 악기 구성을 아는 것에 불과하며, 생명 교향곡의 악보까지 알아내는 것은 아니라는 의미입니다. 암호를 완벽하게 해독해도 그 유전자를 교체하는 일은 요읽히는 것입니다.

  생물학의 경우, 현재 미확인된 동물들이 계속 나타나고 있는 실정입니다. 현재 지구의 생명체로 학문적으로 알려진 것은 약 150만 종이라고 합니다. 하지만 실재하는 종은 어림잡아 1천만 종에서 2천만 종에 이른다고 봅니다. 그리고 멸종된 생명체까지 계산한다면 지구에 존재했던 생명체는 어림잡아 10억 종으로 헤아리고 있습니다. 생물학이 가야할 길이 아직도 멀어 보입니다.

  어떻든 과학은 유전자 변형을 도모하여 복제 동물을 만들어 내고, 또 불치병을 치유해 내는 데 공헌하고 있습니다. 그래서 인간 수명이 많이 늘어나고 있습니다. 하지만 그럼에도 불구하고 아직 많은 질병이 발생하고 있습니다. 병원에는 많은 사람들이 몰리고 있습니다. 병원이 대형화되어도 여전히 환자들을 다 수용하기에 벅찬 현실입니다.

  과학이 점점 더 발달하여 자연의 법칙과 원리를 발견해 낸다 해도 그 법칙과 원리를 만들어 내신 분을 학문적으로 발견해 내지는 못합니다. 그림 속에서 그 그림을 그린 화가를 찾아내는 일과 비슷합니다.

"만일 하느님이 존재한다면 자연계 바깥에 존재할 것이다. 따라서 과학은 하느님을 배우기에는 적절한 도구가 아니다. 내 마음속을 들여다보면서 이해하기 시작한 하느님의 존재를 증명하려면 다른 곳으로 눈을 돌려야 하며, 최종 결론은 증거가 아닌 믿음을 기초로 할 것이다."《신의 언어》, 37쪽)

  과학은 그분이 만들어 낸 법칙과 원리를 발견해 낼 뿐입니다. 많은 과학자들은 그 법칙과 원인을 어떤 인격적인 존재인 신에게 돌리는 것보다 그저 '자연'이라고 말하는 것을 선호합니다. 또는 '우연'이라고 말하기도 합니다. 물론 모든 과학자들이 그러는 것은 아닙니다.

차동엽 신부의 《잊혀진 질문》[32]은 과학자 가운데 40%는 하느님을 믿는 신앙인이라고 말합니다.

> "1997년 영국의 과학 잡지 〈네이처〉에 실린 미국 조지아대 법대 에드워드 라슨 교수와 래림 위덤의 조사 결과, 미국 과학자들의 40%가 하느님의 존재와 내세를 믿는다고 응답했다. 이는 81년 전인 1916년 미국 과학자들이 대상으로 실시된 종교관 조사 결과와 일치되는 것이어서 주목된다. 당시에도 조사 대상 과학자의 40%가 하느님을 믿는다고 응답했었다."《잊혀진 질문》, 255쪽)

과학자라고 해서 하느님을 믿지 말아야 한다는 건 없습니다. 한때 프랜시스 콜린스 역시 '지각 있는 과학자라면 지적 자살 행위를 감행하지 않고서야 어찌 신의 존재 가능성을 심각하게 받아들일 수 있겠는가?'라는 생각을 한 적이 있다고 고백합니다. 그러나 종교의 의미를 질문하는 어느 환자 할머니에게 답변을 준비하던 중 처절한 깨달음을 얻었음을 아울러 고백합니다. '과학자가 자료를 검토하지 않고 결론을 내리는 경우도 있던가? 인생에서 하느님이 존재하는가라는 질문보다 더 중요한 질문이 있을까?' 그는 적극적 묵인은 오만에 지나지 않음을 깨달았다고 고백합니다.

과학이 하느님을 부인하는 것은 아닙니다. 유전 법칙을 찾아낸 자연

---

32 차동엽, 《잊혀진 질문》, 명진출판, 2012.

과학자 멘델(Gregor Johann Mendel, 1822~1884년)은 수도 사제였습니다. 빅뱅 이론을 처음으로 주장한 천문학자 중 하나였던 조르주 앙리 르메트르(Georges Henri Joseph Edouard Lemaitre, 1894~1966년)도 벨기에 태생의 가톨릭 사제였습니다. 그의 이론을 조롱할 셈으로 프레드 호일이 붙여 준 별칭이 '빅뱅'입니다. 우리 시대의 지질학자였고, 북경 원인 발굴에 참여했던 테이야르 드 샤르댕 역시 프랑스 태생의 예수회 사제입니다. 과학자도 종교인이 될 수 있고, 성직자도 과학자가 될 수 있습니다.

그리고 과학자에게만 하느님의 존재를 특별히 알 수 있는 특권이 주어진 것도 아닙니다. 세상의 지혜가 하느님을 믿는 데 방해가 되는 경우는 있습니다. 바오로 사도가 일찍이 그 점을 지적한 바 있습니다.

"주님께서는 지혜롭다는 자들의 생각을 아신다. 그것이 허황됨을 아신다."(1코린 3,20)

한때 사람들은 지식이 인간을 구원할 것이라고 생각한 적도 있습니다. 소위 '영지주의'자들의 시대입니다. 그들은 '아는 것'이 힘이고, '깨달은 자'만이 구원된다고 생각하였습니다. '믿는 것'은 '아는 것'보다 한 단계 낮은 지식의 단계였을 뿐입니다. 우리는 그런 생각을 창세기의 낙원 설화에서도 엿볼 수 있습니다. 아담과 하와는 선과 악을 알게 하는 열매를 따먹었습니다. '선과 악을 아는 지식'이 그들을 하느님과 같게 해 줄 것이라 여기고 있었습니다. 그러나 창세기 작가는 명확하게 지적하고 있습니다. 그들을 구원할 수 있는 것은 '생명의 나무'이지 '지식의 나무'가 아니라는 것입니다. 훗날 바오로 사도는 왜 '선과 악을 아는 지식'이 구원을 가져다주는 것이 못 되는지를 자신의 처지로 설명한 바 있습니다.

"나에게 원의가 있기는 하지만 그 좋은 것을 하지는 못합니다. 선을 바라면서도 하지 못하고, 악을 바라지 않으면서도 그것을 하고 맙니다. … 나는 과연 비참한 인간입니다."(로마 7,18-24)

하느님에 대한 존재나 그분에 대한 신앙은 과학적인 답이 아니라 믿음입니다. 그분이 바라는 것은 하느님을 많이 아는 것이 아니라 당신을 믿는 일입니다. 예수님은 청중들에게 믿음을 강하게 제시하셨습니다.

"딸아, 용기를 내어라. 네 믿음이 너를 구원하였다."(마태 9,22)

"일어나 가거라. 네 믿음이 너를 구원하였다."(루카 17,19)

"내가 진실로 너희에게 말한다. 너희가 겨자씨 한 알만 한 믿음이라도 있으면, 이 산더러 '여기서 저기로 옮겨 가라.' 하더라도 그대로 옮겨 갈 것이다. 너희가 못할 일은 하나도 없을 것이다."(마태 17,20)

바오로 사도는 바로 믿음을 통해서 구원이 오며, 믿음을 통해서 인간이 하느님과 올바른 관계를 맺게 됨을 강조하였습니다.

"예수 그리스도에 대한 믿음을 통하여 오는 하느님의 의로움은 믿는 모든 이를 위한 것입니다. … 사실 사람은 율법에 따른 행위와 상관없이 믿음으로 의롭게 된다고 우리는 확신합니다."(로마 3,22-28)

"이는 아브라함의 경우와 같습니다. '그가 하느님을 믿으니 그것이 그의 의로움으로 인정되었습니다.' 그래서 믿음으로 사는 이들이 바로 아브라함의 자손임을 알아야 합니다. … 하느님 앞에서는 아무도 율법으로 의롭게 되지 못한다는 것이 분명합니다. '의로운 이는 믿음으로 살 것이다.' 하였기 때문입니다. … 그리하여 아브라함에게 약속된 복이 그리스도 예수님 안에서 다른 민족들에게 이르러, 우리가 약속된 성령을 믿음으로 받게 되었습니다."(갈라 3,6-14)

"나는 그리스도 때문에 모든 것을 잃었지만 그것들을 쓰레기로 여깁니다. 내가 그리스도를 얻고 그분 안에 있으려는 것입니다. 율법에서 오는 나의 의로움이 아니라, 그리스도에 대한 믿음으로 말미암은 의로움, 곧 믿음을 바탕으로 하느님에게서 오는 의로움을 지니고 있으려는 것입니다."(필리 3,8-9)

믿음은 인간과 인간의 관계에서도 중요합니다. 믿음이 없으면 부부는 한 지붕 밑의 두 사람일 뿐입니다. 믿음이 없으면 더 이상 친구가 아니라 동업자일 뿐입니다. 장사하는 사람도 신용이 없으면 대상(大商)이 될 수 없습니다. 신용 없는 사람은 사기꾼에 지나지 않습니다. 믿음이 중요한 만큼 하느님의 존재가 필요합니다. 믿음이 없어지지 않는 한 하느님의 존재는 부인되지 않을 것입니다. 아무리 과학이 발달한다 해도,

질문
05

신이 인간을 사랑했다면,
왜 고통과 불행과 죽음을 주었는가?

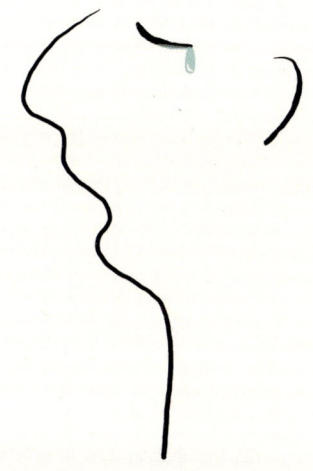

'하느님은 없다'고 하는 사람들에게는 희생적 삶을 살아가는 사람들을 설명하는 일이 최대의 난제일 것입니다. 하느님이 안 계시는데 왜 그들은 무엇을 근거로 자신의 삶을 다른 사람을 위해 희생하는 것일까요? 단순히 '다른 사람의 시선' 때문일까요? 다른 사람으로부터 존경을 받기 위해서일까요? 그렇게 단순한 이유라면, 참 대단하기는 하지만 여전히 납득하기 어렵습니다.

그리고 '하느님은 사랑이시다.', '하느님이 계신다.'고 믿는 우리 신앙인들에게 최대의 난제는 고통입니다. 이병철 회장의 다섯 번째 질문처럼, 인간을 사랑하시는 하느님이 왜 고통과 불행과 죽음을 주었는가? 하는 것은 풀리지 않는 의문입니다. 그래서 구약 성경에 '욥기'가 탄생했다고 여깁니다. 욥의 삶 자체가 의인의 고통을 질문하고 있습니다. 왜 죄 없는 사람이 고통을 겪어야 하는가?

저를 비롯한 그리스도인들은 하느님이 인간을 사랑한다고 믿습니다.

베네딕토 16세 교황은 회칙 〈하느님은 사랑이십니다〉[33]에서 하느님의 사랑을 강조합니다.

"우리에 대한 하느님의 사랑은 우리 삶에 대한 근본 물음입니다."(〈하느님은 사랑이십니다〉, 2항)

그리고 회칙 〈희망으로 구원된 우리〉[34]에서 거듭 하느님의 인간에 대한 사랑을 강조합니다. 즉 '끝까지 우리를 사랑하시는 하느님이 우리의 희망'(〈희망으로 구원된 우리〉, 27항 참조)이라고 말합니다. 그리고 회칙 〈진리 안의 사랑〉[35]에서도 사랑이 얼마나 큰 하느님의 선물인지를 강조합니다.

"사랑은 하느님께서 인류에게 주신 최고의 선물로 하느님의 약속이며 우리의 희망입니다."(〈진리 안의 사랑〉, 2항)

저는 베네딕토 16세 교황의 말에 전적으로 동의합니다. 하느님은 우리 인간을 사랑하십니다. 사랑하신 까닭에 하느님은 사람이 되셨습니다. 우리는 사람이 되신 하느님을 '예수 그리스도'라고 믿습니다. 하느님은 사람들도 당신처럼 당신과 함께 영원한 생명을 살도록 하기 위해서 당신의 사랑하는 아들을 사람으로 태어나게 하셨습니다. 이를 강생

---

[33] 베네딕토 16세 교황, 한국천주교주교회의 번역실 옮김, 〈하느님은 사랑이십니다〉, 한국천주교중앙협의회, 2006.
[34] 베네딕토 16세 교황, 한국천주교주교회의 번역실 옮김, 〈희망으로 구원된 우리〉, 한국천주교중앙협의회, 2008.
[35] 베네딕토 16세 교황, 한국천주교주교회의 번역실 옮김, 〈진리 안의 사랑〉, 한국천주교중앙협의회, 2010.

의 신비라고 말합니다. 그리고 인간의 죄를 속죄하도록 당신의 사랑하는 아들로 하여금 십자가의 수난과 죽음을 겪게 하셨습니다. 이를 파스카의 신비라고 합니다. 예수님은 생전에 자신의 몸과 피를 우리의 영원한 생명의 음식과 음료로 주셨습니다. 이것은 쉽게 알아들을 수 없는 성체의 신비입니다. 모두가 하느님 사랑의 신비입니다.

땅은 하늘에 오를 수 없습니다. 하늘이 땅에 내려와야 만날 수 있습니다. 우리는 하늘에 오를 수 없습니다. 그래서 하느님이 내려오셨습니다. 그것 하나로 우리는 하느님의 큰 사랑을 알 수 있습니다. 인간의 존엄성은 거기에서 비롯됩니다. 사랑받는 사람은 어떤 어려움에서도 살아갈 힘을 얻습니다. 어느 누구에게서라도 사랑받는 사람은 그 사랑 때문에 살아갑니다. 존재의 이유가 충분하기 때문입니다. 그 사랑 하나로 그는 소중한 존재가 됩니다. '내가 그대의 이름을 불러 주었을 때, 그는 내게로 와 꽃이 되었다.'는 김춘수의 시처럼, 누군가의 사랑의 손길과 사랑의 눈짓으로 소중한 존재가 됩니다. 그런데 모든 인간은 '하느님으로부터 사랑받은 존재'입니다. 그러므로 모든 인간은 존엄성을 지닙니다. 모든 인간은 하느님으로부터 '사람이 되실 만큼' 큰 사랑을 받고 있기 때문입니다.

제 개인적인 삶에서도 하느님의 사랑을 느낍니다. 하느님은 늘 제 능력 이상의 것을 주셨습니다. 저는 농사지은 적이 없으면서도 잘 먹고 있습니다. 길쌈한 적도 없는 데 헐벗지 않고 있습니다. 손에 기름을 묻히지 않고도 자동차로 아주 먼 곳까지 편하게 다니고 있습니다. 그리고 당신을 더 알 수 있도록, 당신을 더 생각하도록 사제직에 불러 주셨습니다. 제가 깨닫지 못하지만 하느님이 베푸신 사랑은 더욱 더 많을 것입니다. '아! 주님의 사랑이었구나.'를 뒤늦게 느끼는 경우가 종종 있습니다. 하루하루의 삶이 기적 같은 날이 많습니다. 때로 걸을 수 있다는 것이, 말할 수 있다는 것이, 들을 수 있다는 것이 눈물겹게 고마울 때가 있습니다. 오늘도 저는 하느님께서 베풀어 주신 이 기적 같은 고마움 속에서 뛰고, 걷고, 말하고, 듣고 살아가고 있습니다.

또 하느님이 주신 '사랑'이라는 선물 때문에 우리들의 삶이 풍요로워지고 있습니다. 만일 인간들에게 '사랑'이라는 선물이 없었다면 우리들의 삶은 지옥과 다르지 않을 것입니다. 모두 다른 사람들을 이기려고 사는 세상은 약육강식의 동물의 세계와 다르지 않습니다. 그렇지 않아도 치열한 경쟁 사회가 되어 가고 있습니다. 그리고 경쟁이 세계화되어 가고 있습니다. 아직 우리 인간 사회에는 약육강식의 동물적 삶이 남아 있습니다. 욕심에 의해 벌어지는 전쟁, 테러, 살인 등이 그 증거입니다. 그럼에도 이 세상이 '사랑' 때문에 훈훈해집니다. 사랑하는 사람들이 걷는 오솔길이 아름다워집니다. 사랑하는 가족들의 사진이 우리 마음을 따뜻하게 합니다. 사랑하는 남녀는 먼 길을 마다하지 않고 갑니다. 바쁜데도 시간을 아까워하지 않고 기꺼이 '낭비'합니다. 사랑하는 가족을 위해 시간과 돈을 아낌없이 '낭비'합니다. 그런 에너지들이, 그런 시간들이, 그런 재화들이 경쟁을 위한 투쟁으로 사용된다면 우리 세상은 정말 험악하기 짝이 없을 것입니다. 피곤하기 이를 데 없을 것입니다. 그것을 바로 '지옥'이라 할 것입니다. 인간에게 '사랑'은 정말 큰 선물입니다. 사랑은 우리들이 힘든 세상에서도 살아갈 수 있게 하는 에너지입니다. 고달픔 속에서도 기쁨을 느낄 수 있게 하는 힘입니다.

저는 우리 인간들에게 주어진 고통을 보고 있습니다. 아픈 사람들을 봅니다. 걷지 못하는 사람들을 봅니다. 말하지 못하는 사람을 봅니다. 햇빛 알레르기로 밖을 마음대로 다닐 수 없는 사람들을 봅니다. 비참한 죽음으로 슬픔을 겪는 유가족들을 봅니다. 이곳저곳에서 벌어지는 전쟁을 봅니다. 석유 때문에, 지하자원 때문에, 강대국의 욕심 때문에 희생당하고 있는 약소국의 불쌍한 사람들이 전쟁으로 죽어 가고 부상을 겪는 현실을 봅니다. 발이 잘려 나갔지만 공을 차는 아프리카 소년의 모습을 영상으로 보았습니다. 기아에 허덕이며 눈만 커다랗게 뜨고 있는 아프리카 어린이의 모습도 보았습니다. 전쟁 피해로 죽어 가는 어린 아들을 품에 안고 통곡하는 어머니들의 모습도 자주 봅니다.

어린이가 독사와 사자, 호랑이 등 모든 동물들과 평화롭게 공존하는 에덴동산이 그리웠던 어린 시절이 있었습니다. 왜 아담 할아버지와 하와 할머니는 선악과 열매를 따먹어서 그곳으로부터 쫓겨나 마음껏 놀지도 못하고, 하기 싫은 공부를 해야 하는, 이 고통스러운 세상으로 오게 했을까 원망스러웠던 적이 있었습니다. 그것이 아담 할아버지와 하와 할머니의 잘못만이 아니라 바로 나 자신의 잘못이라는 걸 깨달은 건 아주 오랜 시간이 흐른 뒤였습니다. 하느님은 아담 할아버지와 하와 할머니에게만 생명이냐 죽음이냐를 선택하게 하신 것이 아닙니다. 하느님은 오늘을 살아가는 나에게도 여전히 생명의 길을 걸을 것인지 죽음의 길을 걸을 것인지를 선택하게 하십니다. 오늘 나에게는 선택할 수 있는 길이 많이 있습니다. 선택할 수 있는 일도 많이 있습니다. 좋은 일, 나쁜 일을 선택하는 건 나 자신입니다. 기쁜 일, 슬픈 일, 고통스러운 일은 내가 선택한 일의 결과일 뿐입니다. 물론 우리가 남김없이 해명할 수 없는 고통의 신비도 있습니다.

우리가 보는 대부분의 고통은 우선은 우리 인간들이 저지른 대가(代價)입니다. 물론 자신이 잘못한 경우도 있습니다. 부주의해서 다리를 다치는 경우도 있고, 위험한 장난을 치다가 다치는 경우도 있습니다.

내가 잘못해서 내가 다치지 않더라도, 다른 사람의 실수로, 또는 고의로 내가 다치는 경우도 있습니다. 물리적인 경우만이 아니라, 윤리적인 경우도 있습니다. 내가 잘못했기 때문에 '주홍 글씨'가 되어 가슴에 아픔으로 남는 경우도 있습니다. 다른 사람, 특히 나와 가까운 사람일수록 그의 윤리적인 잘못은 나의 고통이 됩니다. 부모나 자녀나 형제가 잘못한 것이 나에게도 아픔이 됩니다. 이것이 연대 책임이며, 원죄성의 고통 분담입니다. 아들이 신 포도를 먹었다고 해서 아버지가 신 맛을 느끼진 않아도 한 가족이기에 같이 아픕니다. 아버지의 파산이 자식에게도 경제적 심리적 아픔으로 다가옵니다. 이와 같이 고통은 죄의 대가를 치르는 값입니다. 윤리적이든, 물리적이든 내가 실수를 했든, 또는 우리 가족의 누군가가 했듯 그 죄를 속죄하기 위한 아픔입니다. 어느 정도의 고통으로 우리는 속죄하게 되는 것 같습니다. 물론 어떤 고통으로도 속죄할 수 없는 큰 잘못도 있을 수 있습니다.

둘째로 고통은 우리가 성장하는 힘이 됩니다. 성장통을 말하기도 합니다. 우리는 훌륭한 사람들을 봅니다. 그들은 대부분 우리가 생각하는 것보다 큰 고통을 겪은 사람들입니다. 또한 그 고통을 이겨 낸 사람들입니다. 고통을 겪지 않고, 그 어려움을 이겨 내지 않고 훌륭한 사람이 된 경우는 보지 못했습니다. 그가 겪어 낸 고통이 클수록 더 위대한 사람이 됩니다. 고통은 우리를 키워 주는 에너지입니다. 그러므로 사랑하는 자식일수록 여행을 시키라고 합니다. 말하자면 집을 떠나 보아야 고생하게 되고, 고생을 해야 사람으로서 철이 든다는 말입니다. 전혀 틀린 이야기는 아닐 것입니다. 저는 6.25 전쟁 이후에 태어났습니다. 그래서 전쟁을 겪어 보지 못했습니다. 그러나 가난은 체험했습니다. 가난한 대한민국의 가난한 서민의 아들로 태어났습니다. 그리고 가난한 학창 생활을 보냈습니다. 요즈음 표현으로 '흙수저' 출신입니다. 그렇지만 하느님의 사랑을 의심하지 않습니다. 오히려 지금은 감사한 마음입니다. 날마다 3킬로미터 거리의 초등학교를 걸어 다닐 수 있었던 가난이 오늘의 건강한 나를 있게 해 준 것이 틀림없기 때문입니다. 가난으로 오늘의 건강함을 얻을 수 있었음에 감사드릴 수 있습니다. 한편, 반 감옥 같았던 군대 생활은 저를 인내하도록 해 주었습니다. 기다림을 가르쳐 주었습니다. 군대에서의 힘든 훈련 덕분에 저는 스스로를 한계 짓던 체력을 넘어설 수 있었습니다.

셋째로, 고통은 신비입니다. 물론 고통은 죄의 대가일 수도 있고, 고통이 우리를 더욱 성장시키는 에너지일 수도 있습니다. 그러나 우리가 알지 못하는 신비의 부분도 있습니다. 그 부분이 더 클 것입니다. 사랑만 신비가 아닙니다. 고통도 신비입니다. 죄가 없는 사람도 고통을 겪습니다. 그 고통 없이도 그는 충분히 훌륭한 인물입니다. 그런데도 고통은 왜 올까요? 다 알 수 없습니다. 욥기는 말합니다.

"자네가 하느님의 신비를 찾아내고 전능하신 분의 한계까지도 찾아냈단 말인가? 그것이 하늘보다 높은데 자네가 어찌하겠는가? 저승보다 깊은데 자네가 어찌 알겠는가? 그 길이는 땅보다 길고 넓이는 바다보다 넓다네."(욥 11,7-9)

저는 고통이 사랑과 깊은 관련이 있다고 여깁니다. 하느님이 우리를 사랑하시면서도 고통을 주는 이유를 알 것 같습니다. 사랑하기 때문에 고통을 주는 것일 수 있습니다. 능력이 있기 때문에 고통을 주는 것일 수 있습니다. 자식에게 아무것도 해 줄 수 없는 아버지는 자녀에게 어떤 것도 요구하지 못합니다. 그러나 자식에게 무엇인가를 해 줄 수 있는 아버지는 자녀에게 힘든 일을 요구합니다. 고생을 시킵니다. 그 고생을 보상해 줄 자신이 있기 때문입니다. 그 아들을 사랑하기 때문입니다.

  하느님과 그분의 아드님이신 예수님을 생각합니다. 왜 당신의 사랑하는 외아들 예수님을 가난한 목수의 아들로 태어나게 하셨을까? 왜 당신의 아들을 십자가의 길을 걷게 하셨을까? 아버지, 아버지 어찌하여 나를 버리셨나이까? 울부짖는데 왜 들은 척도 하지 않으시고, 인간의 마지막 고통인 죽음까지 겪도록 방치하셨을까? 예전에 멜 깁슨(Mel Gibson)이 제작한 영화 '그리스도의 수난'(The Passion of the Christ)을 본 적이 있습니다. 이 영화에서 예수님에게 잔인한 고통을 주는 사람들의 모습을 볼 수 있었습니다. 잔인한 아픔을 방치하시는 아버지 하느님의 모습도 느껴졌습니다. 인간에 대한 사랑으로 고통을 묵묵히 겪어 내시는 예수님의 사랑도 감지할 수 있었습니다. 그런데 그 예수님의 고통 속에서 하느님 아버지의 고통도 느껴졌습니다. 장작을 지고 가는 아들 이사악의 모습에 가슴이 먹먹했던 아브라함처럼 말입니다. 그럼에도 하느님 아버지께서 그럴 수 있었던 것은 죽음 넘어서까지도 그 아들에게 뭔가 해 줄 자신이 있었기 때문이었습니다. 우리는 그것이 부활이라는 것을 알고 있습니다.

  또 다른 각도에서 고통을 바라볼 수 있습니다. 우리가 사는 세상에 고통이 없다고 가정합시다. 내가 누군가를 때렸는데 아무런 고통이 없습니다. 내가 사랑하는 사람을 배신했는데도 아무런 아픔이 없습니다. 누구를 죽였는데도 죽는 사람도 나도 아무런 고통이 없습니다. 그건 사람이 사는 세상이 아닙니다. 돌의 세상인지 모릅니다. 나무들의 세상인지 모릅니다. 우리들의 세상은 아닙니다. 고통 없이 자식을 사랑한다는 것을 어떻게 증명해 보일 수 있습니까? 밤이 늦었는데 자녀들이 돌아오지 않습니다. 그런데도 아무런 걱정이 없습니다. 배고픈 아들이 지쳐서 돌아오는데도 아무런 느낌이 없습니다. 그러면서 어떻게 내가 자녀들을 사랑한다고 할 수 있습니까? 아내가 병이 들어 고통을 겪는데 나는 아무런 느낌이 없습니다. 그러면서 어떻게 내가 아내를 사랑한다고 말할 수 있습니까? 화가 나서 친구에게 화풀이하고 나서도 양심의 가책을 느끼지 못합니다. 그러면서 어떻게 내가 친구를 좋아한다고 말할 수 있습니까? 아! 고통은 내가 누군가를 사랑하기 때문에 주어지는 표징입니다. 사랑하는 깊이만큼 우리는 고통과 기쁨을 함께하게 되어 있습니다. 사랑은 기쁨보다도 고통에서 더 깊이 새겨집니다.

그리고 사람들은 저마다 자신들이 저질러 일어난 고통을 두고, 하느님께 따집니다. 왜 하느님은 인간에게 고통을 허락하셨느냐고? 왜 고통을 방치하시냐고? 그런데 우리가 다른 사람에게 고통을 주지 않으면 아마도 인간 세상에서 고통의 90% 이상이 사라질 것입니다. 우리가 어쩔 수 없는 천재지변에 의한 고통, 그리고 인간에게 최대의 고통으로 남겨진 죽음만이 하느님과 관련될 것입니다. 그것은 분명 그분이 그 이상으로 보상하실 수 있기 때문이라 여깁니다.

"저의 하느님, 저의 하느님, 어찌하여 저를 버리셨습니까?"(마르 15,34)

예수님의 고통스러운 외침이 맴돕니다. 그 외침 속에 아직도 그분을 '아버지'로 부를 수 있는 사랑이 남아 있는 듯합니다. '아버지'의 사랑에 대한 기대가 느껴집니다. 아니, 여전히 예수님의 가슴에 아버지의 사랑이 남아 있었던 것 같습니다. 고통은 신비입니다. 사랑의 신비처럼.

질문
06

신은 왜 악인을 만들었는가?
예. 히틀러나 스탈린, 또는 갖가지 흉악범들

이병철 회장의 여섯 번째 질문입니다. "신은 왜 악인을 만들었는가?" 그렇습니다. 우리가 사는 세상에는 악인들이 있습니다. 성경에도 악한 사람들이 등장합니다. 시편 작가는 악한 사람이 많다고 푸념합니다.

"모두 타락하여 악행을 일삼고 착한 일 하는 이가 없구나. … 모두 빗나가 온통 썩어 버려 착한 일 하는 이가 없구나."(시편 14,1-3)

그리고 그런 '악인들의 길은 멸망에 이른다.'(시편 1,6 참조)라고 말합니다. 지혜서 작가도 '악인들은 행실과 말로써 죽음을 자초하고'(지혜 1,16 참조), '그릇된 생각 때문에 벌을 받을 것이다.'(지혜 3,10 참조)라고 단언하고 있습니다.

예수님도 악한 사람들을 꾸짖습니다.

"불행하여라, 너희 위선자 율법 학자들과 바리사이들아! … 너희 뱀들아, 독사의 자식들아!"(마태 23,13-33)

그들은 말만 하고 실행하지 않습니다. 그들은 힘겨운 짐을 다른 사람들 어깨 위에 올려놓고 자기들은 그것을 나르는 일에 손가락 하나 까딱하려고 하지 않습니다. 그들이 하는 일은 모두 다른 사람에게 보이기 위한 것입니다. 윗자리를 좋아하고, 인사받기를 좋아합니다. 그들은 하늘나라의 문을 잠가 버립니다. 자신들도 들어가지 않을 뿐더러 다른 사람도 들어가게 못하게 합니다. 개종한 사람을 찾아 자신들보다 갑절이나 못된 지옥의 자식으로 만듭니다. 그들은 제단보다 예물을 더 중요하게 여깁니다. 십일조는 내면서 의로움과 자비와 신의처럼 율법에서 더 중요한 것들을 무시합니다. 작은 벌레는 걸러 내면서 낙타는 삼킵니다. 그들은 겉은 깨끗하지만 그 안은 탐욕과 방종으로 가득합니다. 겉으로는 의인처럼 보이지만 속에는 위선과 불법이 가득합니다. 예언자들과 의인들의 묘를 꾸미면서 예언자들과 의인들을 죽이는 일에 가담하고 있습니다(마태 23,1-36 참조). 그래서 예수님은 그들에게 선언합니다.

"저주받은 자들아, 나에게서 떠나 악마와 그 부하들을 위하여 준비된 영원한 불 속으로 들어가라."(마태 25,41)

영원한 불 속으로 보낼 것이라면 왜 그런 악인을 만드셨을까요? 사실 하느님이 악인을 만드신 것이 아니라고 생각합니다. 또 그들이 처음부터 악인은 아닌 듯합니다. 그렇다고 처음부터 선한 존재도 아닌 듯합니다. 그들은 교육이나 환경을 통해서 선한 사람이 되거나 악의 유혹에 의해 악한 사람이 되는 것으로 여겨집니다. 성악설과 성선설의 논쟁은 아직도 풀기 어려운 문제입니다. 하지만 분명한 것은 어느 누구도 처음부터 머리끝에서 발끝까지 착한 것은 아니라는 것입니다. 그리고 어느 누구도 머리끝에서부터 발끝까지 악한 사람은 없다고 봅니다. 좋은 사람도 가끔은 죄를 짓습니다. 다른 사람에게 해를 가져옵니다. 알면서도 그렇게 하고 모르면서도 그렇게 합니다. 나쁜 사람도 가끔은 좋은 일을 합니다. 그러니까 정도의 차이는 있을지 몰라도 우리 자신도 악인일 수 있다는 것입니다.

죄나 악행은 그 자체로 크고 작은 것이 있습니다. 도둑질보다는 살인이 더 큰 악행입니다. 그러나 어떤 악행은 상대에 따라 달라집니다. 아들을 때리는 일과 아버지를 때리는 일은 똑같은 강도의 폭행이라도 죄질이 달라집니다. 그러니 우리가 저지른 잘못이 하느님을 대상으로 할 때 그 크기는 엄청나게 달라집니다.

베드로 사도의 경우도 그렇습니다. 그는 훌륭한 사도입니다. 주님으로부터 칭찬을 받기도 하였습니다. 그러나 주님으로부터 심한 야단을 맞기도 하였습니다. 예수님에게 '스승님은 살아 계신 하느님의 아드님 그리스도이십니다.'라는 신앙 고백을 하였을 때, 주님에게 극찬을 받았습니다.

"시몬 바르요나야, 너는 행복하다! 살과 피가 아니라 하늘에 계신 내 아버지께서 그것을 너에게 알려 주셨기 때문이다. 나 또한 너에게 말한다. 너는 베드로이다. 내가 이 반석 위에 내 교회를 세울 터인즉, 저승의 세력도 그것을 이기지 못할 것이다. 또 나는 너에게 하늘나라의 열쇠를 주겠다. 그러니 네가 무엇이든지 땅에서 매면 하늘에서도 매일 것이고, 네가 무엇이든지 땅에서 풀면 하늘에서도 풀릴 것이다." (마태 16,17-19)

그러나 그가 주님을 위해 드린 말씀이기는 하지만 인간적인 욕심이

섞인 말씀을 드렸을 때는 심한 야단을 맞습니다.

"사탄아, 내게서 물러가라. 너는 나에게 걸림돌이다. 너는 하느님의 일은 생각하지 않고 사람의 일만 생각하는구나!"(마태 16,23)

물론 베드로 사도가 악령에 사로잡혔다고는 생각하지는 않습니다. 그러나 인간적인 이기심이나 아부 또는 우쭐함 등 악의 세력에 동조한 것은 틀림없습니다. 그 때문에 '사탄'이라는 심한 야단을 맞은 것입니다. 우리도 주님으로부터 '사탄아 물러가라.'는 야단을 맞을 수도 있습니다. 자주 악의 유혹에 빠지기 때문입니다.

과거 이원론자(二元論者)들은 '선(善)은 선신으로부터 오고, 악(惡)은 악신으로부터 온다'고 말합니다. 그러나 우리 그리스도인들은 이원론을 믿지 않습니다. 이원론은 형이상학적으로도 문제가 있고, 도덕적으로도 문제가 있기 때문입니다. 논리적으로 우주의 근거는 하나뿐이기 때문입니다. 두 가지 구성 요소는 인정할 수 있지만, 궁극적 근원을 둘로 보기는 어렵습니다. 그것은 형이상학적으로 불가해하기 때문이며, 근원은 하나일 수밖에 없기 때문입니다. 또한 선과 악이 동등하다고 한다면, 선은 좋은 것이고, 악은 나쁜 것이라고 판단할 수가 없습니다. 다만 한편을 선택할 뿐이지, 그 가치를 논할 수가 없습니다. 그리스도 신앙인은 한 분이시고 선하신 하느님만을 믿습니다. 그리고 악마의 존재를 믿습니다. 그렇다고 악마가 하느님과 동등한 존재라고 보지 않습니다. 악마, 곧 마귀라는 존재는 본래 하느님께서 창조하신 선한 천사였는데 스스로 악하게 타락하였다고 봅니다(《가톨릭 교회 교리서》[36], 391항 참조). 악한 사람들은 이 악의 세력으로부터 유혹을 받거나, 종용을 받아 악한 사람이 됩니다. 이들을 '악마의 종' 또는 '악마의 자녀'라고 부릅니다.

"죄를 저지르는 자는 악마에게 속한 사람입니다. 악마는 처음부터 죄를 지었기 때문입니다. … 하느님에게서 태어난 사람은 아무도 죄를 저지르지 않습니다. 하느님의 씨가 그 사람 안에 있기 때문입니다. 그는 하느님에게서 태어났기 때문에 죄를 지을 수가 없습니다. 하느님의 자녀와 악마의 자녀는 이렇게 뚜렷이 드러납니다."(1요한 3,8-10)

결국 선하신 하느님께서 악한 사람을 만들지는 않았지만, 악한 사람들이 존재하는 것을 허락하고 있는 셈입니다. 그들이 이 세상에서 계속 살아가도록 하신 이유는 예수님의 비유에서 알아들을 수 있을 것입니다. 몇 년 전에 정진석 추기경이 《가라지가 있는 밀밭》[37]이라는 책을 내셨습니다. 악인들이 세상에 존재하는 이유를 나름대로 설명하기 위해 쓴 책이라 여깁니다. 예수님은 밀과 가라지의 비유를 말씀하셨습니다.

"하늘나라는 자기 밭에 좋은 씨를 뿌리는 사람에 비길 수 있다. 사람들이 자는 동안에 그의 원수가 와서 밀 가운데에 가라지를 덧뿌리고 갔다. 줄기가 나서 열매를 맺을 때에 가라지들도 드러났다. 그래서 종들이 집주인에게 가서, '주인님, 밭에 좋은 씨를 뿌리지 않았습니까? 그런데 가라지는 어디서 생겼습니까?' 하고 묻자, '원수가 그렇게 하였구나.' 하고

---

[36] 주교회의 교리교육위원회 옮김, 《가톨릭 교회 교리서》, 한국천주교중앙협의회, 2008.
[37] 정진석, 《가라지가 있는 밀밭》, 가톨릭출판사, 2012.

집주인이 말하였다. 종들이 '그러면 저희가 가서 그것들을 거두어 낼까요?' 하고 묻자 그는 이렇게 일렀다. '아니다. 너희가 가라지들을 거두어내다가 밀까지 함께 뽑을지도 모른다. 수확 때까지 둘 다 함께 자라도록 내버려 두어라. 수확 때에 내가 일꾼들에게, 먼저 가라지를 거두어서 단으로 묶어 태워 버리고 밀은 내 곳간으로 모아들이라고 하겠다.'"(마태 13,24-30)

하느님은 좋은 씨를 뿌렸습니다. 그런데 원수들이 와서 가라지를 뿌렸습니다. 하느님은 인간의 마음에 좋은 마음을 주었습니다. 그런데 원수들이 그들의 마음을 바꾸어 놓았습니다. 그렇게 해서 악한 사람이 되었습니다. 그러한 악한 사람을 그대로 두는 이유는 혹시 밀을 함께 뽑아 다칠까 염려되기 때문이라고 말씀하셨습니다. 결국 그 악한 사람도 회개하여 죄를 뉘우치고 하느님의 자녀가 될 가능성이 있기 때문입니다. 예수님은 잃어버린 한 마리의 양의 비유에서 그 뜻을 잘 드러내셨습니다.

"내가 너희에게 말한다. 이와 같이 하늘에서는, 회개할 필요가 없는 의인 아흔아홉보다 회개하는 죄인 한 사람 때문에 더 기뻐할 것이다."(루카 15,7)

만일 하느님에게 탓을 묻는다면 아마도 인간에게 자유 의지를 준 탓을 물을 수 있을 것입니다. 인간은 선한 것을 택할 수도 있고, 악한 것도 택할 수 있는 자유를 지니고 있습니다. 죄를 짓는다는 것 자체가 인간이 하느님으로부터 하느님의 뜻을 거부할 자유가 있음을 말해 주고 있습니다. 인간은 하느님의 사랑을 받아들일 능력도 지녔는가 하면, 하느님의 사랑을 거부할 수 있는 자유도 허락받았습니다. 아담과 하와만이 생명이냐 죽음이냐를 선택할 수 있는 자유를 받은 것은 아닙니다. 오늘날 우리들도 생명의 길을 선택할 수도 있고, 죽음의 길을 선택할 수도 있습니다.

"보아라, 내가 오늘 너희 앞에 생명과 행복, 죽음과 불행을 내놓는다."(신명 30,15)

이 말씀은 모세 시대의 이스라엘 백성들만이 아니라 우리들에게도 해당됩니다. 생명을 택할 것인지, 죽음을 택할 것인지 우리에게도 선택할 수 있는 자유가 있습니다. 혹자는 이렇게 말할지 모릅니다. 애초부터 하느님께서 인간에게 죽음과 불행을 선택할 수 없도록 자유 의지를 주시지 않았다면 좋았을 것이라고. 하느님이 인간에게 자유 의지를 준 까닭은 자유로운 상태일 때만 사랑이 진정한 사랑일 수 있기 때문이라 여깁니다. 로봇은 자유가 없습니다. 컴퓨터는 자유가 없습니다. 입력한 대로 움직일 뿐입니다. 그러므로 로봇이 사람을 죽이거나 도움을 줄 때, 그에게 벌을 주거나 상을 줄 이유가 없습니다. 입력한 대로 움직인 것에 불과하기 때문입니다. 상이나 벌을 받아야 할 사람은 그렇게 입력하고 조정한 사람입니다.

사랑이 소중한 것은 자유를 바탕으로 하기 때문입니다. 내가 사랑받을 자격도 이유도 없는데 자유롭게 그가 나를 사랑하는 것입니다. 그러므로 사랑은 순전히 선물입니다. 어떤 사람이 아무리 나에게 많은 은혜를 베풀어도 나는 그를 사랑하는 것을 거부할 수 있습니다. 또 누가 니를 끊임없이 미워해도 나는 그를 사랑할 수 있습니다. 그것은 사랑이 자유를 바탕으로 한 까닭입니다. 만일 어떤 사람이 나를 사랑하는 일이 어쩔 수 없는 것이라면, 자유가 없이 강제로 요구된 것이라면 그것은 진정한 사랑일 수 없습니다. 그런 사랑을 우리는 원하지 않습니다. 물론 잘 해 주는 만큼 사랑하고자 할 수는 있지만 자유로운 것이 아닐 때 그 사랑은 진정한 사랑일 수 없습니다. 하느님도 자유로운 상태에서 인간이 당신을 사랑하는 것을 바라셨습니다. 그것이 진정한 사랑이기 때문입니다.

결국 악인이 존재하는 것은 하느님이 인간에게 자유 의지를 주신 까닭이고, 인간이 그 자유 의지로 하느님의 뜻에 반대하는 악마의 유혹을 선택하였기 때문입니다. 그들이 이 세상에 아직까지 존재하고 있는 이유는 그들도 회개하여 하느님의 자녀로 돌아올 가능성을 지녔기 때문일 것입니다. 그리고 우리도 그런 악인일 수 있는 가능성이 얼마든지 있기 때문입니다. 우리는 우리도 모르게 다른 사람에게 해를 끼치곤 합니다. 과거 우리 신앙의 선배들은 죄를 고백할 때, '남이 나로 말미암아 범한 죄'까지도 고백하였습니다. 우리가 다른 사람의 걸림돌이 되는 경우가 왜 없겠습니까? 가라지를 당장 뽑아내지 않는 이유는 죄인인 우리에게 하느님이 회개할 기회를 주시려는 것입니다. 그 밖의 다른 이유는 알지 못합니다. 하느님의 더 큰 뜻이 무엇인지는 자주 곰곰이 헤아려 보아야 할 것입니다.

예수님은 '주님의 기도'를 가르쳐 주셨습니다. 유혹에 빠지지 않고, 악에서 보호해 주시길 날마다 기도하라고 가르쳐 주셨습니다. 하느님의 자녀도 악마의 자식이 될 수 있기 때문입니다. 베드로 사도에게 "사탄아, 물러가라."고 야단치신 주님의 말씀이 가슴에 남습니다. 어떤 경우에는 바로 우리에게 하시는 말씀일 수도 있습니다.

"행복하여라! 악인들의 뜻에 따라 걷지 않고 죄인들의 길에 들지 않으며 오만한 자들의 자리에 앉지 않는 사람."(시편 1,1)

질문
07

예수는 우리 죄를 대신
속죄하기 위해 죽었다는데,
우리의 죄란 무엇인가?
왜 우리로 하여금 죄를 짓게 내버려 두었는가?

죄란 하느님의 뜻을 거스르는 일입니다. 하느님의 사랑을 거부하는 일입니다. 하느님을 반대하는 일입니다. 우리는 하느님에게 잘못한 일을 죄라고 말합니다. 그러므로 죄는 하느님에게 등을 돌리는 일이 됩니다. 그러므로 죄는 하느님과의 결별을 가져옵니다. 죄에는 크고 작은 것이 있습니다. 가톨릭교회는 이를 대죄(大罪)와 소죄(小罪)로 구분합니다. 또는 죽을 죄(死罪)와 가벼운 죄(輕罪)라는 용어로 구분하기도 합니다. 대죄(大罪)는 하느님 사랑과 이웃 사랑에 크게 어긋나는 것을 말합니다. 십계명이 그 기준이 됩니다. 영원한 생명을 추구하는 어느 부자 청년에게 하신 예수님의 말씀에 비춰 이를 추정할 수 있을 것입니다.

"너는 계명을 알고 있지 않느냐? '간음해서는 안 된다. 살인해서는 안 된다. 도둑질해서는 안 된다. 거짓 증언을 해서는 안 된다. 아버지와 어머니를 공경하여라.'"(루카 18,20)

최후의 심판에 관한 언급에 따르면, 이웃 사랑을 베풀지 않은 것, 곧 가장 작은 이들 가운데 한 사람에게 해 주지 않은 것이 영원한 벌을 받는 곳으로 가게 되는 행위가 됩니다(마태 25,41-46 참조). 초대 교회는 배교, 살인, 간음을 중대한 범죄로 취급했습니다.

사실 죄의 경중을 우리는 판단하기가 어렵습니다. 사형수의 대부(代父)라고 불리던 김홍섭 바오로 판사는 자신의 수상록 《무상을 넘어서》[38]에서 다음과 같이 밝힌 바 있습니다. 그는 판사로서 자신의 판결이 항상 100점짜리가 아니었다고 고백하였습니다. 할 수 있는 한 모든 자료를 수집하고 분석해서 최선을 다해서 옳게 판결하려고 했지만, 마치 고리 던지기 놀이처럼 90점을 맞을 때도 있고, 80점을 맞을 때도 있었다고 했습니다. 그렇습니다. 우리는 그 사람의 행동 자체만을 봅니다. 사건 자체만을 봅니다. 그 원인, 배경, 그의 심리적 상황 등 모두를 알지 못합니다. 그래서 우리의 판단은 정확할 수가 없습니다. 그런 이유로 주님은 말씀하셨습니다.

"남을 심판하지 마라. 그래야 너희도 심판받지 않는다. 너희가 심판하는 그대로 너희도 심판받고, 너희가 되질하는 바로 그 되로 너희도 받을 것이다."(마태 7,1-2)

죄가 성립되기 위해서는 세 가지 조건이 필요합니다. 첫째로 죄가 되는 행위가 있어야 하고, 둘째로 죄라는 것을 의식했어야 하며, 셋째로 자신의 자유 의지에 의해서 행해져야만 합니다. 다른 사람의 강압에 의해서 이루어졌다면 그 죄는 그 강압에 동의한 만큼만 죄가 되는 것입

---

38 김홍섭, 《無常을 넘어서》, 성바오로, 1971.

니다. 그 죄는 강압한 자에게 해당됩니다. 이런 시절에 잘못한 아이들을 서로 때리게 하는 선생님을 본 적이 있습니다. 아이는 잘못이 없습니다. 선생님에게 잘못이 있는 것입니다. 그렇지만 그 아이가 선생님이 시킨다고 해서 신이 나서 그랬다면, 신이 난 만큼 동료를 때렸다면, 동의한 만큼 잘못한 것입니다.

하느님이 인간이 죄를 짓게 내버려 두신 것은 앞서 말씀드린 것처럼, 인간에게 자유를 주신 까닭입니다. 죄란 인간이 하느님의 제안까지도 거스를 수 있는 자유가 있다는 것을 보여 주는 가장 명확한 사실입니다. 인간이 죄를 지을 수 있음에도 자유를 주신 까닭은 자유 안에서만 사랑이 진정할 수 있기 때문이고, 하느님은 인간에게 그런 진정한 사랑을 원하시기 때문입니다. 사실 우리들도 그렇습니다. 상대편이 억지로, 강제로, 나의 돈 때문에, 나의 인기 때문에 나를 사랑하기보다 나 자신을 사랑해 주기를 바랍니다. 보답도 아니고, 강제도 아닌 자유로운 상태에서 나를 선택하고, 나를 사랑해 주기를 바랍니다. 하느님도 그런 사랑을 바라시는 까닭입니다. 그러므로 자유는 필연적입니다. 자유가 있는 한 인간은 하느님의 사랑까지도, 그리고 마지막 순간에서조차 거부할 수 있는 가능성이 열려 있는 것입니다.

죄는 반드시 그 대가를 지불하기 마련입니다. 물리적인 악은 상처를 입힙니다. 우리는 그 상처를 낫기 위해 약을 사용하거나, 수술을 해야 합니다. 그렇게 치유했더라도 그 물리적인 악은 상흔을 남기기 마련입니다. 죄도 아픔을 겪게 합니다. 죄의 크기에 따라 아픔의 크기도 비례합니다. 그런데 우리의 죄가 하느님을 향하고 있습니다. 상대가 하느님인 만큼 죄의 크기는 엄청납니다. 아무리 작은 행위도 상대에 따라 달라집니다. 분명 동생을 때리는 일과 아버지를 때리는 일은 비슷한 행위라도 범죄의 크기가 달라집니다. 그런데 그 상대가 하느님일 경우 그 죄의 크기는 이루 말할 것이 없습니다. 그 죄의 대가를 치르는 일은 크기에 비례합니다. 하느님에게 범한 죄의 크기는 어느 인간도 그 대가를 지불할 수 없습니다. 동생을 구타한 일에 관해서 아버지께서 용서해 줄 수가 있습니다. 그러나 아버지를 구타한 행위를 동생이 용서할 수는 없는 일입니다. 하느님께 잘못한 일은 하느님 편에서 용서해야만 합니다.

하느님은 죄는 용서해도 그 대가는 지불하도록 하셨습니다. 병을 치유해도 치유하기 위해 아픔을 겪어야 하는 것과 유사하다고 할 수 있습니다. 죽음으로 감당할 수밖에 없는 질병도 있습니다. 어떤 잘못은 평생이 가도 그 대가를 치를 수 없기도 합니다. 최근 어느 어린이 포르노 유통 업자가 징역 1천 년 형을 선고받았다는 기사를 본 적이 있습니다. 자신의 삶을 다 바쳐도 대가를 치를 수 없는 죄라는 뜻입니다.

하느님에게 범한 죄를 하느님이 아닌 존재가 속죄한다는 것은 있을 수 없습니다. 하느님의 아드님이라야 속죄 행위를 합당하게 치를 수 있을 뿐입니다. 하느님에 대한 인류의 범죄를 속죄하기 위해서는 예수 그리스도의 대속(代贖) 수난과 죽음이 필연적이었다는 것입니다. 예수님의 수난과 죽음은 대속의 의미 그 이상입니다. 거기에는 사랑이 담겨 있습니다. 우리는 자식이 잘못한 것을 대신 어머니가 겪어 낸 속죄 행위들을 많이 알고 있습니다.

예언자 이사야는 그들의 이야기를 이렇게 표현하고 있습니다.

"그는 주님 앞에서 가까스로 돋아난 새순처럼 메마른 땅의 뿌리처럼 자라났다. 그에게는 우리가 우러러볼 만한 풍채도 위엄도 없었으며 우리가 바랄 만한 모습도 없었다. 사람들에게 멸시받고 배척당한 그는 고통의 사람, 병고에 익숙한 이였다. 남들이 그를 보고 얼굴을 가릴 만큼 그는 멸시만 받았으며 우리도 그를 대수롭지 않게 여겼다. 그렇지만 그는 우리의 병고를 메고 갔으며 우리의 고통을 짊어졌다. 그런데 우리는 그를 벌받은 자, 하느님께 매맞은 자, 천대받은 자로 여겼다. 그러나 그가 찔린 것은 우리의 악행 때문이고 그가 으스러진 것은 우리의 죄악 때문이다. 우리의 평화를 위하여 그는 징벌을 받았고 그의 상처로 우리는 나았다. 우리는 모두 양 떼처럼 길을 잃고 저마다 제 길을 따라갔지만 주님께서는 우리 모두의 죄악이 그에게 떨어지게 하셨다. 학대받고 천대받았지만 그는 자기 입을 열지 않았다. 도살장에 끌려가는 어린 양처럼 털 깎는 사람 앞에 잠자코 서 있는 어미 양처럼 그는 자기 입을 열지 않았다. 그가 구속되어 판결을 받고 제거되었지만 누가 그의 운명에 대하여 생각해 보았던가? 정녕 그는 산 이들의 땅에서 잘려 나가고 내 백성의 악행 때문에 고난을 당하였다. 폭행을 저지르지도 않고 거짓을 입에 담지도 않았건만 그는 악인들과 함께 묻히고 그는 죽어서 부자들과 함께 묻혔다. 그러나 그를 으스러뜨리고자 하신 것은 주님의 뜻이었고 그분께서 그를 병고에 시달리게 하셨다. 그가 자신을 속죄 제물로 내놓으면 그는 후손을 보며 오래 살고 그를 통하여 주님의 뜻이 이루어지리라. 그는 제 고난의 끝에 빛을 보고 자기의 예지로 흡족해하리라. 의로운 나의 종은 많은 이들을 의롭게 하고 그들의 죄악을 짊어지리라. 그러므로 나는 그가 귀인들과 함께 제 몫을 차지하고 강자들과 함께 전리품을 나누게 하리라. 이는 그가 죽음에 이르기까지 자신을 버리고 무법자들 가운데 하나로 헤아려졌기 때문이다. 또 그가 많은 이들의 죄를 메고 갔으며 무법자들을 위하여 빌었기 때문이다."(이사 53,2-12)

이사야는 이미 예수님의 수난에 앞서 대속의 의미를 정확하게 예언하였습니다. 어떻게 예수님의 수난에 앞서 이렇게 정확하게 대변할 수 있는지 놀랍기만 합니다. 우리는 빚지고 사는 사람들입니다. 그 빚이 엄청난 사람들입니다. 예수님은 우리에게 탈렌트의 비유를 들려 주셨습니다.

"하늘나라는 자기 종들과 셈을 하려는 어떤 임금에게 비길 수 있다. 임금이 셈을 하기 시작하자 만 탈렌트를 빚진 사람 하나가 끌려왔다. 그런데 그가 빚을 갚을 길이 없으므로, 주인은 그 종에게 자신과 아내와 자식과 그 밖에 가진 것을 다 팔아서 갚으라고 명령하였다. 그러자 그 종이 엎드려 절하며, '제발 참아 주십시오, 제가 다 갚겠습니다.' 하고 말하였다. 그 종의 주인은 가엾은 마음이 들어, 그를 놓아주고 부채도 탕감해 주었다. 그런데 그 종이 나가서 자기에게 백 데나리온을 빚진 동료 하나를 만났다. 그러자 그를 붙들어 멱살을 잡고 '빚진 것을 갚아라.' 하고 말하였다. 그의 동료는 엎드려서, '제발 참아 주게. 내가 갚겠네.' 하고 청하였다. 그러나 그는 들어주려고 하지 않았다. 그리고 가서 그 동료가 빚진 것을 다 갚을 때까지 감옥에 가두었다."(마태 18,23-30)

한 탈렌트는 6천 데나리온에 해당됩니다. 한 데나리온은 하루 일당에 해당됩니다. 그러므로 1백 데나리온은 3달 봉급에 해당하고, 한 탈렌트는 16년 연봉, 1만 탈렌트는 16만 년 연봉에 해당됩니다. 어쩌면 인간은 하느님에게 70년, 80년 인생의 빚을 진 셈입니다. 자신이 살아가는 햇수만큼 빚지고 살고 있다고 할 수 있습니다. 그런데 우리는 동료들의 작은 잘못에도 용서하지 못하는 속 좁은 삶을 살아가고 있는 것입니다.

　인류가 하느님에게 지은 죄를 속죄하는 예수님의 수난에서 우리는 1만 탈렌트를 탕감해 주시는 하느님의 모습을 봅니다. 교회는 하느님의 자비는 인간의 어떤 죄보다도 크다고 말합니다. 우리가 감히 하느님 나라를 희망하는 것은 우리가 하느님 나라에 들어갈 만큼 착하기 때문이 아니라 하느님의 자비가 우리들의 잘못보다 큰 까닭입니다. 우리가 하느님의 자비를 포기하지 않는 한 우리는 하느님 나라에 대한 희망이 있습니다.

　우리는 자신의 상속 재산을 다 탕진하고 아버지에게 돌아온 둘째 아들의 이야기를 알고 있습니다(루카 15,11-32 참조). '하늘에 계신 아버지' 하느님이 어떠한 아버지이신지를 가장 잘 묘사해 주는 이야기입니다. 아버지는 아들이 돌아오기를 날마다 기다립니다. 둘째 아들은 모든 재산을 다 잃고, 돼지가 먹는 음식조차 마음껏 먹을 수 없게 되자 아버지 집으로 돌아갈 결심을 합니다. 그 아들이 돌아오자 아버지는 아무 탓도 하지 않고, 오히려 새 옷을 입혀 주고, 가락지를 껴 주고, 새 신을 신겨 주며 아들의 자리를 회복시켜 주십니다. 이 이야기는 많은 것을 생각하게 합니다. 왜 아버지는 아들이 유산을 물려받아 떠날 때 설득하지 않았을까? 동생이 돌아왔다고 살진 송아지를 잡아 잔치를 벌이는 아버지를 못마땅해하는 큰 아들에게는 설득을 하셨으면서. 어쩌면 설득을 했을지도 모릅니다. 그런 경우 그 아들에게는 그런 말이 귀에 들어올 리 없었을 것입니다. 그렇다면 아들에게 벌어질 일들을 자신의 경험과 지식으로 알 수 있었던 아버지는 왜 아들을 찾으러 집을 나서지 않고 기다리기만 하셨을까? 찾아 나서서 설득하여 집으로 돌아오도록 하는 일보다 자신이 스스로 깨닫고 돌아오는 일이 더 중요하게 여겨졌을 수도 있을 것입니다. 찾아 나서는 일보다 언제일지 모르고 마냥 기다리는 일이 더 괴로운 일일 수도 있습니다. 자식들의 잘못에 대해서 큰 인내심으로 기다려야 하는 때도 있다는 것을 깨우쳐 주는 이야기일 수도 있습니다.

어떻든, 만일 그 아들이 돌아오지 않았다고 한다면 어떻게 되었을까요? 돌아오기 전부터 준비된 아버지의 용서가 그에게 무슨 의미가 있었을까요? 아버지는 이미 아들을 용서하였습니다. 집에 돌아와서 용서한 것이 아닙니다. 집에 돌아오기 이전부터 아버지는 아들을 용서한 것입니다. 그가 집에 돌아오지 않았다면, 아버지가 용서한 것도 모르고, 돼지들이 먹는 음식이나 먹으면서 살다가 삶을 마감했을 것입니다.

이 이야기는 우리가 착해서 하늘나라에 들어가는 것이 아니라는 것을 알려 줍니다. 다른 말로 우리가 죄가 없어서 하늘나라에 들어갈 수 있는 것이 아닙니다. 죄가 없다고 하늘나라를 상으로 받을 수 있는 것은 아닙니다. 하늘나라는 죄 없는 것 이상으로 큰 선물이기 때문입니다. 또 우리 인간에게는 죄가 없을 수 없습니다. 결국 하느님의 용서가, 하느님의 자비가 우리를 하늘나라에 들어갈 수 있게 하는 것입니다. 그래서 우리가 착하게 살아야 하는 것입니다. 착해서 하늘나라에 들어가는 것이 아니라, 하늘나라에 자비로 받아 주시기 때문에 착하게 살아야 하는 것입니다. 죄를 줄여야 하는 것입니다. 다른 동료에게도 자비를 베풀어야 하는 것입니다. 이웃의 잘못을 용서해야 하는 것입니다. 우리는 다른 사람을 위해서도 살아야 합니다.

질문
08

성경은 어떻게 만들어졌는가?
그것이 하느님의 말씀이라는 것을
어떻게 증명할 수 있나?

성경은 기원전 1000년경부터 기원후 100년경까지 쓰인 글의 모음입니다. 구약 성경은 이스라엘 백성들이 체험한 하느님에 관한 이야기입니다. 신약 성경은 예수님의 제자들이 체험한 하느님의 아드님에 관한 이야기입니다. 사실 하느님을 체험한 이야기를 쓴 책은 훨씬 많습니다. 그러나 과장되고 황당한 이야기들을 추려 내는 정경화(正經化) 작업이 있었습니다. 구약 성경은 90년경 얌니아 회의에서 성경의 목록이 확정되었습니다. 신약 성경은 공식적으로 선언되지 않았지만 이미 교부 시대에 그 목록이 암묵적으로 인정되어 사용되어 왔습니다. 그러다가 프로테스탄트가 성경 목록에 이의를 제기하자 트리엔트 공의회(1545~1563년)에서 사도로부터 시작되어 교부들이 사용하였던 전승들을 그대로 수용하면서 예로니모 성인이 번역한 라틴어 불가타 역본(400년경)의 목록을 바탕으로 교회 공식 성경 목록을 확정 지었습니다. 구약 46권, 신약 27권입니다.

"공의회는 성경의 목록을 이 교령에 첨가하기로 결정하였는데, 이는 본 공의회가 받아들인 책들에 관해 어떠한 의심도 일어나지 않게 하기 위함이다. 그것들은 다음에 인용되는 것들이다.

구약 성경: 모세 오경, 곧 창세기, 탈출기, 레위기, 민수기, 신명기, 여호수아기, 판관기, 룻기, 네 권의 열왕기(사무엘기 두 권, 열왕기 두 권), 두 권의 역대기, 에즈라기 상권, 느헤미야기라고도 불리는 에즈라기 하권, 토빗기, 유딧기, 에스테르기, 욥기, 다윗의 시편 백오십 편, 잠언, 전도서(코헬렛), 아가, 지혜서, 집회서, 이사야서, 바룩서를 포함한 예레미야서, 애가, 에제키엘서, 다니엘서, 열두 소예언서 곧 호세아서, 요엘서, 아모스서, 오바드야서, 요나서, 미카서, 나훔서, 하바쿡서, 스바니야서, 하까이서, 즈카르야서, 말라키서, 마카베오기 상·하권.

신약 성경: 마태오, 마르코, 루카, 요한이 전한 네 복음서, 루카 복음사가가 쓴 사도행전, 바오로 사도의 열네 서간: 로마 신자들에게 보낸 서간, 코린토 신자들에게 보낸 두 서간, 갈라티아 신자들에게 보낸 서간, 에페소 신자들에게 보낸 서간, 필리피 신자들에게 보낸 서간, 콜로새 신자들에게 보낸 서간, 테살로니카 신자들에게 보낸 두 서간, 티모테오에게 보낸 두 서간, 티토에게 보낸 서간, 필레몬에게 보낸 서간, 히브리인들에게 보낸 서간, 베드로 사도의 두 서간, 요한 사도의 세 서간, 야고보 사도의 서간, 유다 사도의 서간, 그리고 요한 사도의 묵시록.

가톨릭교회 안에서 읽혀 왔던 대로, 그리고 라틴어 대중 라틴말 성경 고전본에 실려 있는 대로, 이 모든 부분을 포함한 전체 책을 거룩한 정경으로 인정하지 않고, 앞서 언급한 전승을 고의로 업신여기는 자는 파문

될 것이다."《《신앙 편람》[39], 1501-1504항)

한편 프로테스탄트는 66권만을 성경으로 인정하고 있습니다. 구약의 유딧기, 토빗기, 지혜서, 집회서, 바룩서, 마카베오기 상하권 7권을 성경으로 인정하지 않는 것입니다. 성경으로 인정되지 않은 다른 책들을 '외경'이라고 일컫습니다. 구약에도 신약에도 많은 외경들이 있습니다. 다른 '외경'과 구별하여 이 7권을 '제2경전'이라고도 합니다.

학창 시절 성경을 가르쳐 주셨던 은사 신부님이 계셨습니다. 그분은 전설적인 인물 선종완 라우렌시오 신부입니다. 일찍이 예루살렘과 로마에서 성경을 공부하시고, 가톨릭대학에서 학생들을 가르치셨습니다. 특히 '창세기'를 강의하시면서 요셉이 형제들을 만나는 장면에서 우셨던 일은 제 기억에 아직도 선하게 남아 있습니다. 은사 신부님은 프로테스탄트와 함께하는 성경 '공동 번역' 작업에도 참여하셨습니다. 히브리어 원문을 우리말로 번역하는 것이 은사 신부님의 역할이었던 것으로 알고 있습니다. 한편 문학에 조예가 깊었던 문익환 목사가 우리말을 다듬는 역할을 하셨다고 들었습니다. 공동 번역이 다 끝났을 때, 신부님은 '이제 하느님이 우리말을 하실 수 있게 되었구나!'라고 기뻐하셨다는 이야기를 들었습니다.

그렇습니다. 그리스도 신앙인들은 성경을 하느님의 말씀으로 여깁니다. 우리말 성경으로 결국 하느님이 '우리말'을 하실 수 있게 된 셈입니다. 어떻게 그럴 수 있느냐고 물을 수 있습니다. 우리는 성경을 하느님의 성령의 감도(感導)로 쓰인 책이라고 말합니다. 저자들이 영감을 받아

---

[39] 하인리히 덴칭거, 이성효 외 다수 옮김, 《신경, 신앙과 도덕에 관한 규정, 선언 편람》, 한국천주교중앙협의회, 2017(이하에서는 《신앙 편람》으로 약칭함).

서 쓴 책이라는 뜻입니다. 성령의 감도를 받는다는 것은 어떻게 알아들어야 할까요?

오래전에 동양화를 그리던 신부님과 대화를 할 기회가 있었습니다. 파푸아 뉴기니에서 선교를 한 적이 있는데, 어느 날 해가 지는 모습이 너무 아름다워 먹으로 그림을 그렸답니다. 그런데 동양화가의 붓으로는 도저히 그 아름다움을 표현할 수가 없어서, 붓대를 꺾어 먹을 찍어 그렸더니 자신이 보아도 그림 같더라는 것입니다. 그리고는 자신들이 그림을 그리지만 정말 멋진 그림은 '신이 내린 그림'이라고 했습니다. 우리도 제정신이 아닌데도 일을 완수하는 경우가 있습니다. 어떤 힘 덕분에 어려움을 이겨 내는 경우가 있는 것입니다. 우리는 그것을 성령의 도움이라고도 하고, 성령의 감도라고도 합니다.

그리스도교는 예수님을 '하느님의 아드님'이실 뿐 아니라 '하느님의 말씀'으로도 이해합니다. '사람이 되신 말씀'이라고도 합니다.

"한처음에 말씀이 계셨다. 말씀은 하느님과 함께 계셨는데 말씀은 하느님이셨다. 그분께서는 한처음에 하느님과 함께 계셨다. … 말씀이 사람이 되시어 우리 가운데 사셨다."(요한 1,1-14)

'말씀'은 그리스 철학의 '로고스' 개념을 빌린 것입니다. 그리스 문화와 철학에서 '로고스'는 다양한 의미를 지닙니다. '말' '이야기' '연설' '설명' 등을 의미합니다. 이는 철학자들에 의해서 발전된 개념이기도 합니다. '보편 타당성을 지닌 진술'이라는 의미의 '미토스'(Mithos, 神話)와는 대조적으로 '로고스'(Logos, 論)는 '논리적 인식을 통하여, 또는 합리적 증명을 통하여 진실성을 드러내는 진술'을 뜻하기도 합니다. 그러나 무엇보다도 그리스 철학과 그리스도교 신학의 교량 역할을 하였던 영지주의자들의 개념에 영향을 받은 것으로 여겨집니다. 영지주의자들에게 로고스는 신적 세계의 충만을 이루는 여러 신적 존재의 하나로서 이데아 세계가 그 그림자인 세상 사물에 앞서 선재(先在)하였던 것처럼 선재적 존재의 하나로 이해되고 있습니다. 물론 신약 성경의 '로고스'가 전적으로 영지주의자들의 개념을 온전히 수용한 개념으로 이해하기는 어렵습니다.

구약 성경에 이미 세상 만물이 창조되기 이전에 존재하였던 '지혜'(잠언 8,22-31 참조)라는 개념이 있기 때문입니다. 그러므로 '로고스'를 구약의 '지혜' 개념의 그리스적 토착화라 할 수 있을 것입니다.

사실 '말씀'이든 '지혜'든 그것은 하느님으로부터 온 것입니다. 인간이 말을 하기 전에 하느님이 말씀하셨다는 것입니다. 우리에게 지혜가 깃들게 된 것은 하느님의 지혜로부터 비롯된 것이 사실입니다. 아직 우리가 하느님의 말씀을 다 옮기지 못하고, 하느님의 지혜에 도달하는 일이 매우 먼 일이기는 하지만. 인간은 지혜나 말을 통하여 하느님에게 다가갑니다.

예수님을 '하느님의 아드님'으로 믿는 일은 쉽지 않습니다. 오늘날만이 아니라, 예수님 생전에도 그랬을 것입니다. 사실 그분을 하느님의 아드님으로 믿고 받아들인 사람들은 소수에 불과했습니다. 갈릴래아 어부 출신을 비롯한 12제자들과 몇몇 여성들(요한 19,25 참조)이었습니다. 물론 그들도 쉽게 그것을 받아들이지 않았습니다. 의심하고 완고한 마음을 지녔었습니다. 그것도 부활하신 다음 예수님이 나타나셔서 꾸짖고 설득해서 이루어진 일입니다. 그 제자들의 삶과 증언이 그분이 참으로 하느님의 아들이라는 것을 말해 줍니다. 목숨을 바친 그들의 증언이 우리로 하여금 믿게 합니다. 좋게 말하면 순진하였고, 나쁘게 말하면 배운 것 없이 고기나 잡던, 배움이 부족한 제자들이었습니다. 그런 순박한 제자들이 목숨을 바치고 증언한 것이어서 더 믿음이 갑니다.

예수님을 '하느님의 아드님'으로 믿기 어려운 사람들에게 들려주고 싶은 예수님의 말씀이 있습니다. 예수님은 대사제 안나스에게 끌려가서 말대꾸를 하였다고 하여 하인들에게 손찌검을 당한 적이 있습니다. 그때 그분은 다음과 같이 말씀하셨습니다.

"내가 잘못 이야기하였다면 그 잘못의 증거를 대 보아라. 그러나 내가 옳게 이야기하였다면 왜 나를 치느냐?"(요한 18,23)

그렇습니다. 우리도 예수님을 믿지 못하는 사람에게 말할 수 있습니다. '만일 예수님이 잘못했다면 그 잘못을 지적하시오. 그리고 예수님이 올바로 말을 했다면 그를 거스르지 마시오.' 예수님은 또 이런 말씀도 하셨습니다.

"내가 내 아버지의 일들을 하고 있지 않다면 나를 믿지 않아도 좋다. 그러나 내가 그 일들을 하고 있다면, 나를 믿지 않더라도 그 일들은 믿어라."(요한 10,37-38)

같은 논리로 우리도 비슷하게 말할 수 있습니다. '예수님을 믿지 못하겠거든, 그분이 하신 올바른 말씀대로 사십시오.'라고.

그분이 '성경'을 통하여 우리에게 전해 주신 말씀을 요약하면 다음과 같습니다. 세상과 인간을 창조하신 하느님을 사랑하고 그분께 감사드리라는 것입니다. 기도를 많이 하되 자랑하지 말라는 것입니다. 이웃을 사랑하라는 것입니다. 살인하지 말고, 형제에게 성을 내지 말고, 남의 아내를 탐내지 말고, 남의 물건을 탐내거나, **빼앗거나 훔치지** 말고, 함부로 맹세하지 말고, '예' 할 것은 '예' 하고, '아니오' 할 것은 '아니오' 하며, 눈에는 눈, 이에는 이로 복수하지 말라는 것입니다. 같이 가자는 사람의 청을 물리치지 말고, 자선을 베풀되 뽐내지 말라는 것입니다. 다른 사람의 잘못을 관대하게 용서하고, 원수마저 미워하지 말라는 것입니다. 뒷담화하지 말고, 겸손하게 낮은 자리를 차지하고, 주어진 현실에 만족할 때 여러분은 행복하다는 것입니다. 하느님 나라가 바로 그들의 것이기 때문입니다. 하느님은 그런 사람들에게 하느님 나라를 보장해 주시기 때문입니다.

우리는 하느님의 언어를 모릅니다. 그러나 하느님은 인간의 언어를 아십니다. 그러므로 하느님이 인간의 언어로 소통하실 수밖에 없습니다. 성경은 하느님을 사랑한 사람들의 이야기입니다. 하느님을 체험한 사람들의 이야기입니다. 하느님의 마음을 읽어 낸 사람들의 이야기입니다. 이 성경 말씀이 삶에서 진실로 드러날 때 우리는 성경 말씀을 하느님의 말씀으로 인정할 수 있지 않을까요?

질문
09

종교란 무엇인가?
왜 인간에게 필요한가?

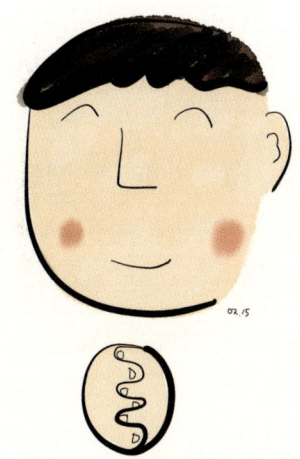

"종교란 무엇인가? 왜 인간에게 필요한가?" 이병철 회장의 9번째 문제입니다. 요슈타인 가아더는 자신의 저서 《소피의 세계》[40]에서 주인공인 14세의 소녀 소피아를 통해서 다음과 같이 질문을 던지며 스스로 답을 합니다.

'사람이 사는 데 가장 중요한 게 무엇이냐고 굶주린 사람에게 묻는다면 먹는 것이라고 대답할 것이다. 추위에 떨고 있는 사람은 따스함이라 대답할 것이고, 외로운 사람은 벗이라고 대답할 것이다. 그러나 이런 기본 조건이 모두 충족된다 하더라도, 사람들에게 절실한 게 있을까? 그렇다. 사람은 모두 먹어야 하고 사랑도 필요하다. 그러나 그밖에도 절실한 게 있다. 우리는 누구인가? 왜 살고 있는가를 알고 싶어 하는 절실한 욕구를 우리는 갖고 있다.'

---

40 요슈타인 가아더, 장영은 옮김, 《소피의 세계》, 현암사, 1994.

그렇습니다. 우리 인간이 사는 데는 의식주만이 아니라 벗과 사랑도 필요합니다. 그리고 그 이상의 것이 필요합니다. 우리가 누구이고, 어디서 왔고, 어디로 가는 것인지 알고 싶어 하는 절실함이 있습니다. 과연 무에서 왔다가 무로 돌아가는 것인지? 아니면 이데아 세계에서 와서 이데아 세계로 돌아가는 것인지? 정말 죽은 다음에도 세상이 있고, 하느님을 만날 수 있는 것인지?

이러한 절실함이 철학의 필요성을 알려 줍니다. 그리고 이러한 철학적 질문이 또한 종교의 필요성을 말해 줍니다. 종교는 이미 인류가 철학의 체계를 세우기 전에 시작되었습니다. 소크라테스가 '자신을 알라'는 철학적 명제를 내세우기 전에 성경은 인간이 어디서 왔는지 묻고 그에 답변을 시도했습니다. 이른바 창세기의 아담과 하와 이야기가 그렇습니다.

"하느님의 모습으로 사람을 창조하시되 남자와 여자로 그들을 창조하셨다."(창세 1,27)

그리고 창세기는 만물의 근원이 '물'이라는 탈레스의 자연 철학적 주장 이전부터 세상의 시작에 관한 질문을 던지고 창조 이야기를 그려 내고 있습니다.

"한처음에 하느님께서 하늘과 땅을 창조하셨다."(창세 1,1)

소크라테스가 독배를 마시고 죽으면서 죽음이란 꿈 한번 꾸지 않고 긴 잠을 자는 횡재이거나 오르페우스의 이론을 따라 이데아 세계에서 온 영혼이 육신으로부터 벗어나 이데아 세계로 되돌아가는 일이 아니겠냐고 말하기 오래전부터 우리는 사람이 죽으면 땅에 묻었습니다. 사람을 땅에 묻는 풍습은 아주 오래되었습니다. 물론 화장이나 조장처럼 다른 여러 가지 장례 예식이 있지만, 모든 장례 예식은 그 자체로 인간의 삶이 이 지상의 삶으로 끝장나는 것이 아니라는 것을 보여 줍니다. 죽음 너머의 삶을 전제하고 있는 것입니다.

죽음을 표현하는 우리말 '돌아가셨다'는 매우 의미가 깊습니다. 죽음은 사라져 없어지는 것이 아니라 왔던 곳으로 되돌아가는 것이라는 것입니다. 그 왔던 곳이 어디냐에 대한 사람들의 생각은 제각각입니다. 그러므로 죽음이란 '무'에서 왔다고 생각하는 사람은 '무'로 돌아가는 것이라 여길 것입니다. 오르페우스의 추종자들처럼 이데아 세계에서 왔다고 믿는 사람은 이데아 세계로 돌아가는 것일 것입니다. 하느님으로부터 왔다고 믿는 그리스도인들은 하느님에게로 돌아가는 것이라고 믿고 있는 것입니다.

과연 어떤 생각이 옳은 것일까요? 죽음 너머의 초월적 세계를 과연 인간의 사고로 유추해 낼 수 있는 것일까요? 아니면 하느님께서 계시해 주셔야 하는 것일까요? 자연을 잘 관찰한다면 우리는 그 자연을 창조하신 분의 의도를 읽어 낼 수 있는 흔적을 발견할 수 있을 것입니다. 그림 속에서 화가의 삶과 생각을 찾아낼 수 있는 것처럼 말입니다.

죽음 너머의 삶을 긍정하는 데는 몇 가지 이유가 있습니다. 자연은 공평합니다. 언덕길이 있으면 내리막길이 있기 마련입니다. 양지가 음지가 되고 음지가 양지가 되기도 합니다. 그런데 우리 인생은 죽음이라는 것에 가로막혀 이승의 삶만을 볼 수 있습니다. 그렇게 보면 불공평하기 그지없습니다. 어떤 사람은 힘겹게 오르막길만 오르다가 죽음을 맞이합니다. 어떤 사람은 내리막길만을 신나게 달리다 삶을 마감합니다. 그렇기 때문에 죽음 너머서라도 삶이 있어야 하고, 오르막길만 오르던 그 사람이 비로소 편안해지는 공평함이 있어야 합니다. 삶이 부조리할 수 없다는 것입니다.

또 다른 설명은 다음과 같습니다. 인류는 아주 오래전부터 간직한 꿈이 있습니다. 그것은 행복하게 아주 오래 오래 사는 일입니다. 어린이에게 들려주는 동화 말미에 그러한 인간의 꿈이 표현되고 있습니다. 이 꿈은 인간이 본성적으로 지니고 있는 것이라 합니다. 말하자면 창조주가 그것이 가능한 일이라는 것을 인간의 DNA에 심어 주셨다는 뜻입니다. 이 본능적인 꿈이 사라지지 않고 아직까지 계속되는 것은 그 대상이 있기 때문입니다. 마치 들을 것이 있어서 청각이 퇴화되지 않고, 볼 것이 있어서 눈이 퇴화되지 않은 것처럼, 영원한 생명이라는 대상이 존재하는 까닭에 영원한 생명에 대한 꿈이 퇴화하지 않는 것이라는 말입니다.

그러나 우리 그리스도인은 세상이 부조리하지 않기 위해서 죽음 너머의 세계를 믿는 것은 아닙니다. 영원한 삶에 대한 본능적 바람 때문도 아닙니다. 우리는 인간들과 함께했던 예수 그리스도가 죽으셨고, 다시 살아나셨다는 데에서 희망을 갖습니다. 일찍이 바오로 사도는 이렇게 말씀하셨습니다.

"죽은 이들이 되살아나지 않는다면 그리스도께서도 되살아나지 않으셨을 것입니다. 그리스도께서 되살아나지 않으셨다면, 여러분의 믿음은 덧없고 여러분 자신은 아직도 여러분이 지은 죄 안에 있을 것입니다."(1코린 15,16-17)

베드로를 비롯한 사도들은 바로 이 기쁜 소식을 전해 주기 위해 남은 생을 다 바쳤습니다. 그리스도인들은 사도들의 증언이 참되다고 믿습니다. 그분들이 목숨을 바쳐 증언하였기 때문입니다.

부활을 통한 영원한 생명은 인간의 어떤 과학적 기술로 이루어 낼 수 있는 것이 아닙니다. 인간의 어떤 지혜로도 고안될 수 있는 것이 아닙니다. 인간의 어떤 노력으로도 쟁취할 수 있는 것이 아닙니다. 그것은 전능하신 하느님으로부터 선사되는 것입니다. 우리 인간은 그것을 은총으로 선사받을 뿐입니다. 그 은총을 건네받을 수 있는 손이 바로 믿음과 사랑입니다. 믿음은 인간과 인간 사이에서도 필요한 덕목입니다. 부부 사이에 믿음이 없다면 더 이상 부부일 수 없습니다. 법적 관계에 머물 뿐입니다. 친구 사이에 믿음이 없다면 더 이상 친구일 수 없습니다. 심지어 상업적 행위에도 신용이 없다면 사기일 뿐입니다. 하느님이 그 믿음을 조건으로 당신에게 영원한 생명을 선사하십니다. 우리는 자주 예수 그리스도가 하신 말씀을 기억합니다.

"믿음이 너를 구원하였다."(마태 9,22; 마르 10,52; 루카 7,50; 17,19; 18,42)

영원한 생명을 선물로 받을 수 있는 또 하나의 손은 사랑입니다. 예수님은 말씀하십니다.

"아버지께 복을 받은 이들아, 와서, 세상 창조 때부터 너희를 위하여 준비된 나라를 차지하여라."(마태 25,34)

이들이 행했던 것은 바로 사랑이었습니다. 굶주린 사람에게 먹을 것을 주는 것, 목마른 사람에게 마실 물을 주는 것, 나그네를 따뜻이 맞아들이는 것, 헐벗은 이에게 입을 것을 주고, 병든 이를 돌보아 주고, 감옥에 있는 이를 찾아 주는 것이었습니다. 영원한 삶을 희망합니까? 그러면 사랑하십시오. 하느님과 이웃을. 사랑은 영원합니다. 사랑은 전능합니다. 바로 하느님이 사랑이시기 때문입니다.

그리스도교는 믿음의 종교입니다. 그 본질은 사랑입니다. 영원한 생명을 위하여 필요한 종교입니다. 영원한 삶이 없다면, 그리스도교는 가장 헛된 꿈을 꾸는 종교일 것입니다. 영원한 삶은 여러 가지 용어로 표현되었습니다. 행복이라고도 표현하였고, 구원이라고도 했습니다. 하느님 나라, 하늘나라, 천국, 천당, 낙원이라고도 했고, 인간과 세상을 창조한 하느님과의 행복한 만남, 지복직관(至福直觀), 신인합일(神人合一)이라고도 했습니다. 인간이 이 야무진 꿈을 지니고 있는 한, 이 꿈을 이루기 위한 종교는 필요하지 않을 수 없습니다. 그리스도교는 하느님과 행복하게 오래오래 살고자 하는 희망의 종교입니다. 그러므로 혹자에게는 이러한 종교가 인간을 환각 속에 살게 하는 지독한 '아편'으로 여겨질 수 있을 것입니다. 그러나 더 나은 세상을 위해 자신을 희생하고 다른 사람들과 더불어 살아가도록 하는 '아편'이라면, 그것도 충분한 의미가 있는 것 아닐까요?

질문
10

—

영혼이란 무엇인가?

우리는 세상에 많은 존재들을 봅니다. 아리스토텔레스는 그러한 세상의 사물을 크게 광물, 식물, 동물 세 가지 부류로 나누었습니다. 우리는 어릴 때 '스무 고개'라는 놀이를 통해서 그렇게 분류하는 법을 배웠습니다. 광물의 특징은 생명이 없다는 것입니다. 식물과 동물은 생명이 있는데 그것을 구별하는 것은 '자신의 거주지를 자유롭게 옮길 수 있는 것이냐? 그런 능력이 없느냐?' 하는 것입니다. 아직 그 경계선상에서의 애매모호함 때문에 광물인지 생물인지 구별할 수 없는 것들도 있고, 식물인지 동물인지 구별할 수 없는 것들도 있습니다만 우리는 사물을 그런 정도로 구별하고 있습니다.

일찍이 중세의 스콜라 신학은 보다 전문적인 용어로 사물을 구별하였습니다. 광물은 혼(魂)이 없는 것으로 규정합니다. 식물은 생혼(生魂)은 있지만 아픔과 기쁨을 느낄 수 있는 각혼(覺魂)이 없는 것으로 봅니다. 동물은 각혼은 있지만 인간과 구별되게 영혼이 없는 것으로 봅니다. 그리고 인간은 모든 생물이 지닌 생혼, 그리고 동물들이 지닌 각혼의 능력을 다 포함하고 그것보다 훨씬 업그레이드된 영혼을 지니고 있다고 봅니다.

이러한 학문적 영향을 받은 그리스도교는 인간이란 물질적인 육체와 영혼의 결합체라고 이해해 왔습니다. 그리고 세상에는 순수 물질적인 광물이 있는가 하면, 생혼을 지녔지만 각혼을 지니지 못한 식물이 있으며, 각혼을 지녔지만 영혼을 지니지 못한 동물이 있고, 인간과 달리 육체는 지니지 않고 순수 영혼만으로 이루어진 영적 존재, 천사들이 있다고 이해하게 되었습니다. 그들은 육체를 지니지 않은 까닭에 보이지 않습니다. 그러므로 성경과 그리스도교 신학은 하느님은 보이는 것만이 아니라 보이지 않는 것까지도 창조하신 분이라고 고백하고 있습니다.

"하늘에 있는 것이든 땅에 있는 것이든 보이는 것이든 보이지 않는 것이든 왕권이든 주권이든 권세든 권력이든 만물이 그분을 통하여 또 그분을 향하여 창조되었습니다."(콜로 1,16)

"전능하신 아버지, 하늘과 땅과 유형무형한 만물의 창조주를 믿나이다."
(니케아 콘스탄티노폴리스 신경)

일찍이 성경 저자들은 사람을 뜻하는 '아담'이라는 존재는 진흙으로 빚어진 존재에 하느님의 '입김'이 들어가 움직이는 생명체가 되었다고 표현하였습니다. '입김' 또는 '숨'으로 번역된 히브리어 '루아하'는 '바람', '생명'으로도 번역될 수 있습니다.

"그때에 주 하느님께서 흙의 먼지로 사람을 빚으시고, 그 코에 생명의 숨을 불어넣으시니, 사람이 생명체가 되었다."(창세 2,7)

아마도 성경 저자들은 사람들이 죽어 갈 때 생명의 숨을 내쉬고 육체만을 남기는 현상을 목격하고, 생명은 하느님의 숨이 우리 몸에 들어온 것으로 이해할 수 있었을 것입니다. 최근 심심치 않게 '죽었다가 다시 살아난 사람들의 이야기'가 회자됩니다. 그리스도교 신학은 그렇게 쉽게 사람이 죽음의 경계를 넘나들 수 있다고 여기지 않습니다. 마치 이웃 나라를 다녀오듯 그렇게 죽음 너머를 다녀올 수 있다고 보지 않습니다. 물론 의학적인 규정으로 뇌사, 심장사, 또는 여러 가지로 죽음을 판명할 수 있겠지만, 신학은 그것을 죽음이 아니라 죽음의 언저리라고 봅니다. 그래서 '임사체험'(臨死體驗)이라는 용어를 사용합니다.

임사체험자들의 공통점 가운데 흥미로운 것은 자신의 몸을 빠져 나가는 자신을 느끼고 본다는 것입니다. 그것이 어두운 터널을 지나는 것으로 묘사되는지는 몰라도, 자신의 육체가 수술대에 있고, 친지들이 그 주변으로 모여들어 슬퍼하고 있는 모습들을 본다는 것입니다. 그렇다면 육체를 떠난 그 존재, 여전히 자신을 자신으로 느끼는 그 무엇을 우리는 영혼이라고 말하는 것이 아닐까요? 물론 그리스도교 신학은 그 영혼이 다른 육신을 취해도 그가 된다고 보지 않습니다. 불교에서 말하는 윤회설처럼 다른 육체를 취할 때 여전히 그가 그일 수 있다고 보지 않습니다. 육체는 마치 로봇이나 기계의 한 부품이 아닙니다. 한 인간이 고유한 인격체로 존재하는 것은 그 육신의 역사와 무관하지 않습니다. 그가 가진 성격이나 취미나, 결국 그가 살아오면서 이루어 내게 된 모든 결과들은 자신의 육체적 조건과 깊은 연관을 가지고 있습니다. 운동선수로 성공한 사람은 그가 가지고 있는 유리한 육체적 조건으로 말미암아 가능했을 것입니다. 성악가로 대성한 사람은 그가 가지고 있는 목소리와 깊은 관련을 지닙니다. 그러므로 한 인간이 고유한 자신이 된다는 것은 육체와 분리해서 이루어질 수 있는 것이 결코 아닙니다.

영혼과 육신의 분리는 플라톤 이전으로 소급되는 그리스 철학에서 비롯됩니다. 그리스 철학은 영혼이란 이데아 세계에서 온 것이라고 봅니다. 그리고 이데아 세계에서 온 영혼이 이 세상의 물질과 결합하여 한 인간이 된다고 말합니다. 또한 죽음이란 이데아 세계에서 온 영혼이 육신을 떨쳐 내고 이데아 세계로 되돌아가는 것이라고 보았습니다. 우리는 그러한 사상을 소크라테스에게서 봅니다. 소크라테스는 자신의 죽음 앞에서 해외 망명을 요구하는 제자들에게 다음과 같이 말한 것으로 알려져 있습니다.

"어쨌든 죽음을 두려워한다는 것은 지혜가 없으면서도 있다고 생각하고 있기 때문입니다. 즉 죽음을 알지 못하면서도 알고 있는 것처럼 생각하고 있기 때문입니다. 죽음이란 어느 의미에서는 사람들에게 가장 선한 것일지도 모릅니다. 그런데도 그것을 사람들은 죄악 중에서는 최대의 죄악이라고 믿고 있는 듯이 무서워하고 있습니다. 모르면서도 아는 듯이 생각하는 것은 비난을 받아 마땅한 무지요, 수치라고 생각합니다. … 나는 죽음이란 다음 두 가지 중 하나라고 생각합니다. 죽음이란 완전히 무로 돌아가는 것, 즉 사람이 죽으면 모두 감각이 없어지는 것, 또는 전설에 나오는 것처럼 영혼이 이 세상에서 저승으로 주소를 옮기듯이 옮겨 가는 것이 아닌가 합니다. 만일 무로 돌아가서 모든 감각이 사라진다면 꿈도 꾸지 않을 정도로 깊이 잠든 것이나 다름없을 게 아닙니까? 그렇다면 죽음이란 큰 소득이라 하겠습니다. … 그리고 만일 죽음이라는 것이 이 세상에서 저승으로 가는 여정과 같은 것이라면, 그리하여 전설에서처럼 죽는 사람은 누구나 그곳으로 가는 것이라면, 이것보다 더 좋

은 일이 더 있겠습니까?"《소크라테스의 변명》[41], 35–56쪽)

오늘날의 그리스도교 인간학은 인간을 영혼과 육신으로 갈라놓는 그리스적 이원론을 벗어납니다. 발터 카스퍼 추기경은 자신의 저서 《예수 그리스도》[42]에서 다음과 같이 말합니다.

"육체와 영혼은 병존하거나 서로 뒤섞여 있는 별개의 두 존재가 아니다. 그들은 나눌 수 없는 하나의 전체를 이룬다. 인간은 육체로서도 하나의 전체요 영혼으로서도 하나의 전체이다. 둘 다 각각 하나의 전체로서 인간을 이룬다. 우리의 정신생활, 우리의 사유와 자유로운 원의도 가령 일정한 뇌 기능과 같은, 어떤 육체를 구성하는 물질에 단순히 외적으로만 연결되어 있는 것은 아니다. 이 모든 ─ 이른바 '정신적'이라고 일컬어지는 ─ 활동들은 내적으로도 철저하게 육체에 의해 특징지어져 있다. … 인간은 그러기에 하나의 육체를 가지고 있을 뿐 아니라 그 자신이 바로 이 육체이다. 이 육체 안에 전 인간은 자신을 개방하고 천명한다. 육체는 이처럼 인간의 표현이요 상징이며 육적 자기외화(Exkarnation)이고 본질 매체이다. 육체 안에 전 인간이 '거기' 있다(현존재, Dasein). 그래서 육체를 바로 인간의 '현존재'와 현존으로 개념하게 된 것이다."《예수 그리스도》, 357–358쪽)

오래전부터 전해 오는 가톨릭 교리 문답[43]은 첫 조항에 다음과 같이

---

41 플라톤, 최홍민 옮김, 《소크라테스의 변명》, 글로북스, 2011.
42 발터 카스퍼, 박상래 옮김, 《예수 그리스도》, 분도출판사, 1977.
43 윤형중, 《상해천주교요리 상권》, 가톨릭출판사, 1992.

쓰고 있습니다.

"문: 사람은 왜 세상에 태어났습니까?
답: 사람은 만물을 창조하시고 사랑하시는 하느님을 알아 공경하여, 자기 영혼을 구하고 영원한 생명을 얻어, 무한한 행복을 누리기 위해서 태어났습니다."

그리고 최근의 《가톨릭 교회 교리서》는 이 영혼을 다음과 같이 규정합니다.

"362. 하느님의 모습으로 지어진 '인간'은 육체적이며 동시에 영적인 존재이다. '주 하느님께서 흙의 먼지로 사람을 빚으시고, 그 코에 생명의 숨을 불어넣으시니, 사람이 생명체가 되었다.'(창세 2,7)는 성경 이야기는 바로 이러한 사실을 상징적 언어로 설명하는 것이다. 그러므로 하느님께서는 전체적인 인간을 원하신 것이다."

"363. 영혼이라는 말은 성경에서 종종 인간의 생명이나 인격 전체를 의미한다. 그러나 이 말은 또한 인간의 가장 내밀한 것, 가장 가치 있는 것을 가리킨다. 그리고 특히 인간은 그것을 통해서 하느님의 모습을 지니게 된다. '영혼'은 인간의 영적 근원을 가리킨다."

60조 개의 세포로 구성된 우리 몸은 끊임없이 변합니다. 상처가 아무는 것도 하나의 변화를 보여 주는 것입니다. 나이를 먹으면 얼굴도, 체중도, 몸매도 어린 시절의 모습과 달라집니다. 그러면서도 여전히 자신일 수 있는 것은 무엇 때문일까요? 이는 인간을 동식물과 구별해 주는 영혼이 있기 때문 아닐까요? 그리고 영혼은, 더 나아가 우리가 나이를 먹어 육체적인 변화를 겪음에도 불구하고 여전히 내가 나일 수 있는 가장 기본적인 근거이지 않을까요? 이것은 사후 세계에서도 이 세상을 살아갔던 자신으로서의 정체성을 보존해 주는 나의 본질일 것입니다.

질문
11

종교의 종류와 특징은 무엇인가?
1) 기독교(천주교, 개신교), 2) 유대교, 3) 불교,
4) 회교(마호메트교), 5) 유교, 6) 도교

이 질문에 관해 대답을 하기에 좋은 책이 최근에 나왔습니다. 김성제 교수의 《종교 브랜드 시대》[44]입니다. 저자가 가톨릭 신자라는 점에서 어느 정도 편파적인 경향이 있을 수도 있습니다. 그렇지만 종교를 하나의 브랜드로 보면서 객관적으로 평가하려고 시도한 것은 사실입니다. 그래서 이병철 회장의 열한 번째 질문에 대한 답으로 이 책을 기꺼이 추천합니다. 여기서는 동방 교회와 프로테스탄트 교회를 포함한 그리스도교에 관해서만 언급하고자 합니다. 다른 종교에 대해서는 알고 있는 부분이 많지 않기 때문입니다. 그리고 자칫 잘못 소개할 위험도 있기 때문입니다.

1) 기독교(基督敎, 그리스도교)

'기독교'라는 용어에서 '기독'(基督)이란 '그리스도'의 한자말입니다. 결국 '기독교'란 '그리스도교'를 일컫는 한자어입니다. 그리고 '그리스도

---

[44] 김성제, 《종교 브랜드 시대》, 지필미디어, 2014.

교'라는 것은 2000년 전의 나자렛 예수를 그리스도로 믿고 고백하는 종교를 통틀어 일컫는 용어입니다. 이 '그리스도교'에는 '천주교' 또는 '구교'라고도 불리는 '가톨릭교회'가 있고, '개신교' 또는 '신교'라고도 불리는 '프로테스탄트 교회'가 있습니다. 또한 '정교회', '성공회' 등을 비롯한 여러 교회가 있습니다. 여기서는 그리스도교에 관해서만 다루고자 합니다.

기원

그리스도교는 유다교에 뿌리를 두고 있지만, 유다교와는 차별되는 정체성을 지니고 있습니다. 즉, 나자렛 예수를 그리스도, 곧 메시아로 고백하고, 그의 가르침을 따르고 믿는 종교입니다. 나자렛 예수는 서력 기원 원년에 태어난 인물입니다. 이 기원을 훗날 소급해서 계산할 때 잘못해서 로마 건국 753년을 원년으로 했는데, 사실 예수님의 탄생은 기원전 4년에 마감한 헤로데 대왕 통치 시절에 이루어진 것으로 보면 4~7년 정도 앞당겨져야 할 것으로 보고 있습니다. 그리스도인은 이 나자렛 예수님이 사람으로 태어난 '하느님의 아드님'이라고 믿고 있습니다. 그리고 '하느님이 사람이 되신 사건'을 강생(降生) 또는 육화(肉化)라고 합니다. 이는 십자가에 처형되어 죽음을 겪은 예수 그리스도가 다시 살아난 부활의 신비에 버금가는 또 하나의 신비로 받아들이고 있습니다.

'예수 그리스도'란 '예수는 그리스도이시다.'라는 가장 짧은 신앙 고백문입니다. 그리스도란 아람어 '메시아'의 그리스 번역어입니다. 우리나라 말로는 '기름 발리운 자'라는 뜻입니다. 이스라엘 백성은 아주 오랜 세월 '메시아'를 기다려 왔습니다. 자신들을 구원해 줄 인물이 올 거라고 믿은 것입니다. 그리고 그들에게는 왕이나 사제나 예언자들에게 기름을 바르는 의식들이 있었습니다. 그리스도인들은 바로 나자렛 예수의 탄생이 그토록 기다렸던 '메시아'의 탄생이라고 이해합니다. 예전부터 예언자 이사야는 '수난받는 하느님의 종' 이야기를 전해 주었는데, 예수님의 수난에서 바로 이 이야기가 그대로 실현되었음을 확인하게 된 것입니다.

"그는 우리의 병고를 메고 갔으며 우리의 고통을 짊어졌다. … 그러나 그가 찔린 것은 우리의 악행 때문이고 그가 으스러진 것은 우리의 죄악 때문이다. 우리의 평화를 위하여 그가 징벌을 받았고 그의 상처로 우리는 나았다. … 그가 자신을 속죄 제물로 내놓으면 그는 후손을 보며 오래 살고 그를 통하여 주님의 뜻이 이루어지리라."(이사 53,4-10)

그리고 그리스도인들은 수난받고 돌아가신 나자렛 예수님을 다시 살아나신 모습을 만남으로써, 다시 고향을 버리고 예루살렘으로 돌아가서 이 기쁜 소식을 전하기 시작한 제자들의 이야기를 믿고 따르면서, 오늘날까지 그분을 하느님의 아들로 믿게 된 것입니다.

예수님의 가르침

그분의 가르침은 제자들의 기억으로부터 성경이라는 문헌으로 전해지고 있습니다. 이는 마르코, 마태오, 루카, 요한 등의 4명 복음사가들에 의해 기록되어 있습니다. 그 핵심은 이렇습니다.

"'네 마음을 다하고 네 목숨을 다하고 네 정신을 다하여 주 너희 하느님을 사랑해야 한다.' 이것이 가장 크고 첫째가는 계명이다. 둘째도 이와 같다. '네 이웃을 너 자신처럼 사랑해야 한다.'는 것이다."(마태 22,37-39)

왜냐하면 하느님은 인간을 비롯한 온 세상을 창조하신 분이시고(마태 19,4-6 참조), 무엇보다도 우리를 사랑하시는 아버지이시기 때문입니다(루카 15,11-32 참조). 또한 이웃은 하느님을 우리 '아빠', 우리 '아버지'로 부르는 '형제'이자 '자매'이기 때문입니다(마태 6,9 참조). 이 부분은 구약의 십계명과 예수님께서 친히 가르쳐 주신 "주님의 기도"(마태 6,9-13)에 잘 요약되어 있습니다.

그분은 형제자매로 살아가는 법, 곧 이웃 사랑을 가르쳐 주셨습니다.

'자기 형제들과 화해하여라.'(마태 5,21-26 참조)
'간음하지 마라.'(마태 5,27-30 참조)
'아내를 버리지 마라.'(마태 5,31-32 참조)
"너희는 말할 때에 '예.' 할 것은 '예.' 하고, '아니요.' 할 것은 '아니요.'라고만 하여라."(마태 5,37)

한 걸음 더 나아가 원수조차 사랑하도록 가르치셨습니다.

"'네 이웃을 사랑해야 한다. 그리고 네 원수는 미워해야 한다.'고 이르신 말씀을 너희는 들었다. 그러나 나는 너희에게 말한다. 너희는 원수를 사랑하여라. 그리고 너희를 박해하는 자들을 위하여 기도하여라. 그래야 너희가 하늘에 계신 너희 아버지의 자녀가 될 수 있다. … 사실 너희가 자기를 사랑하는 이들만 사랑한다면 무슨 상을 받겠느냐? … 너희가 자기 형제들에게만 인사한다면, 너희가 남보다 잘하는 것이 무엇이겠느냐?"(마태 5,43-47)

"악인에게 맞서지 마라. 오히려 누가 네 오른뺨을 치거든 다른 뺨마저 돌려 대어라. … 달라는 자에게 주고 꾸려는 자를 물리치지 마라."(마태 5,39-42)

사랑은 그리스도교 가르침의 핵심입니다. 위로는 하느님 사랑이요, 횡으로서는 인간 사랑입니다. 이웃만이 아니라, 원수조차 사랑하는 일입니다.

경전

그리스도교의 경전은 구약 성경과 신약 성경으로 이루어져 있습니다. 가톨릭교회와 개신교는 구약 성경과 신약 성경의 권수가 다릅니다. 가톨릭교회는 구약 46권, 신약 27권으로 모두 73권이 됩니다. 개신교는 구약에서는 39권만 인정하고, 신약 27권으로 모두 66권만을 성경으로 인정합니다. 그 목록은 8번째 질문에서 이미 자세하게 다루었습니다.

이렇게 많은 글들이 한 권의 성경을 이루기 위해서 1천 년 이상의 세월과 많은 기록자들, 편집자들을 거쳐 왔습니다. 그리고 이 한 권의 성경에는 여러 장르의 문학 유형이 뒤섞여 있습니다. 시편은 시의 형식으로 쓰여 있고, 실록으로서 역대기와 열왕기를 볼 수 있습니다. 서간체의 바오로 서간을 비롯한 사도들의 편지들도 있습니다. 그러므로 우리는 장르에 맞추어 글을 읽어야 합니다. 신문 기사는 누가? 언제? 어디서? 무엇을? 어떻게? 왜? 등의 '6하원칙'에 따른 사실 보도로 읽어야 하고, 광고는 선전이라는 측면을 감안해서 읽어야 하듯이, 성경도 장르에 따라 시편은 시로서의 특성에 따라 읽어야 하고, 역대기는 왕조 실록의 역사서로 읽어야 하며, 아가서는 당시 대중가요의 가사라는 점을 감안해서 읽어야 합니다. 그러므로 성경을 글자 그대로 읽는 일은 가능하지 않습니다.

그리스도교 주요 교리

육화(肉化): 예수님은 하느님의 아드님이시며, 곧 하느님이 사람으로 태어나셨다는 교리입니다. 위로부터 내려오셨다는 의미에서 강생(降生)이라고도 합니다. 하느님이 사람을 사랑하셔서 사람이 되신 사건입니다. 사람들이 원하는 영원한 삶을 하느님처럼 하느님과 함께 살도록 하기 위해서 사람으로 태어나셨다는 것입니다. 인간은 비로소 하느님의 강생으로 말미암아 영원히 살고 싶은 꿈을 이룰 수 있게 되었다는 것입니다.

삼위일체: 하느님은 성부, 성자, 성령, 즉 삼 위로 계신다는 교리입니다. 하느님은 본질에 있어서는 한 분이시지만 위격으로는 세 분이시라는 뜻입니다. 하느님은 본질적으로 한 분이시지만, 역사적으로 인간이 하느님을 세 가지 모습으로 체험한 사실을 소화하려는 이론입니다. 이는 역사의 예수님에게서 체험한 신인이신 성자, 그분의 가르침에서 체험한 '아버지'로 불리는 성부, 예수님의 부활 승천 이후 교회가 체험한

성령을 설명해 줍니다. 하느님은 인간의 수학적인 논리와 이해를 넘어서는 초월적인 존재라는 사실을 암시해 주기도 합니다. 그러므로 바오로 사도는 교회에 보내는 편지에 자주 삼위일체의 하느님 이름으로 인사를 전하였습니다.

"주 예수 그리스도의 은총과 하느님의 사랑과 성령의 친교가 여러분 모두와 함께하기를 빕니다."(2코린 13,13)

유다교는 이 점을 부인합니다. 하느님은 한 분이실 뿐이며, 예수는 한낱 예언자들 중 한 분이시라는 것입니다. 이해하기 어렵지만 그래도 이 교리를 잘 설명한 것은 '아타나시오 신경'입니다.

"우리는 삼위 안에 한 분 하느님, 일치성 안에 삼위를 흠숭합니다. 위격들 간에 혼합도, 주체의 분리도 없으며, 성부의 한 위격, 성자의 한 위격, 성령의 한 위격이 존재합니다. 그러나 성부, 성자, 성령은 신성에 있어서 한 분이요, 같은 영광을 받으시며, 위엄에 있어서 같이 영원하십니다. 성부께서 존재하시듯이 그렇게 성자께서도 존재하시고, 성령께서도 그렇게 존재하십니다. 창조되지 않은 성부, 창조되지 않은 성자, 창조되지 않는 성령, 무한하신 성부, 무한하신 성자, 무한하신 성령, 영원하신 성부, 영원하신 성자, 영원하신 성령이십니다. 그러나 세 영원함이 있는 것이 아니라 하나의 영원함이 있습니다. 성부께서 전능하시듯이, 성자께서도 전능하시고, 성령께서도 전능하십니다. 그렇다고 세 전능이 있는 것이 아니라 하나의 전능이 있습니다. 성부께서도 하느님이시고, 성자께서도 하느님이시며, 성령께서도 하느님이십니다. 그렇다고 세 하느님이 아니라 한 분 하느님이 계십니다. 성부께서 주님이시듯이, 성자께서도 주님이시고, 성령께서도 주님이십니다. 그렇다고 세 주님이 계시는 것이 아니라, 한 분의 주님께서 계십니다. 성부께서는 어느 누구로부터도 유래하지 않으십니다. 창조되지도, 태어나지도 않으십니다. 성자께서는 오직 아버지로부터 만들어지시거나 창조되신 것이 아니라 오직 태어나셨습니다. 성령께서는 성부와 성자로부터, 조성되시거나 창조되시거나 태어나신 것이 아니라 발출되셨습니다. 한 분 아버지이시지 세 아버지가 아니십니다. 한 분 아들이시지 세 분의 아들들이 아니십니다. 한 분 성령이시지 세 분의 성령들이 아니십니다. 이 삼위 안에는 앞섬이나 뒤섬이나, 크거나 작음이 없습니다. 삼위 모두 같은 영원성, 같은 동등성을 지니십니다."(아타나시오 신경)

예수님의 십자가 죽음: 나자렛 예수의 십자가의 처형은 역사적 사실로 인정되고 있습니다. 하느님의 아들이요, 메시아인 그분이 십자가에 처형되었다는 사실은 유다교인들의 입장에서 보면 하나의 큰 스캔들이었습니다. 그러나 한편으로 이사야 예언서를 통해서 다른 사람들을 위하여 속죄의 수난과 죽음을 겪는 '야훼의 수난받는 종'의 이야기를 통해서 예수님의 수난과 죽음을 이해하게 됩니다. 죽음으로 모든 것이 끝났다면 그리스도교는 생겨나지 않았을 것입니다. 다음에 일어난 부활이라는 사건으로, 이제 인간의 죽음이 예수님의 죽음으로 극복되었다는 것입니다. 인간은 죽음을 넘어서도 희망할 수 있게 되었다는 것입니다. 그러므로 십자가는 그리스도교의 상징이 되었습니다. 바오로 사도는 말합니다.

"멸망할 사들에게는 십자가에 관한 말씀이 어리석은 것이지만, 구원을 받을 우리들에게는 하느님의 힘입니다. … 우리는 십자가에 못 박히신 그리스도를 선포합니다."(1코린 1,18-23)

예수님의 부활: 신약 성경이 전하는 핵심 사건입니다. 십자가에서 죽으셨지만 다시 살아 계신 예수님을 만남으로써 제자들은 예루살렘에 다시 모이게 되었고, 예수님이 전하고자 했던 복음을 전하고, 예수님이 펼쳤던 사업을 지속하게 됨으로써 교회가 이루어지게 되었습니다. 예수님의 부활은 단순히 그분의 부활로 끝나는 것이 아니라, 애시당초 하느님이 사람이 되신 목적으로서 하느님과 함께 하느님처럼 영원한 삶이 가능하다는 것을 보여 준 사건이라는 것입니다. 바오로 사도는 말합니다.

"죽은 이들의 부활이 없다면 그리스도께서도 되살아나지 않으셨을 것입니다. 그리스도께서 되살아나지 않으셨다면, 우리의 복음 선포도 헛되고 여러분의 믿음도 헛됩니다."(1코린 15,13-14)

동방 교회의 시작

콘스탄티누스 대제가 로마 제국의 수도를 로마에서 콘스탄티노플로 옮긴 후, 동 로마 제국의 콘스탄티노플이 제2로마가 되었고, 콘스탄티노플 주교는 교황 다음가는 권위를 누렸습니다. 이러한 정치적 영향으로 마침내 서방 교회는 로마 가톨릭교회로, 동방 교회는 정교회로 갈라졌습니다.

1054년 레오 11세 교황이 동방 교회의 수장인 콘스탄티노플 총대주교를 파문하는 정치적 사건이 터졌습니다. 동방 교회 총대주교는 교황을 비난함으로써 갈라지게 되었습니다. 그러한 정치적 사건에 빌미를 준 신경의 글귀가 있습니다. 니케아 신경에 나오는 라틴어 '필리오케 filioque'(아들과)입니다. 삼위일체 신앙에 있어서 '성령은 아버지와 아들로부터 나온다.'는 의미입니다. 동방 교회에서 성령은 성자와 마찬가지로 '성부로부터 나온다.'는 입장을 내세워 로마 가톨릭교회와 분열을 선언한 것입니다. 그러나 그 차이점은 아주 미미합니다. 이 분열은 정치적 입장에서 비롯되었지만, 늘 그렇듯이, 그것을 감추고 교의적인 입장에서 분열되었다는 점을 내세우려는 하나의 핑계일 뿐이라 여겨집니다.

오늘날 정교회 가운데서도 교황을 교회의 수장으로 인정하는 동방 교회들이 있습니다. 가령 라틴 예식을 따르는 예루살렘 총주교좌와 동방 예법 전례를 지키는 여덟 개의 총주교좌가 있습니다.

개신교(프로테스탄트)의 시작

가톨릭교회는 1517년 종교 개혁이라는 사건을 만나게 됩니다. 독일에서 루터의 '95개조 명제'와 소위 '면죄부[45] 사건'을 계기로, 츠빙글리, 칼뱅 등이 스위스를 중심으로 개혁 운동을 전개하였습니다. 프로테스탄트의 종교 개혁은 그리스도교의 단일성을 파괴하였으며, 더 나아가 그리스도교의 지역화를 이루게 되었습니다. 프랑스, 스페인, 이탈리아는 가톨릭교회가, 독일 북부와 스칸디나비아 반도는 루터교가, 영국에

---

45 면죄부(免罪符)란 죄의 용서와 특별한 은총을 받기 위해 고백성사와 더불어 수행해야 할 조건을 제시한 '조건부 대사'(條件符 大赦)를 잘못 이해한 용어.

서는 성공회기 국교로 자리 잡게 되었습니다. 물론 영국에는 소수이지만 가톨릭교회도 있습니다.

프로테스탄트 교회는 그 이후 루터교, 칼뱅교, 성공회, 장로교, 감리교, 침례교, 예수 재림교, 몰몬교, 퀘이커교, 유니타리안교 등 400여 종파로 분열되었습니다. 최근에도 '통일교', '하나님의 교회', '신천지 교회' 등 그 분열은 계속되고 있습니다. 프로테스탄트 교회에서는 그들을 이단으로 보지만, 그 갈래는 분명 프로테스탄트 교회에서 비롯됩니다.

가톨릭교회와 프로테스탄트 교회의 차이점

프로테스탄트 교회를 하나로 정의(定義)하기란 매우 어려운 일입니다. 각 종파마다 강조점이나 주장들이 너무 다양하기 때문입니다. 가톨릭교회에서 떠나 가톨릭교회를 반대하는 교회를 일반적으로 일컬어 프로테스탄트 교회라고 말합니다. 이들이 가톨릭교회과 견해를 달리하는 것들은 다음과 같습니다.

+ 프로테스탄트 교회는 교황의 수위권(首位權)을 인정하지 않습니다.
+ 프로테스탄트 교회는 성직자의 독신제(獨身制)를 거부합니다.
+ 가톨릭교회의 일곱 성사(聖事) 가운데 프로테스탄트 교회는 세례성사와 성체성사만을 인정합니다. 성체성사의 경우도 성체의 실체변화설(實體 變化說)을 거부하고 상징으로만 여깁니다.
+ 프로테스탄트 교회는 가톨릭교회의 성모님 공경을 반대합니다.
+ 프로테스탄트 교회는 성상(聖像)과 성화상(聖畫像)을 우상 숭배로 여깁니다.

✚ 프로테스탄트 교회는 연옥(煉獄) 교리를 거부합니다.
✚ 프로테스탄트 교회는 가톨릭교회가 성경으로 인정하는 것 가운데 7권(구약의 유딧서, 토빗기, 집회서, 바룩서, 마카베오서 상·하권)을 받아들이지 않습니다.
✚ 프로테스탄트 교회는 가톨릭교회와 달리 성경을 누구든지 자유롭게 해석할 수 있다고 주장합니다.
✚ 프로테스탄트 교회는 '성경'만을, 가톨릭교회는 '성경'과 '성전'을 모든 교회의 가르침의 원천으로 여깁니다.

이상의 차이점에 대해서 다음과 같이 설명드릴 수 있을 것입니다.

(1) 교황의 수위권

가톨릭교회는 베드로의 수위권은 대대로 계승되는 것으로 이해합니다. 이는 예수님이 베드로에게 하신 말씀에 그 근거를 두고 있습니다.

> "너는 베드로이다. 내가 이 반석 위에 내 교회를 세울 터인즉, 저승의 세력도 그것을 이기지 못할 것이다. 또 나는 너에게 하늘나라의 열쇠를 주겠다. 그러니 네가 무엇이든지 땅에서 매면 하늘에서도 매일 것이고, 네가 무엇이든지 땅에서 풀면 하늘에서도 풀릴 것이다."(마태 16,18-19)

분명 베드로의 수위권은 그에게만 국한된 것이 아닙니다. 교회가 지속되는 한 계속되는 그 무엇임을 암시해 줍니다. 무엇보다 교황의 수위권은 가톨릭교회가 하나임을 가장 잘 드러내 줍니다. 이에 비해 프로테스탄트 교회는 교황의 수위권을 인정하지 않는 만큼, 하나로 일치를 이루기 어려운 면이 있습니다.

(2) 성직자의 독신제

예수님이 일찍이 말씀하신 바 있습니다.

"사실 모태에서부터 고자로 태어난 이들도 있고, 사람들 손에 고자가 된 이들도 있으며, 하늘나라 때문에 스스로 고자가 된 이들도 있다."(마태 19,12)

사제가 독신으로 살아갈 때 독신제의 유익함에 대해서 바오로 사도는 이렇게 말했습니다.

"나는 여러분이 걱정 없이 살기를 바랍니다. 혼인하지 않은 남자는 어떻게 하면 주님을 기쁘게 해 드릴 수 있을까 하고 주님의 일을 걱정합니다. 그러나 혼인한 남자는 어떻게 하면 아내를 기쁘게 할 수 있을까 하고 세상일을 걱정합니다. 그래서 그는 마음이 갈라집니다."(1코린 7,32-34)

오늘날 우리 사회에서 프로테스탄트 교회의 세습과 상속이 문제를 일으키는 것도 프로테스탄트 교회 사목자들의 혼인으로 말미암아 걱정되는 '세상일'의 하나입니다. 무엇보다 가톨릭교회의 사제 독신제는 그리스도를 모범으로 오로지 하느님과 하느님 백성에게 전념하기 위한 까닭입니다.

(3) 가톨릭교회의 일곱 성사

가톨릭교회는 일곱 성사를 교리로 가르치고 있습니다. 사람들은 일반적으로 인생의 중요한 순간, 곧 탄생이나, 결혼 등을 축하하며 잔치를 베풉니다. 그처럼 인생의 중요한 순간마다 하느님께서는 특별한 은총을 베푸신다는 것을 일곱 성사로 설명합니다. 탄생을 세례성사(洗禮聖事)로, 성인식을 견진성사(堅振聖事)로, 우리의 삶을 위한 날마다의 식사를 성체성사(聖體聖事)로, 삶에서 빚어지는 죄의 회개와 용서를 고해성사(告解聖事)로, 결혼을 혼인성사(婚姻聖事)로, 사제직 수임을 신품성사(神品聖事)로, 병자들에 대한 치유와 위로를 병자성사(病者聖事)로 설명하며, 이때 베푸시는 하느님의 은총을 이야기합니다. 그러나 프로테스탄트 교회는 세례성사와 성체성사만 인정합니다. 그리고 성체성사도 실체변화(實體變化)가 아니라 하나의 상징(象徵)일 뿐이라고 말합니다.

✚ 세례성사는 그리스도인으로서의 탄생을 의미합니다. 하느님의 자녀가 되는 은총입니다. 세례식은 예수님의 세례에서 보듯이 하느님의 자녀로 태어나는 하느님의 축복된 예식입니다.

"이는 내가 사랑하는 아들, 내 마음에 드는 아들이다."(마태 3,17)

세례성사에 관한 성경의 근거는 다음과 같습니다.

"너희는 가서 모든 민족들을 제자로 삼아, 아버지와 아들과 성령의 이름으로 세례를 주고"(마태 28,19)

+ 견진성사는 성인식(成人式)에 견줄 수 있습니다. 견진은 주교의 안수와 기름 바름과 기도로써, 이미 영세한 신자가 성령을 받아 그 신앙의 견고함을 얻고 일생을 성실하게 살아갈 수 있는 은총을 받는 성사입니다. 견진성사에 관한 성경의 근거는 다음과 같습니다.

"예루살렘에 있는 사도들은 사마리아 사람들이 하느님의 말씀을 받아들였다는 소식을 듣고, 베드로와 요한을 그들에게 보냈다. 베드로와 요한은 내려가서 그들이 성령을 받도록 기도하였다. 그들이 주 예수님의 이름으로 세례를 받았을 뿐, 그들 가운데 아직 아무에게도 성령께서 내리지 않으셨기 때문이다. 그때에 사도들이 그들에게 안수하자 그들이 성령을 받았다."(사도 8,14-17)

+ 성체성사는 우리가 영원한 생명을 얻도록 희생 제물로 주신 그리스도의 몸과 피입니다. 우리가 이 세상을 살아가기 위해서 음식이 필요하듯이, 영원한 생명을 살기 위해서도 영적인 음식이 필요한 것입니다. 성체성사는 예수님의 다음과 같은 말씀에 근거합니다.

"나는 생명의 빵이다. 너희 조상들은 광야에서 만나를 먹고도 죽었다. 그러나 이 빵은 하늘에서 내려오는 것으로, 이 빵을 먹는 사람은 죽지 않는다. 나는 하늘에서 내려온 살아 있는 빵이다. 누구든지 이 빵을 먹으면 영원히 살 것이다. 내가 줄 빵은 세상에 생명을 주는 나의 살이다."(요한 6,48-51)

예수님은 마지막 만찬에서 제자들에게 이 성체성사를 남겨 주셨습니다. 그리고 가톨릭교회는 예수님의 말씀에 따라 미사에서 이 예식을 계속 거행하고 있습니다.

"그들이 음식을 먹고 있을 때에 예수님께서 빵을 들고 찬미를 드리신 다음, 그것을 떼어 제자들에게 주시며 말씀하셨다. '받아라. 이는 내 몸이다.' 또 잔을 들어 감사를 드리신 다음 제자들에게 주시니 모두 그것을 마셨다. 그때에 예수님께서 그들에게 이르셨다. '이는 많은 사람을 위하여 흘리는 내 계약의 피다.'"(마르 14,22-24)

프로테스탄트 교회는 이 성체성사를 받아들이지만, 예수님의 이 성체의 신비를 단순히 하나의 상징적 의미로 이해하고 있습니다. 만일 프로테스탄트 교회가 주장하듯이, 이것이 단지 상징적 의미만을 지닌다면, 예수님의 이 말씀을 유다인들이 이해할 수 있었을 것입니다. 그들이 이해하지 못했다는 것은 그들은 예수님의 이 말씀을 상징으로만 받아들이지 않았다는 것을 의미합니다.

"그러자 '저 사람이 어떻게 자기 살을 우리에게 먹으라고 줄 수 있단 말인가?' 하며, 유다인들 사이에 말다툼이 벌어졌다."(요한 6,52)

+ 고해성사는 죄를 용서받는 은총입니다. 죄를 용서하시는 분은 하느님이십니다. 예수님은 당신에게 죄를 사하시는 권한이 있음을 보여 주셨습니다.

"예수님께서 … 중풍병자에게 말씀하셨다. '애야, 용기를 내어라. 너는 죄를 용서받았다.' 그러자 율법 학자 몇 사람이 속으로 '이자가 하느님을 모독하는군.' 하고 생각하였다. 예수님께서 그들의 생각을 아시고 말씀하셨다. '너희는 어찌하여 마음속에 악한 생각을 품느냐? '너는 죄를 용서받았다.' 하고 말하는 것과 '일어나 걸어가라.' 하고 말하는 것 가운데에서 어느 쪽이 더 쉬우냐? 이제 사람의 아들이 땅에서 죄를 용서하는 권한을 가지고 있음을 너희가 알게 해 주겠다.' 그런 다음 중풍 병자에게 말씀하셨다. '일어나 네 평상을 가지고 집으로 돌아가거라.' 그러자 그는 일어나 집으로 갔다."(마태 9,2-7)

그리고 이런 죄 사함의 권한을 부활하신 예수님께서 교회, 곧 제자들에게 주셨습니다.

"예수님께서 오시어 가운데에 서시며, '평화가 너희와 함께!' 하고 그들에게 말씀하셨다. 이렇게 말씀하시고 나서 당신의 두 손과 옆구리를 그들에게 보여 주셨다. 제자들은 주님을 뵙고 기뻐하였다. 예수님께서 다시 그들에게 이르셨다. '평화가 너희와 함께! 아버지께서 나를 보내신 것처럼 나도 너희를 보낸다.' 이렇게 이르시고 나서 그들에게 숨을 불어넣으며 말씀하셨다. '성령을 받아라. 너희가 누구의 죄든지 용서해 주면 그가 용서를 받을 것이고, 그대로 두면 그대로 남아 있을 것이다.'"(요한 20,19-23)

가톨릭교회는 사제들에게 이런 사죄의 권한을 주면서 고해성사의 비밀을 철저하게 지킬 것을 명하고 있습니다. 교회법은 고해성사의 누설죄는 교황님께서만 사죄할 수 있는 중죄로 규정짓고 있습니다.

"1. 고해성사의 비밀 봉인은 불가침이다. 따라서 고해 사제는 말로나 다른 어떠한 방식으로도 그리고 어떤 이유로도 참회자를 조금도 발설하여서는 안 된다. 2. 통역자가 있으면 그도, 또한 고백에서 죄의 정보가 어떤 방식으로든지 알려진 그 밖의 다른 모든 이들도 비밀을 지킬 의무가 있다."(교회법 983조)

"1. 고해 사제가 고해성사의 비밀 봉인을 직접적으로 누설하면 사도좌에 유보된 자동 처벌의 파문 제재를 받는다. 간접적으로만 누설하면 범죄의 경중에 따라 처벌되어야 한다.
2. 제983조 제2항에 언급된 통역자와 그 밖의 다른 이들이 비밀을 누설하면 정당한 형벌로 처벌되어야 하고, 파문 제재도 제외되지 아니한다."(교회법 제 1388조)

✚ 신품성사는 하느님의 백성을 위해 미사와 성사와 기도로 봉사하는 사제직에 베푸시는 하느님의 은총입니다. 사제들은 주님으로부터 선택된 사람들입니다. 사제들은 사도로부터 그 권능을 전수받습니다. 그러므로 사제직은 사도로부터 계승되어 오늘에까지 이어 오고 있습니다.

"예수님께서 산에 올라가신 다음, 당신께서 원하시는 이들을 가까이 부르시니 그들이 그분께 나아왔다. 그분께서는 열둘을 세우시고 그들을 사도라 이름하셨다. 그들을 당신과 함께 지내게 하시고, 그들을 파견하시어 복음을 선포하게 하시며, 마귀들을 쫓아내는 권한을 가지게 하시려는 것이었다."(마르 3,13-15)

"너희가 나를 뽑은 것이 아니라 내가 너희를 뽑아 세웠다."(요한 15,16)

"그들은 믿음과 성령이 충만한 사람인 스테파노, 그리고 필리포스, 프로코로스, 니카노르, 티몬, 파르메나스, 또 유다교로 개종한 안티오키아 출신 니콜라오스를 뽑아, 사도들 앞에 세웠다. 사도들은 기도하고 그들에게 안수하였다."(사도 6,5-6)

+ 혼인성사는 하느님께서 남녀의 결합인 결혼을 축복하신다는 것입니다. 부부는 마치 그리스도께서 교회를 사랑하시듯이, 일생동안 서로 사랑하며 올바른 부부의 길을 성실히 지켜 나가야 합니다. 그러자면 주님의 특별한 은총을 받아야 합니다. 예수님은 결혼이란 하느님께서 제정하신 원초적인 제도임을 밝히고 있습니다.

"'너희는 읽어 보지 않았느냐? 창조주께서 처음부터 '그들을 남자와 여자로 만드시고' 나서, '그러므로 남자는 아버지와 어머니를 떠나 아내와 결합하여, 둘이 한 몸이 될 것이다.' 하고 이르셨다. … 그러므로 하느님께서 맺어 주신 것을 사람이 갈라놓아서는 안 된다.'"(마태 19,4-6)

+ 병자성사는 환자에게 베푸시는 하느님의 은총입니다. 사제가 위급한 환자에게 성유를 바르며 기도함으로써 병자는 영혼에 위안을 받고, 가끔 육신의 고통이 덜해지는 은혜를 받기도 합니다. 야고보 사도는 이 성사에 효능에 대해서 다음과 같이 말씀하신 바 있습니다.

"여러분 가운데 앓는 사람이 있습니까? 그런 사람은 교회의 원로들을 부르십시오. 원로들은 그를 위하여 기도하고, 주님의 이름으로 그에게 기름을 바르십시오. 그러면 믿음의 기도가 그 아픈 사람을 구원하고, 주님께서는 그를 일으켜 주실 것입니다. 또 그가 죄를 지었으면 용서를 받을 것입니다. 그러므로 서로 죄를 고백하고 서로 남을 위하여 기도하십시오. 그러면 여러분의 병이 낫게 될 것입니다. 의인의 간절한 기도는 큰 힘을 냅니다."(야고 5,14-16)

(4) 성모 마리아 공경

가톨릭교회는 예수님의 어머니 마리아를 공경합니다. 사람들은 위대한 인물의 어머니를 공경합니다. 율곡 선생님의 어머니 신사임당이나, 한석봉의 어머니, 또는 맹자의 어머니를 존경합니다. 그처럼 예수님의 어머니를 존경하는 일은 당연하다고 여깁니다. 그런데 프로테스탄트 교회는 마리아 공경을 우상 숭배라고 주장합니다. 마치 하느님의 흠숭을 가로채는 것인 듯 이야기합니다. 물론 가톨릭 신자들 가운데 성모님 공경을 하느님 흠숭과 혼동하고, 더 나아가 하느님보다 더 자비로운 분으로 여기는 사람들도 있습니다. 그렇기 때문에 가톨릭교회는 오래전부터 하느님에게는 흠숭의 예를 드리고(흠숭지례, 欽崇之禮), 성인들에게는 공경의 예(공경지례, 恭敬之禮)를 드리고, 성모 마리아에게는 특별한 공경의 예(상경지례, 上敬之禮)를 드리도록 규정하였습니다. 이를테면 하느님에게 드리는 예와 성인들에게 드리는 예를 구별한 것입니다. 즉, 하느님에게 드리는 기도와 성모 마리아와 성인들에게 드리는 기도는 다음과 같이 구별됩니다. 성모 마리아와 성인들에게 드리는 기도는 항상 '우리를 위하여 빌어 주소서'라는 말마디로 중재자로서의 입장을 분명하게 드러냅니다.

가톨릭교회가 성모 마리아를 공경하는 또 다른 이유는 성모 마리아야말로 하느님의 말씀에 순종한 전형적인 신앙인으로서 모든 그리스도인들이 본받아야 할 모범이기 때문입니다. 신앙인으로서의 성모님의 모범이 성경에 잘 드러나고 있습니다.

"보십시오, 저는 주님의 종입니다. 말씀하신 대로 저에게 이루어지기를 바랍니다."(루카 1,38)

성모 마리아가 약혼자 요셉과 상관없이 아이를 잉태한다는 것은 당시 관습으로 돌에 맞아 죽을 수도 있는 일이었습니다만, 성모님은 하느님의 말씀이기에 죽음을 각오하고 순종하기로 작정하였습니다. 이와 같은 행위에 대해서 엘리사벳은 극찬하고 있습니다.

"행복하십니다, 주님께서 하신 말씀이 이루어지리라고 믿으신 분!"(루카 1,45)

이와 같은 하느님의 말씀에 대한 순종을 예수님은 자주 극찬하셨습니다.

"누가 내 어머니이고 내 형제들이냐? … 하느님의 뜻을 실행하는 사람이 바로 내 형제요 누이요 어머니다."(마르 3,33-35)

무엇보다도 가브리엘 천사는 성모 마리아에게 하느님의 사신(使臣)으로서 특별한 인사를 전합니다.

"은총이 가득한 이여, 기뻐하여라. 주님께서 너와 함께 계시다."(루카 1,28)

그렇습니다. 그분은 은총이 가득하신 분이요, 여인 중에 가장 복된 분이라는 것을 성경이 명확하게 알려 주고 있습니다. 성모 마리아가 '은총이 가득한 분'이라는 것은 사람들의 평가가 아니라 하느님으로부터 천사를 통해서 전해지는 하느님의 계시(啓示)라는 점을 이해해야 할 것입니다.

(5) 성상과 성화상 공경

가톨릭교회는 십자가나 성상들, 그리고 성화들을 거룩한 것으로 취급합니다. 프로테스탄트 교회는 가톨릭교회의 이런 행위를 우상 숭배라고 여깁니다. 물론 가톨릭교회는 십자가를 예수님과 동일시하거나, 성상을 그 성상이 표현하는 인물과 동일시하지 않습니다. 그러나 아버지의 사진을 아버지처럼 소중하게 여기거나, 태극기를 대한민국을 상징하는 소중한 것으로 취급하듯이 성상 또한 소중하게 여기는 것입니다. 성상이나 성화상은 순수하게 영적이지 못한 인간들에게 영적인 존재들을 잘 드러내 주거나 생각하게 하는 역할을 하기 때문입니다. 가톨릭교회는 역사 안에서 성상과 성화상을 우상 숭배로 여겼던 사람들을 만난 적이 있습니다. 726년 레온 3세에 의해 비잔틴 제국에서 성화상 파괴주의가 일어났고, 성당의 많은 성상들이 파괴된 바 있습니다. 이에 대해 교회는 787년 제2차 니케아 공의회에서 성화상에 대해 다음과 같이 표명한 바 있습니다.

'성화상을 관조하는 이들도 그 그림의 원형을 회상하고 동경하기 위해

마음을 더욱더 드높이고, 그 원형에 정의의 존경 어린 공경을 드리게 된다. … 성화상을 공경하는 이는 그 안에 새겨진 분의 인격을 공경하는 것이다.'《신앙 편람》, 601항)

"우리는 … 거룩한 교부들의 가르침과 가톨릭교회의 전승에 따라서 … 귀중하고 생명을 주는 십자가상처럼 공경하는 성화상들을 — 그것이 물감, 모자이크 돌로 이루어진 것이든 아니면 다른 적당한 재료들로 이루어진 것이든 — 하느님의 거룩한 성당 안에, 성스러운 도구들과 의복들에, 벽들과 목판들에, 집들과 길거리에 장식할 것을 신중을 기하고 열의를 다하여 결정하였다. (이 결정은) 우리의 주님이시고 하느님이시며 구세주이신 예수 그리스도의 성화상, 죄에 물들지 않은 우리의 여왕이시요 거룩하신 하느님의 어머니의 성화상, 공경해야 할 천사들과 모든 성인들과 의인들의 성화상에 적용된다."《신앙 편람》, 600항)

(6) 연옥 교리

가톨릭교회는 사람들이 사후에 자신의 삶에 있어서의 공과(功過)에 따라, 천당에도 가고, 지옥에도 가며, 연옥에도 간다고 가르치고 있습니다. 이에 비해서 프로테스탄트 교회는 죽은 다음에는 천당에 가거나 지옥에 갈 뿐이라고 가르칩니다. 연옥의 실재를 거부하는 것입니다. 천국이란 많은 선행을 한 후 죽어서 하느님께 나아가 영원한 생명을 얻어 하느님과 함께하는 것을 뜻합니다. 그러나 과연 하느님이라는 분을 직접 만날 수 있을 만큼 죄 없고 선행의 공로가 큰 사람이 얼마나 될까요? 끔찍한 지옥에 갈 만큼 큰 죄를 지은 사람은 또 얼마나 될까요? 우리는 그것을 알지 못합니다. 굳이 그것을 알려 달라고 청할 필요도 없습니다. 다만 죽음 후 즉시 천당으로 직행할 만큼 착하지도 못하고, 그렇다고 지옥에 갈 만큼 악하지도 못한 자신을 비롯하여 많은 사람들은 죽은 다음 어떻게 될까요? 이들에게는 죽은 다음에도 여전히 정화되어야 할 과정이 남아 있다고 봅니다. 그런 의미에서 가톨릭교회는 순수 선(善)이신 하느님을 만날 수 있기 위해서는 순수하게 정화되어야 하는 과정으로서 연옥이 필요하다고 여기며 그 실재를 인정합니다. 그것은 분명히 고통의 과정일 것입니다. 불인지, 벌레인지 성경에 나오는 표현은 그것이 고통스러운 과정이라는 표현에 불과합니다. 마치 순수한 금을 얻기 위해서 용광로에서 제련되어야 한다는 것과 같은 비유적 표현입니다. 흔히들 불타는 곳이라고 설명하면서 어둡다고 말합니다. 이것은 모순입니다. 그처럼 고통스럽다는 것을 비유적으로 표현한 것입니다.

연옥을 믿지 않기 때문에 프로테스탄트 신자들은 죽은 이를 위해 기도하지 않습니다. 그러나 가톨릭교회는 죽은 이를 위해 기도합니다. 이를 연도(煉禱)라고 합니다. 왜냐하면 마치 예수님이 우리의 죄를 속죄하기 위해 대신 십자가의 죽음을 겪었듯이, 우리는 다른 사람을 위해 기도할 수 있고, 희생할 수 있기 때문입니다. 죽은 사람을 위해서도 그들을 대신하여 기도할 수 있고, 희생할 수 있습니다. 또한 하늘에 계신 성인들은 이 세상을 살아가는 우리를 위해서 하느님에게 기도드릴 수 있습니다. 그러므로 가톨릭교회 신자들은 성인들에게 우리를 위해 빌어 달라고 청합니다. 이를 '성인들의 통공(通功)'이라고 합니다. 이렇게 하느님과 함께 계시는 성인들은 우리를 위해 기도할 수 있고, 이 세상에 살아 있는 우리는 죽은 자들을 위해 기도할 수 있습니다. 왜냐하면 우리는 하느님께 기도드리는 것이고, 하느님은 살아 있는 우리에게나, 죽은 자에게나 당신의 팔의 힘을 뻗칠 수 있는 분이시기 때문입니다. 가톨릭교회에서 죽은 자들을 위한 미사나 기도는 죽은 자들을 위한 것입니다. 반면에 프로테스탄트 교회의 장례 예절은 살아 있는 미망인들을 위한 위로에 불과할 뿐입니다.

(7) 성경의 정경 목록

이 부분은 이미 8번째 질문에 대한 답변에서 언급한 바 있습니다. 오랫동안 토빗기, 유딧기, 지혜서, 집회서, 마카베오 상·하권, 히브리인들에게 보낸 서간, 베드로의 둘째 서간, 야고보 서간, 요한의 둘째, 셋째 서간, 유다 서간, 요한 묵시록, 다니엘서의 특정 부분을 정경으로 받아들일 것인지에 대한 의문이 여러 차례 있었습니다. 그러나 마침내 트리엔트 공의회(제3회기, 1546년 2월 4일)에서 이들 모두 성경으로 받아들인다고 천명하였습니다(《신앙 편람》, 1501-1503항 참조). 왜냐하면 대중 라틴말 성경 고전본에 실려 있었으며, 가톨릭교회 안에서 읽혀 왔기 때문입니다.

"이 오래된 대중 라틴말 성경은 여러 세기를 거쳐 교회에서 오랫동안 사용하며 인정해 왔던 것으로, 공적 독서, 토론, 설교와 주석에서 진정성 있는 것으로 여겨야 하며, 어느 누구도 감히 다른 구실을 내세워 대담하게 대중 라틴말 성경을 배척해서는 안 된다."(《신앙 편람》, 1506항)

그러나 프로테스탄트 교회는 앞서 보았던 구약의 7권을 성경으로 인정하지 않았습니다. 히브리어 성경에 없다는 이유 때문입니다.

(8) 성경의 해석

가톨릭교회는 성경의 참된 의미와 해석을 결정한 권한은 교회에 있다고 주장합니다. 왜냐하면 자칫 그 의미를 거슬러 왜곡할 수 있기 때문입니다. 물론 성경을 읽는 사람들에 따라 감동을 주는 구절들은 다를 수 있습니다. 그러나 각자가 느끼는 대로가 다른 모든 사람들에게 적용되는 참된 의미와 보편적인 해석일 수는 없습니다.

"본 공의회는 다음과 같이 결정하는 바이다. 어느 누구도 그리스도교 교리의 체계에 속하는 한, 신앙과 도덕에 관한 문제에서 자신의 전문 지식에 의지하면서, 성경을 자신의 견해에 따라 왜곡해서는 안 되며, 성경의 참된 의미와 해석을 결정할 권한을 가진 거룩한 어머니인 교회가 간직하며 고수해 온 그 의미를 거슬러 바로 이 성경을 왜곡해서는 안 되고, 교부들의 일치된 합의를 거슬러 성경을 감히 해석해서도 안 된다. 비록 이 해석이 어느 시대에도 출판을 위해 정해진 바가 없다고 할지라도 말이다."《신앙 편람》, 1507항)

무엇보다 성경은 자구적 의미와 더불어 영성적 의미, 도덕적 의미, 우의적 의미를 지니고 있기 때문입니다.

《가톨릭 교회 교리서》는 이러한 점을 중세로부터 전해지는 시를 통하여 압축하여 표현하고 있습니다.

"글자는 행한 것을 가르치고, 우의는 믿을 것을 가르치며, 도덕은 행할 것을 가르치고, 신비는 향할 것을 가르친다."《가톨릭 교회 교리서》, 118항)

프로테스탄트 교회는 가톨릭교회의 이런 입장을 거부하고 성경을 누구나 각자가 해석할 수 있다고 주장합니다. 그러므로 성경을 읽고 각자가 결정한 중요성에 따라, 안식일 중요하게 여긴 사람들은 '안식일교', 침례를 중요하게 여긴 사람들은 '침례교', 장로들을 중요하게 여긴 사람들은 '장로교'를 세울 수밖에 없었습니다. 그러므로 프로테스탄트 교회가 수많은 종파로 분열된 것은 당연한 결과라고 아니할 수 없습니다.

(9) 성경과 성전(聖傳)

프로테스탄트 교회는 '성경만'으로 모든 교회의 가르침의 원천으로 삼고 있습니다만, 가톨릭교회는 성경과 더불어 전승, 곧 성전을 중요한 원천으로 삼습니다. 왜냐하면 전승이 성경을 낳고, 전승이 성경을 보존하기 때문입니다. 예컨대 예수님의 말씀과 그분에 관한 사건들을 전해 준 '사도들의 가르침'이 성경에 덧붙여집니다(사도 2,42 참조). 사도들의 서간과 다른 사도들이나 지도자들의 서간들은 처음에는 그 서간의 수신자였던 교회들 안에서 봉독되었고(1테살 5,27 참조), 다음에는 다른 교회에도 전해지고(콜로 4,16 참조), 다른 때에도 봉독할 수 있도록 보존되다가 결국 성경으로 받아들여져(2베드 3,15-16 참조) 복음서에 결합되었습니다. 이처럼 신약의 정경 목록들은 사도 전승의 품 안에서 점차 형성되었습니다. 그러므로 제2차 바티칸 공의회는 성경과 성전에 관하여 그 관계를 다음과 같이 천명합니다.

"사도들에게서 이어 오는 이 성전은 성령의 도우심으로 교회 안에서 발전한다. … 성전으로 교회는 성경의 온전한 정경을 인식하게 되었고 또한 성전으로 성경은 한결 더 깊이 이해되고 교회 안에서 그 힘을 발휘하

게 되었다."(〈계시 헌장〉, 8항)

"그러므로 성전과 성경은 긴밀히 연결되고 또 상통한다. 이 둘은 동일한 신적 원천에서 솟아 나와 어떤 방식으로든 하나를 이루며 같은 목적을 지향하고 있기 때문이다. … 따라서 교회는 오로지 성경으로만 모든 계시 진리에 대한 확실성에 이르게 되는 것은 아니다. 이런 이유로 이 둘을 똑같이 경건한 애정과 존경으로써 받아들이고 공경해야 한다."(〈계시 헌장〉, 9항)

"성전과 성경은 교회에 맡겨진 하느님 말씀의 유일한 성스러운 유산을 형성한다."(〈계시 헌장〉, 10항)

질문
12

천주교를 믿지 않고는
천국에 갈 수 없는가?
무종교인, 무신론자, 타 종교인 중에도
착한 사람이 많은데, 이들은 죽어서
어디로 가는가?

인간이
같은 인간에게

천국(天國)이란 '하늘나라'의 한자 번역어입니다. '하늘나라'는 예수님의 '하느님 나라'의 또 다른 표현입니다. 하느님의 이름을 함부로 부르기를 어려워하는 유다인들은 '하느님 나라'를 '하늘나라'로 표현하였습니다. 특별히 마태오 복음사가의 경우가 그렇습니다. '하느님 나라'란 마치 하느님이 왕처럼 다스리며, 자신의 뜻을 펼치는 곳입니다. 그 '하느님 나라'에 들어가는 것은 하느님이 허락하지 않으면 가능하지 않습니다. 하느님을 사랑하지 않고서는 하느님 나라에 들어가는 것이 가능하지 않아 보입니다. 더욱이 성경은 "하느님은 사랑"(1요한 4,8)이실 뿐만 아니라, 사랑은 하느님에게서 오는 것이며, 사랑하는 사람은 하느님을 안다(1요한 4,7 참조)고 말하고 있기 때문입니다. 그러므로 '천국에 들어가는 일'은 철저하게 하느님의 권한에 속한 것이고, 사랑이 그것을 가능하게 하는 셈입니다. '천국에 들어가는 일'을 또 다른 표현으로 '구원을 받는 것'이라고 말합니다. 그러니까 천국은 영원한 생명, 행복, 에덴, 그리고 현대의 심리학에서 말하는 자아실현, 자아 완성 등과 마찬가지로 구원의 또 다른 표현입니다.

한때 교회가 '교회 밖에서는 구원이 없다.'라는 가르침을 주장한 바 있습니다. 그러니까 교회에 다니지 않으면 천국에 들어갈 수 없다는 이야기입니다. 그러나 그 주장은 곧 철회되었습니다. 제2차 바티칸 공의회 문헌 〈비그리스도교 선언〉[46]은 '비록 가톨릭교회에서 주장하고 가르치는 것과는 여러 가지로 다르더라도, 다른 종교에서 발견되는 옳고 거룩한 것은 아무것도 배척하지 않는다.'(《비그리스도교 선언》, 2항 참조)는 점을 분명히 합니다. 그리고 〈교회 헌장〉[47]에서는 그리스도교 신자가 아니어도 구원이 가능하다는 것을 언급하고 있습니다.

"자기 탓 없이 그리스도의 복음과 그분의 교회를 모르지만 진실한 마음으로 하느님을 찾고 양심의 명령을 통하여 알게 된 하느님의 뜻을 은총의 영향 아래에서 실천하려고 노력하는 사람은 영원한 구원을 얻을 수 있다."(《교회 헌장》, 16항)

한 걸음 나아가 '몸은 교회 안에 있지만, 마음은 밖에 있는 사람도 있고, 몸은 교회 밖에 있지만 마음은 안에 있는 사람도 있다.'라는 아우구스티노 성인의 말을 되새기면, 비록 그리스도인일지라도 구원에서 제외될 수 있음을 알 수 있습니다. 〈교회 헌장〉은 그 점을 확인하면서 다음과 같이 언급하고 있습니다.

"교회에 합체되더라도 사랑 안에 머무르지 못하고 교회의 품 안에 '마음'

---

46 김남수 옮김, 〈비그리스도교 선언〉, 《제2차 바티칸 공의회 문헌》, 한국천주교중앙협의회, 1967, 1203-1215쪽 참조.
47 김남수 옮김, 〈교회 헌장〉, 《제2차 바티칸 공의회 문헌》, 한국천주교중앙협의회, 1967, 129-329쪽.

이 아니라 '몸'만 남아 있는 사람은 구원받지 못한다."(〈교회 헌장〉, 14항)

교회의 설립자이신 예수님이 선포한 천국, 곧 '하느님 나라'는 이스라엘만이 그 대상이 아니었습니다. 이방인에게도 개방되어 있었습니다.

"내가 너희에게 말한다. 많은 사람이 동쪽과 서쪽에서 모여 와, 하늘나라에서 아브라함과 이사악과 야곱과 함께 잔칫상에 자리 잡을 것이다. 그러나 하느님 나라의 상속자들은 바깥 어둠 속으로 쫓겨나, 거기에서 울며 이를 갈 것이다."(마태 8,11-12)

여기서 '많은 사람'은 이 나라 백성인 유다인들과 구별되는 이방인들을 포함합니다. '하느님 나라'가 일차적으로 이스라엘을 대상으로 하고 있지만 모든 민족이 그 대상에서 배제되지 않습니다. 예수님에게 이방인에 대한 개방성이 없었다고 한다면, 훗날 이방인 선교라 엄두조차 내지 못할 일이었을 것이었습니다. 〈교회 헌장〉은 유다인과 이슬람교도들은 물론 무신론자라고 불리는 사람들에게도 하느님의 구원이 개방되어 있음을 분명하게 밝히고 있습니다.

"끝으로, 복음을 아직 받아들이지 않은 사람들도 여러 가지 이유로 하느님의 백성과 관련되어 있다. 먼저, 계약과 약속이 주어졌던 저 백성이 참으로 그렇다. … 구원 계획은 창조주를 알아 모시는 사람들을 다 포함하며, 그 가운데에는 특히 무슬림도 있다. 그들은 아브라함의 신앙을 간직하고 있다고 고백하며, 마지막 날에 사람들을 심판하실 자비로우시고 유일하신 하느님을 우리와 함께 흠숭하고 있다. 어둠과 그림자 속에서

미지의 신을 찾고 있는 저 사람들에게서도 하느님께서는 결코 멀리 계시지 않으신다. 하느님께서 모든 사람에게 생명과 호흡과 모든 것을 주시고(사도 17,25-28 참조), 구세주께서 모든 사람이 구원받게 되기를 바라시기 때문이다(1티모 2,4 참조). 사실, 자기 탓 없이 그리스도의 복음과 그분의 교회를 모르지만 진실한 마음으로 하느님을 찾고 양심의 명령을 통하여 알게 된 하느님의 뜻을 은총의 영향 아래에서 실천하려고 노력하는 사람은 영원한 구원을 얻을 수 있다."(〈교회 헌장〉, 16항)

바오로 6세 교황의 회칙 〈현대의 복음 선교〉[48]는 공의회의 개방적 자세를 더욱 진전시키고 있습니다. 여기서는 대중 신심에 대해서도 그 가치를 인정하고 있습니다.

"대중 신심은 순박하고 가난한 사람들만이 알아볼 수 있는 하느님에 대한 갈망을 표현하고 있습니다. 대중 신심은 신자들에게 신앙을 위해서라면 아낌없이 영웅적인 희생도 할 수 있게 합니다. 그리고 대중 신심에서는 하느님의 부성, 섭리, 사랑, 항구한 현존 등 하느님의 심오한 속성에 대한 예리한 인식을 볼 수 있을 뿐만 아니라, 다른 데에서는 보기 드문 인내, 일상생활에서 십자가의 의미, 초연함, 다른 이들에게 열려 있는 태도, 신심과 같은 내적 자세도 볼 수 있습니다. … 올바른 길로 제대로만 이끌어진다면, 대중 신심은 수많은 우리 신자가 예수 그리스도 안에서 더욱더 하느님과 참되게 만날 수 있게 해 줄 것입니다."(〈현대의 복음 선교〉, 48항)

---

[48] 바오로 6세 교황, 〈현대의 복음 선교〉, 《신앙 편람》, 1168-1171쪽.

이와 같은 세상에 대한 교회의 새로운 이해는 교회의 본질을 수정한 것이 아닙니다. 오히려 하느님의 보편 구원 의지와 예수 그리스도께서 보여 주신 세상에 대한 개방성에 대한 재인식이요, 하느님과 세상의 친교와 일치를 목표와 사명으로 하는 교회 본질에 대한 재인식입니다.

일찍이 사람들은 '착하면 천당 간다', '악하게 살면 지옥에 간다'는 말을 했습니다. 그러나 엄격하게 말해서 천당은 착하게 산 것에 대한 대가로 입장하는 곳은 아닙니다. 물론 착하게 산 것에 대해 그만큼 상을 받고, 악하게 산 것만큼 벌을 받는다는 '상선벌악'(賞善罰惡)의 원칙은 믿을 만한 것입니다. 그러나 인간이 착하게 산 것에 대한 대가가 천국이라는 것은 받아들이기 어렵습니다. 왜냐하면 천국은 우리가 착하게 산 것에 대해서는 너무나 큰 상급이기 때문입니다. 불교에서는 윤회설을 통해서 극락에 가기 위해서는 수도 없는 삶을 반복하여 살면서 선업을 쌓고 쌓아야 한다는 것을 가르칩니다. 한 생의 선업으로서는 가능하지 않다고 여기기 때문입니다. 그럼에도 그리스도교에서는 짧은 한 생의 삶을 통해서도 그렇게 엄청난 상급과도 같은 천국에 들어가는 것이 가능한 것은 철저하게 하느님의 자비에 의해서라는 것입니다. 하느님께서는 신앙이라는 응답을 통해서 당신의 자비를 베풀어 주시기로 약속하셨다는 것입니다.

그러므로 이미 언급한 바이지만, 신앙, 곧 믿음은 사랑과 더불어 하느님께서 베푸시는 은총을 받을 수 있는 또 하나의 '손'이라 할 수 있습니다. 하느님께서 주시는 구원이 믿음으로 가능하기 때문입니다. 바오로 사도는 이를 명확하게 말합니다.

"마음으로 믿어 의로움을 얻고, 입으로 고백하여 구원을 얻습니다."(로마

10,10)

예수님은 믿음으로 구원을 보장해 주셨습니다. 예수님은 "네 믿음이 너를 구원하였다."라는 말씀을 수차례 거듭하셨습니다. 12년간 혈루증을 앓는 여자를 고쳐 주시며 이렇게 말씀하셨습니다. "딸아, 용기를 내어라. 네 믿음이 너를 구하였다."(마태 9,22) 예리고의 소경을 고쳐 주시면서도 말씀하셨습니다. "가거라. 네 믿음이 너를 구원하였다."(마르 10,52) 당신의 발을 씻겨 준 죄 많은 여인을 용서하면서도 같은 말씀을 하셨습니다. "네 믿음이 너를 구원하였다. 평안히 가거라."(루카 7,50) 열 명의 나병 환자 가운데 돌아와 감사드리는 이방인 나환자에게 말씀하셨습니다. "일어나 가거라. 네 믿음이 너를 구원하였다."(루카 17,19) 하느님의 은총, 곧 구원에 응답하는 유일한 방법이 바로 믿음, 곧 신앙인 셈입니다.

결국 구원을 얻기 위한 조건으로 하느님께서는 믿음을 제안하신 것입니다. 왜냐하면 믿음이야말로 가장 공평하기 때문입니다. 만일, 하느님께서 잘생긴 순서로 구원한다면 불공평하기 짝이 없는 일입니다. 태어나면서부터 정해진 것이기 때문입니다. 만일 똑똑한 순서로 하느님 나라에 입장시킨다고 해도 불공평합니다. 어떤 사람은 태어나면서부터 높은 아이큐를 가지고 천재로 태어나고, 또 어떤 사람은 두 자리 숫자의 아이큐를 가지고 태어나기 때문입니다. 건강한 순으로 영원한 생명을 주신다고 해도 역시 불공평합니다. 어떤 사람은 건강하게 태어나고 또 어떤 사람은 병약하게 태어나기 때문입니다. 그러나 믿음은 누구에게나 공평합니다. 잘생긴 사람이나 못생긴 사람이나, 남자나 여자나, 많이 배운 사람이나 적게 배운 사람이나 모두에게 공평하기 때문입니다.

믿음이 얼마나 공평한지 우리나라 순교 성인 성녀들을 보면 드리납니다. 특히 103위 성인전을 보면 분명하게 알 수 있습니다. 순교 성인이 되는 데에는 남녀노소의 차이도, 빈부귀천의 신분 차이도 없습니다. 성직자, 평신도의 구분도 없었습니다. 13세의 유대철 베드로라는 소년에서부터 66세의 허계임 막달레나 할머니까지 다양한 연령의 성인들이 있습니다. 정약종처럼 대학자가 있었는가 하면, 언문도 제대로 깨치지 못한 할머니들이 허다했습니다. 남종삼 요한처럼 고위 관리가 있었는가 하면 정철염 카타리나처럼 하녀 신분의 순교자도 있었습니다. 프랑스의 다블뤼 안토니오 주교님이 계신가 하면, 조신철 카를로와 같은 복사 출신, 권득인 베드로와 같은 성물공도 있었습니다. 동정녀, 과부, 궁녀가 있었는가 하면, 악기공, 성물공, 군인, 상인, 역관, 직업도 다양했습니다. 하느님을 믿는 신앙에서 성직자, 평신도 모두가 평등하였습니다. 많이 배우고 적게 배운 것이 상관없었습니다. 남녀의 구별도 없었고, 신분의 귀천도 가리지 않습니다. 하느님 앞에서 모두 동등한 하느님의 자녀라는 생각으로 함께 모였고, 함께 기도하였던 우리나라 초대 교회 신자들이었습니다.

믿음이라는 조건은 그리스도교 신자가 아닌 사람들에게도 여전히 해당된다는 사실을 성경에 등장하는 백부장에게서 볼 수 있습니다.

"주님, 저는 주님을 제 지붕 아래로 모실 자격이 없습니다. 그저 한 말씀만 해 주십시오. 그러면 제 종이 나을 것입니다."(마태 8,8)

가톨릭 신자들이 영성체 전에 항상 고백하는 이 구절은 바로 이방인이었던 백부장이 예수님에게 했던 신앙 고백입니다. 이를 들은 예수님은 놀라운 말씀을 하십니다.

"나는 이스라엘의 그 누구에게서도 이런 믿음을 본 일이 없다."(마태 8,10)

이와 같은 백부장의 믿음과 그에 대한 칭찬은 당시 믿음의 백성이었던 이스라엘 백성들에게 부끄러움을 느끼게 했을 것입니다. 그러면 우리 그리스도 신앙인들은 어떨까요?

하느님이 주시는 '천국'을 얻을 수 있는 또 하나의 손이 있다면 '사랑'일 것입니다. 예수님이 제자들에게 들려주셨던 '하느님 나라에 들어가기 위해서 이루어지는 최후 심판에 관한 이야기'가 있습니다.

"사람의 아들이 영광에 싸여 모든 천사와 함께 오면, 자기의 영광스러운 옥좌에 앉을 것이다. 그리고 모든 민족들이 사람의 아들 앞으로 모일 터인데, 그는 목자가 양과 염소를 가르듯이 그들을 가를 것이다. 그렇게 하여 양들은 자기 오른쪽에, 염소들은 왼쪽에 세울 것이다. 그때에 임금이 자기 오른쪽에 있는 이들에게 이렇게 말할 것이다. '내 아버지께 복을 받은 이들아, 와서, 세상 창조 때부터 너희를 위하여 준비된 나라를 차지하여라. 너희는 내가 굶주렸을 때에 먹을 것을 주었고, 내가 목말랐을 때에 마실 것을 주었으며, 내가 나그네였을 때에 따뜻이 맞아들였다. 또 내가 헐벗었을 때에 입을 것을 주었고, 내가 병들었을 때에 돌보아 주었으며, 내가 감옥에 있을 때에 찾아 주었다."(마태 25,31-46)

천국에 들어갈 수 있는 것과 그렇지 못한 것의 기준은 바로 사랑의 행위입니다. 그러므로 사랑은 그리스도교의 가장 큰 계명입니다. 사랑은 위대합니다. 바오로 사도는 말합니다.

"믿음과 희망과 사랑 이 세 가지는 계속됩니다. 그 가운데에서 으뜸은 사랑입니다."(1코린 13,13)

사랑이 없이는 모든 것은 물거품입니다. 이 세상에 사랑이 빠져 있다고 합시다. 우리들 삶에 무슨 의미가 있습니까? 하느님 나라로 가는 길로서 십계명의 가장 근본 정신은 사랑입니다. 전반부 세 가지는 하느님 사랑에 관한 것이요, 나머지 일곱 가지는 인간 사랑에 관한 것입니다. 십계명은 하느님의 사랑 안에 머물 수 있는 보호 장치입니다. 법이란 사람들로 하여금 불편하고 귀찮게 하기 위해서가 아니라 가장 편리하게 살아가고자 만드는 것입니다. 예를 들어 교통법을 봅시다. 신호등이 없다고 하면 길 한 번 건너는 일이 얼마나 힘들고 위험한지 모릅니다. 신호등이 그런 위험과 노고를 막아 줍니다. 계명도 그렇습니다. 사람들을 귀찮게 하기 위해서가 아니라, 안전하고 편리하게 하기 위한 것입니다. 가장 편하게 사는 것은 법을 지키며 살아가는 것입니다. 우리가 계명이나 법을 어겼을 때, 얼마나 불편한지 충분히 느끼고 있습니다.

사랑이 가장 어리석어 보이지만 사랑의 행위는 가장 위대합니다. 비록 시간이 걸릴지는 모르지만 가장 진실되게 일이 이루어지기 때문입니다. 그러므로 하느님의 지혜로운 방법은 사랑의 방법입니다. 곧 하느님의 지혜는 사랑의 지혜이며, 하느님의 힘은 사랑의 힘입니다. 프랑수아 바리용(Francois Varillon) 신부는 아주 웅변적으로 하느님의 힘에 대해서 말한 바 있습니다.

"하느님은 전지전능하신가? 아니, 하느님은 사랑이실 뿐이다. 내게 그분이 전능하시다고 말하지 마라. 하느님은 무한하신가? 아니 하느님은 사랑이실 뿐이다. 내게 다른 말을 하지 마라. 당신이 내게 묻는 모든 질문에 대하여 나는 이렇게 대답할 것이다. '아니, 하느님은 사랑이실 뿐이다.' 하느님이 전능하시다고 말하는 것은 지배나 파괴로 행사될 수도 있는 힘을 배경막처럼 둘러놓은 일이 된다. 파괴하는 데 강력한 힘들도 있는 것이다. 6백만 명을 학살한 히틀러에게 가서 물어 보라. 많은 그리스도교인들이 하느님에 이러한 전능함을 배경처럼 치장시킨 뒤에 이렇게 덧붙인다. '하느님은 사랑이시다.' 이는 틀린 말이다. 하느님의 전능함은 사랑의 전능함이다. 바로 사랑이 전능한 것이다. 사람들은 때로 하느님이 무엇이든 하실 수 있다고 말한다. 그렇지 않다. 하느님은 무엇이든지 하실 수 있는 것이 아니라 사랑이 할 수 있는 것만을 하실 수 있다. 그분은 사랑이시기 때문이다"《흔들리지 않는 신앙》[49], 39-40쪽)

사랑이야말로 가장 큰 계명일 뿐만 아니라, 사랑이야말로 어떤 일을 성취하는 데 가장 확실한 지혜로운 방법이요, 가장 힘 있는 방법입니다. 찰스 디킨스는 '가장 진실한 지혜는 사랑하는 마음'이라 했습니다. 시간이 걸려도 가장 빠른 방법이고, 인내가 필요하긴 해도 가장 확실한 방법이기 때문입니다. 천국에 가는 데에도 마찬가지입니다.

아직 이병철 회장의 질문이 더 남아 있습니다. 그렇다면 "무종교인, 무신론자, 타 종교인 중에도 착한 사람이 많은데, 이들은 죽어서 어디로 가는가?"

---

[49] 프랑수아 바리용, 심민화 옮김, 《흔들리지 않는 신앙》, 생활성서, 2014.

솔직하게 우리는 알 수 없습니다. 천국은 하느님의 권한에 속한 것이기 때문입니다. 다만 우리는 예수님의 말씀에 따라 세례를 받고 주님을 믿음으로써 천국에 갈 수 있다는 것을 알게 되었고, 그것을 믿고 있을 따름입니다. 이스라엘 사람들은 자신들만 아브라함의 자손으로 여기고 하느님은 그들만의 하느님으로 여겼습니다. 그러므로 자신들만 구원받을 것이라 생각했습니다. 그러나 기원전 8세기경의 예언자들은 하느님을 이스라엘만의 하느님이 아니라 모든 민족들의 하느님이시라는 것을 외쳤습니다. 아모스 예언자는 하느님은 필리스티아인들에게도 아람인들에게도 여전히 하느님이시라는 것을 강조하였습니다.

"이스라엘 자손들아, 너희는 나에게 에티오피아 사람들과 똑같지 않으냐? 주님의 말씀이다. 내가 이스라엘을 이집트 땅에서 데리고 올라왔듯이 필리스티아인들도 캅토르에서, 아람도 키르에서 데리고 올라오지 않았느냐?"(아모 9,7)

그렇습니다, 하느님은 천주교인들만의 하느님이 아니십니다. 모든 사람들의 하느님이십니다. 그러므로 천국은 모든 사람들에게 열려 있습니다. 물론 하느님은 정의로우신 분이시고, 또한 사랑이신 분이시기 때문에, 착하게 살면 착한 만큼 상급을 받고, 악하게 살면 악하게 산 만큼 벌을 받는다는 것을 믿습니다. 그러므로 예수님은 강조하셨습니다.

"남을 심판하지 마라. 그래야 너희도 심판받지 않는다. 너희가 심판하는 그대로 너희도 심판받고, 너희가 되질하는 바로 그 되로 너희도 받을 것이다."(마태 7,1-2)

저는 하느님께서는 공정하신 분이시라고 믿습니다. 죄를 지은 만큼 아파해야 하고, 선을 행한 만큼 기쁨을 누리게 되어 있다고 믿습니다. 마치 언덕길을 오르면 다음에 내리막길이 있고, 또 내리막길을 달린 사람은 반드시 오르막길을 오르도록 되어 있듯이 말입니다. 남을 해코지 했으면 그만큼 해코지를 당하게 되어 있다고 믿습니다. 남을 이간시켰으면 반드시 그도 다른 사람에 의해 이간질을 당하게 되어 있고, 남에게 선을 베풀었으면 그도 다른 사람에 의해 자비를 입게 되어 있다고 믿습니다. 그것이 이 세상에서 이루어지지 않으면 저세상에서 이루어지게 되어 있다고 믿습니다. 내가 믿는 하느님은 정의의 하느님이시고, 사랑의 하느님이시기 때문입니다. 사랑의 하느님이 어째서 잘못한 것을 용서하시지 않고 그 값을 치르게 하실까? 의아할 것입니다. 사랑은 잘못한 것을 아무것도 하지 않은 것처럼 넘어가는 것이 아니라고 봅니다. 그것은 버릇만 나쁘게 만들 뿐입니다. 우리는 예수님의 강생과 수난과 죽음과 부활을 통해서 배웁니다. 하느님은 반드시 그 잘못을 다른 사람에 의해 대속해서라도 죄값을 치르고 용서하여 주십니다. 나는 내가 잘못한 것을 이 세상에서 치르고 가고 싶습니다. 저세상에서는 내 의지대로 속죄할 수 없기 때문입니다. 주어진 대가를 치러야 할 뿐이기 때문입니다.

거듭 말하지만, '착한 사람'은 반드시 '천국'에 가야 한다는 말은 문제가 있습니다. 우리는 가정해 볼 수 있습니다. 아주 착한 사람이 있다고 가정합시다. 아주 어려서부터 죽는 날까지 억울할 정도로 착하게 살았다고 합시다. 그가 받아야 할 보상은 매우 큽니다. 그렇다고 그 보상이 천국은 아닙니다. 그것은 마치 하루 일하고 하루 일당이 아니라 일년 연봉을 받아야 한다고 요구하는 것과 같습니다. 팔십 평생, 요즘같은 백세 시대에 백 년을 착하게 살았다고 합시다. 그렇다고 그가 그 대가로 천국을 요구할 수 없습니다. 천국은 백 년에 대한 대가로 너무 어마어마한 것이기 때문입니다. 천국은 백 년을 착하게 산 대가로 지불될 수 있을 만큼 싸구려가 결코 아닙니다. 그러므로 사람들은 의식주보다 앞서서 천국을 추구해야 하는 것입니다.

"너희는 '무엇을 먹을까?', '무엇을 마실까?', '무엇을 차려 입을까?' 하며 걱정하지 마라. … 너희는 먼저 하느님 나라와 그분의 의로움을 찾아라. 그러면 이 모든 것도 곁들여 받게 될 것이다."(마태 6,31-33).

천국은 정녕 모든 것을 팔아 살 만한 값지고 소중한 것입니다.

"하늘나라는 밭에 숨겨진 보물과 같다. 그 보물을 발견한 사람은 그것을 다시 숨겨 두고서는 기뻐하며 돌아가서 가진 것을 다 팔아 그 밭을 산다."(마태 13,44)

한편, 예수님의 말씀에 따르면, 천국은 언제나 하느님이 인간에게 덤으로 주는 선물입니다. 배보다 배꼽이 더 큰 선물입니다. 요한 세례자는 천국을 하느님의 정의 차원에서 이해했습니다. 그러므로 인간이 잘못한 탓에 속죄하는 뜻으로 단식하고, 절제하는 삶을 요구했습니다. 자신부터 광야에서 살며 메뚜기와 들꿀을 먹으며 살았습니다(마태 3,4 참조). 그러나 예수님은 천국을 하느님의 사랑과 자비 차원에서 이해하셨습니다. 천국은 하느님께서 베풀어 주시는 선물로 이해하셨습니다. 그러므로 천국은 세리와 죄인들에게도 선사되는 것이었고, 창녀와 세리가 철저하게 율법대로 사는 바리사이들보다 먼저 들어갈 수 있는 곳이 되었습니다.

"내가 진실로 너희에게 말한다. 세리와 창녀들이 너희보다 먼저 하느님의 나라에 들어간다."(마태 21,31)

우리는 예수님이 들려준 비유 이야기를 잘 기억하고 있습니다. 한 시간 일한 사람도 하루 종일 일한 사람이나 반나절 일한 사람과 마찬가지로 하루 일당을 받았던 이야기입니다(마태 20,1-16 참조). 왜냐하면 천국은 한 시간 일한 사람에게나 하루 종일 일한 사람에게나 똑같이 주신 선물이기 때문입니다. 이러한 예수님의 비유를 들으면서 어려서부터 천주교 신자가 된 저 자신에게나 죽기 5분전에 세례를 받은 사람에게나 똑같이 천국이 베풀어진다니 억울하다는 생각을 해 본 적이 있습니다. 그러나 곰곰이 생각해 보니 억울하다는 생각이 잘못이었습니다. 하루 종일 일한 사람은 아침부터 얼마나 신이 났겠습니까? 일자리가 생겨서 하루 일당이 보장되어 있었으니 아침부터 신바람이 났을 것입니다. 반면 저녁 다섯 시까지 일자리를 얻지 못했던 사람은 얼마나 고통 속에 있었겠습니까? 우리는 IMF를 겪으면서 그 심정을 더 잘 헤아릴 수 있게 되었습니다. 아침부터 일할 수 있었던 사람은 하루 일당에 아침부터 신바람이 덤으로 주어졌던 것입니다. 그렇습니다. 우리는 아침부터 주님의 포도밭에서 일하는 사람들입니다. 천국이 보장된 사람들입니다. 그러니 기쁘게 살아야 합니다.

또한 우리는 천주교 공동체라는 이점이 있습니다. 하느님이 한 사람 한 사람을 구원하시지 않고 공동체로 구원하시는 데는 까닭이 있습니다. 그것이 우리늘에게 유리하기 때문입니다. 몇 년 전 대한민국 야구단이 세계 대회에 가서 우승을 한 적이 있습니다. 27명의 선수들이 모두 금메달을 목에 걸었습니다. 27명 가운데에는 홈런을 치기도 하고, 삼진을 잡기도 하는 큰 역할을 한 선수들 있었지만, 공을 던지기만 하면 상대방으로 하여금 출루하게 하였던 선수도 있었습니다. 그러나 같은 팀원들이 잘해 주었기 때문에 모두 금메달을 목에 걸었습니다. 그렇습니다. 우리 개인적으로 부족한 것도 있지만 함께한 성인들 덕분에, 성모님 덕분에, 무엇보다 예수님 덕분에 우리는 천국이라는 금메달을 목에 걸 수 있는 것입니다.

　물론 천주교인들이 타 종교나 무신론자들보다 더 착하고, 더 똑똑하고, 더 잘난 사람들이 아닙니다. 그 때문에 하느님에게 선택된 사람들이 아닙니다. 다만 하느님 때문에, 예수님 때문에 더 착하게 살려고 노력하는 사람들입니다. 천주교인들은 세상을 위해서, 세상의 구원을 위해서 선택된 사람들입니다. 우리는 아브라함이 소돔과 고모라의 멸망을 막기 위해 의인 열 명을 제안한 이야기를 잘 압니다. 저는 우리 천주교인이야말로 세상이 멸망하지 않기 위해 필요한 열 명의 의인 역할을 해야 하는 사람들이라고 생각합니다. 우리는 우리만 천국에 들어가려고 하지 않습니다. 그리고 천주교인들은 자신들만 천국에 들어가기 위해서 기도하지 않습니다. 모든 사람들이 천국에 들어가기를 기도합니다. 날마다 사제는 미사 중에 다음과 같은 기도를 바칩니다.

　"부활의 희망 속에 고이 잠든 교우들과 세상을 떠난 다른 이들도 모두 생각하시어 그들이 주님의 빛나는 얼굴을 뵈옵게 하소서."(성찬 전례문 제2양식)

그리스도교 신자가 아닌 사람들의 구원을 위해 기도하는 것은 가톨릭교회의 오랜 전통입니다. 성금요일 수난 예절에는 위정자와 고통을 받은 이들은 물론, 유다인들, 그리스도를 믿지 않는 이들, 하느님을 믿지 않는 이들을 위해 기도합니다.

저는 천주교인이 된 것이 자랑스럽습니다. '가장 불쌍한 영혼'을 위해 기도합니다. '남이 나로 인하여 범한 죄'를 성찰합니다. 얼마나 위대한 일입니까? 그렇습니다. 신자가 아닌 사람들에게도 하느님은 당신만이 아시는 방법으로 천국을 선물하실 것입니다. 우리는 믿습니다. 하느님이 예수 그리스도를 통해서 구원을 베풀어 주신다는 것을. 또한 우리를 위해 빌어 주시는 성모님의 도우심이 크다는 것을.

질문
13

종교의 목적은 모두 착하게 사는 것인데,
왜 천주교만 제일이고
다른 종교는 이단시하나?

종교의 목적은 착하게 사는 것일 수도 있지만, 그것은 그 목적의 하나일 뿐이지 그 근본도 궁극적 목적도 아닙니다. 종교의 목적은 우리가 어디서 왔고, 어디로 가는 것인지 아는 것입니다. 누가 우리를 창조하셨는지 알아보는 일입니다. 따라서 창조자의 뜻을 헤아리고, 그분께 감사하고 흠숭하고 사랑하는 일입니다. 그럼으로써 영원하신 하느님과 함께 영원한 생명을 얻는 일입니다. 예수님은 종교의 목적을 묻는 젊은이를 만났습니다. 그가 묻습니다.

"'스승님, 제가 영원한 생명을 얻으려면 무슨 선한 일을 해야 합니까?' 하고 물었다. 그러자 예수님께서 말씀하셨다. … '네가 생명에 들어가려면 계명들을 지켜라.'"(마태 19,16-17)

그리고 모든 계명에서 첫째가는 계명을 묻는 젊은이에게 예수님은 말씀하셨습니다.

"첫째는 이것이다. '이스라엘아, 들어라. 주 우리 하느님은 한 분이신 주 님이시다. 그러므로 너는 마음을 다하고 목숨을 다하고 정신을 다하고 힘을 다하여 주 너의 하느님을 사랑해야 한다.' 둘째는 이것이다. '네 이 웃을 너 자신처럼 사랑해야 한다.' 이보다 더 큰 계명은 없다."(마르 12,29-31)

사람은 머리끝에서 발끝까지 착할 수 없습니다. 일생 처음 태어나서부터 죽는 날까지 착할 수도 없습니다. 착하다가도 악한 일을 저지를 수도 있습니다. 악한 사람들도 가끔은 좋은 일, 착한 일을 하기도 합니다. 착한 삶을 산 사람은 그 대가로 상을 받아야 함은 당연합니다. 그러나 앞서 말씀 드린 것처럼 그 상이 '천국'이라는 어마어마한 상일 수는 없습니다. 그것은 하루 한 시간을 일하고 한 시간 수당에 해당되는 것을 받을 수는 있지만, 일년 연봉을 받아야 하는 것은 아닙니다. 그것은 선물이요 은혜에 해당되는 것입니다.

가톨릭교회의 심판에 따라 천당과 지옥에 간다는 교리는 '상선벌악'의 원칙이 적용되고 있습니다. 예수님은 비유를 들어 말씀하셨습니다.

"그때에 임금이 자기 오른쪽에 있는 이들에게 이렇게 말할 것이다. '내 아버지께 복을 받은 이들아, 와서, 세상 창조 때부터 너희를 위하여 준비된 나라를 차지하여라. 너희는 내가 굶주렸을 때에 먹을 것을 주었고, 내가 목말랐을 때에 마실 것을 주었으며, 내가 나그네였을 때에 따뜻이 맞아들였다.' … 그때에 임금은 왼쪽에 있는 자들에게도 이렇게 말할 것이다. '저주받은 자들아, 나에게서 떠나 악마와 그 부하들을 위하여 준비된 영원한 불 속으로 들어가라. 너희는 내가 굶주렸을 때에 먹을 것을 주지 않았고, 내가 목말랐을 때에 마실 것을 주지 않았으며, 내가 나그네였을 때에 따뜻이 맞아들이지 않았다. 또 내가 헐벗었을 때에 입을 것을 주지 않았고, 내가 병들었을 때와 감옥에 있을 때에 돌보아 주지 않았다.'"(마태 25,34-43)

불교의 윤회설이라는 이론 역시 상선벌악의 원칙에 따른 것입니다. 윤회설에 따르면, 전생에 악업을 많이 쌓으면 다음 생에 태어나서라도 철저하게 다시 그 악업을 기워 갚아야 합니다. 선업을 쌓으면, 그 대가로 다음 생에 더 멋진 존재로 태어납니다. 불교는 사람으로 태어나려면 전생에 선업을 많이 쌓아야 한다고 합니다. 불교도로 태어나려면 더 많은 선업을 쌓아야 하고, 스님으로 태어나려면 아주 많은 선업을 쌓아야 한다고 말합니다. 그런데 한평생 선업을 쌓는다 해도 극락이란 어마어마한 상을 받기에는 부족한 것입니다. 그러니까 수도 없이 많은 생을 거듭 살면서 선업을 쌓고, 또 쌓고 쌓아야 한다는 것입니다. 그런 이유로 반복되는 윤회설이 필요한 것인지 모르겠습니다.

종교의 목적은 선을 행하는 그 이상입니다. 우리는 예수님의 말씀을 되새길 필요가 있습니다. 영원한 생명을 얻기 위해 무슨 선한 일을 해야 하느냐고 물었던 젊은이에게 예수님은 첫 번째로 "계명들을 지켜라."(마태 19,17)라고 했습니다. 계명을 어려서부터 지켰다고 대답하니, 두 번째로 "네가 완전한 사람이 되려거든, 가서 너의 재산을 팔아 가난한 이들에게 주어라."(마태 19,21) 하고 말씀하셨습니다. 그리고 세 번째로 "그리고 와서 나를 따라라."(마태 19,21) 하고 말씀하셨습니다. 그러나 젊은이는 많은 재물을 가지고 있었기 때문에 슬퍼하며 떠났다고 전하고 있습니다.

예수님의 말씀에 따르면, 종교는 계명을 지키는 것 외에도 이웃과 자신의 것을 함께 나누는 삶을 목표로 하고 있습니다. 천국은 혼자 있는 곳일 수 없습니다. 더불어 사는 곳입니다. 함께 나누는 삶입니다. 그리고 더 중요한 것은 하느님의 말씀을 듣고 그분을 따르는 일입니다. 하느님 없는 천국은 없습니다. 하느님과 친교 없이 천국의 삶은 가능하지 않습니다. 종교의 근본적 목적은 하느님과의 친교, 하느님과의 일치입니다.

두 번째 질문에 답을 시도합니다. 진리란 '이것도 좋고, 저것도 좋다.'라는 식으로는 가능하지 않습니다. 가톨릭이 다른 종교를 이단시하고 죄악시하는 것이 결코 아닙니다. 자신들이 믿고 있는 종교에 대한 확신과 정체성을 강조하는 일입니다. 가톨릭교회는 정체성을 위해 신앙의 본질을 추구하고 수호하고자 하는 것입니다.

구약 성경 시대에 신앙의 가장 큰 위협은 바로 우상 숭배였습니다.

"이스라엘 자손들은 바알들을 섬겨 주님의 눈에 거슬리는 악한 짓을 저질렀다."(판관 2,11; 탈출 32,1-5; 1열왕 11,8; 22,44; 시편 115,4-8 참조)

우상 숭배는 십계명 가운데 첫 번째 계명을 어기는 일입니다.

"너는 위로 하늘에 있는 것이든, 아래로 땅 위에 있는 것이든, 땅 아래로 물속에 있는 것이든 그 모습을 본뜬 어떤 신상도 만들어서는 안 된다. 너는 그것들에게 경배하거나, 그것들을 섬기지 못한다."(탈출 20,4-5; 신명 5,8 참조)

예언자들은 한결같이 우상 숭배를 경고하는 것을 자신의 사명으로 삼았습니다.

지난날 교회 역사에서 그리스도교 신앙을 위협하는 요인은 박해와 이단이었습니다. 그러나 외적 위협 요인으로서의 박해는 그리스도교 신앙을 가로막기보다는 더욱 견고하게 해 주는 결과를 초래하였습니다. 교회를 더욱 어렵게하고 분열시켰던 것은 내적 요인이었던 이단이었습니다. 예수님의 신성을 거부하는 아리아니즘(Arianism)을 비롯하여 하느님의 은총을 거부하고 인간 스스로의 노력으로 구원을 쟁취하려는 펠라지아니즘(Pellagianism) 등 수많은 이단이 있었습니다. 니케아 공의회(325년)를 비롯한 교회의 수많은 공의회들은 이러한 이단을 거슬러 개최되었고, 그 이단을 단죄하였습니다.

오늘날에도 그리스도교 신앙을 위협하는 많은 사상들이 있습니다. 어떤 종교도 참된 것일 수 없다는 무신론(無神論)을 비롯하여 세속화, 일시적 메시아니즘, 교회 분열, 경제 제일주의, 정치적 목적에 의한 박해 등입니다. 최근 그리스도교계에 다가오는 한 가지 위협으로서 '다원주의'(Pluralism, 多元主義)가 있습니다. 이 다원주의는 그리스도교 신학계와 사상계 안에서도 열띤 논쟁의 쟁점으로 나타나고 있습니다. 다원주의란 사회적 구조, 감정의 표현, 삶의 방식, 교육의 형태, 신학적 진술 양식 등등에서 차이와 개성을 드러내는 다양성을 지시하고 있습니다. 모든 실재가 하나의 유일 원리로부터 도출되지 않고 서로 근거가 될 수 없는 여러 층의 존재 근거로부터 생겨났다고 보는 철학적 다원론으로부터 다원주의가 출발합니다.

현대에는 철학에서만이 아니라 여러 분야에서 다원주의가 보편화된 현상을 보여 주고 있습니다. 종교도 예외가 아닙니다. 사실 아시아의 종교 상황, 그리고 한국의 종교 상황은 처음부터 다원적 성격을 지니고 있었습니다. 그리스도교 중심의 유럽 국가들이나 또는 이슬람 종교 중심의 중동 국가들과 달리 한국에는 많은 종교들이 난립하고 있습니다. 불교, 유교, 도교, 그리스도교를 비롯하여 각종의 토속 종교들이 있습니다. 헌법으로부터 종교의 자유를 보장받고 있는 대한민국은 소위 '세계 종교의 전시장', '세계 종교의 백화점'이라고 불릴 정도로 다종교 상황에 놓여 있습니다. 오늘날 다종교 상황 속에서 어느 특정 종교만이 자기의 절대성이나 우월성을 주장할 수 없고, 따라서 어떤 종교도 신과 그의 진리를 드러내는 유일한 수단일 수 없다는 사고방식이 팽배해 있습니다. 이러한 다원주의적 사고 속에서 가톨릭교회의 정체성이 심각한 위협을 받고 있습니다. 그러므로 오늘날 가톨릭교회가 어떻게 자신의 정체성을 보존하느냐는 과제를 지니고 있는 셈입니다.

가톨릭교회는 자신의 종교만이 참되며 다른 모든 종교는 거짓이라는 과거의 절대주의적 입장에서 벗어나 다른 종교도 종교에 따라서 또 부분적으로 하나의 참된 종교의 진리에 참여할 수 있다는 포괄주의적 입장을 수용하고 있습니다. 그러나 교회는 아직 모든 종교가 동일하게 참되다고 보는 상대주의적 입장을 거부하고 있습니다. 과거 가톨릭교회는 하느님의 선택으로 이스라엘 백성이 철저한 선민 의식(選民意識)을 보이며 타민족을 배타적으로 보았던 오만한 모습을 되풀이한 적이 있습니다. 즉 '교회 밖에는 구원이 없다'는 공식으로 타 종교에 대해 배타적 모습을 보였습니다. 그러나 1863년 비오 12세 교황이 소위 갈라진 형제들에게도 구원 가능성이 배제되지 않음을 천명하면서 교회 일치 운동이 싹트기 시작하였습니다. 급기야 제2차 바티칸 공의회는 〈비그리스도교 선언〉을 통하여 타 종교의 가치를 인정하고 대화를 통하여 상호 간의 이해와 존경이 증신되기를 권강히였습니다.

"가톨릭교회는 이들 종교(힌두교, 불교를 비롯한 타 종교)에서 발견되는 옳고 거룩한 것은 아무것도 배척하지 않는다. … 그것이 비록 가톨릭교회에서 주장하고 가르치는 것과는 여러 가지로 다르더라도, 모든 사람을 비추는 참진리의 빛을 반영하는 일도 드물지는 않다."(〈비그리스도교 선언〉, 2항)

가톨릭교회가 타 종교와 화해와 일치를 주장하고 기원할 수 있는 근거는 여러 민족이 하나의 공동체요, 하느님이 그 단일한 기원이며 하나의 최후 목적이라는 데 있습니다.

"하느님께서 모든 인류를 온 땅 위에 살게 하셨으니(사도 17,26 참조) 하나의 공동체를 이루는 모든 민족의 기원은 하나이고, 그 궁극 목적도 단 하나 곧 하느님이시다."(〈비그리스도교 선언〉, 1항)

그러므로 오늘날 가톨릭교회는 타 종교인들의 구원에 대해서도 거침없이 말합니다.

"자기 탓 없이 그리스도의 복음과 그분의 교회를 모르지만 진실한 마음으로 하느님을 찾고 양심의 명령을 통하여 알게 된 하느님의 뜻을 은총의 영향 아래에서 실천하려고 노력하는 사람은 영원한 구원을 얻을 수 있다."(〈교회 헌장〉, 16항)

가톨릭교회는 더 나아가 타 종교와의 만남과 대화의 필요성도 긍정하고 있습니다.

"'아무도 하느님을 본 적이 없다. 아버지와 가장 가까우신 외아드님 하느님이신 그분께서 알려 주셨다.'(요한 1,18) 이처럼 육화된 말씀은 인류의 모든 종교들 안에 있는 염원의 성취입니다. 이 성취는 바로 하느님께서 몸소 실현하신 것이며, 인간의 모든 기대를 초월하는 것입니다. 그것은 은총의 신비입니다."(《제삼천년기》, 6항)

"종교 간 대화는 '단순히 선포를 대신할 수 있는 것이 아니라, 선포를 지향하는 것이어야 합니다.' 더 나아가 이러한 선교 의무는 진정 기쁘게 귀기울이는 자세로 대화하는 것을 막지 않습니다. … 이것은 그리스도교 진리에 대한 끝없는 신학적 연구를 위해서뿐만 아니라, 그리스도교가 다른 철학과 문화, 종교들과 대화하기 위한 근본 원리입니다. '불고 싶은 대로 부시는'(요한 3,8 참조) 하느님의 성령께서는 인류의 공통된 경험을 통하여, 그 모든 모순에도, 드물지 않게 당신의 현존에 대한 표징들을 보여 주시는데, 그 표징들은 그리스도의 제자들이 그 속에 담긴 메시지를 더 깊이 이해하도록 도와줍니다. 이러한 겸손하고 신뢰에 찬 열린 마음으로 제2차 바티칸 공의회는 '시대의 징표'를 읽고자 노력하였습니다." (《새 천년기》, 56항)

가톨릭 신학은 대화의 원칙과 교회의 정체성 두 가지를 보존해야 하는 어려움 속에서 다양한 해결책을 모색하고 있습니다. 그 가운데 대표적으로 세 가지 입장을 제시할 수 있습니다.

첫째는 그리스도 중심주의입니다. 대표적 신학자로서 칼 라너(K.

Rahner, 1904~1984년)를 들 수 있습니다. 그는 소위 '익명의 그리스도론'을 주창했습니다. 이 이론의 출발점은 '하느님은 모든 사람의 구원을 원하신다'는 하느님의 보편적 구원 의지의 명제입니다. 다른 종교를 믿는 사람들을 '익명의 그리스도인'으로 부름으로써 비그리스도인들에게도 특정한 그리스도교성을 부여하고자 한 것입니다. 그에 의하면 하느님의 자기 전달, 자기 수교에 제의를 개인으로서 자유롭게 받아들이는 자가 예수님에 대해 아무것도 모른다면, 그는 한 사람의 '익명의 그리스도인'이 된다는 것입니다.

이 이론에는 구원을 위한 그리스도에 대한 신앙의 필요성, 가시적 교회 소속의 필요성이 암시되어 있습니다. 하느님의 보편적 구원 의지와 그리스도교의 우월성을 보존하면서도, 동료 인간에 대한 사랑과 관심을 드러내는 장점을 지니고 있습니다. 타 종교인들에게도 하느님의 은총이 자비롭게 베풀어진다는 점에서 과거의 배타주의가 극복된 것으로 보입니다. 그러나 여전히 문제점과 더불어 논란과 비판이 있습니다. '익명의 그리스도인'들은 자신이 알고 있지도 못한 상태에서 '그리스도인'이 되고 있다는 사실은 정당하지 못하다는 것입니다. 그리고 그리스도인을 두고 '익명의 불교인' 혹은 '익명의 유다인'이나 '익명의 이슬람교도'라고 부를 수 있다는 데 대해 답변이 어렵습니다.

둘째로 하느님 중심주의입니다. 이 이론은 '그리스도 중심주의'보다 '하느님 중심주의'가 구원의 보편성을 훨씬 잘 드러낼 수 있다는 입장입니다. 그리스도 대신에 하느님을 중심에 놓을 때, 그리스도 이전에 태어난 사람들, 예수 그리스도의 복음을 듣지 못한 사람들에게도 하느님의 은총과 자비가 적용될 수 있기 때문에 구원에 대한 개방성이 더욱 확장될 수 있다는 것입니다. 윌프레드 캔트웰 스미스(Wilfred Cantwell

Smith)가 그 대표적 인물입니다.

    그리스도 중심에서 하느님 중심으로 패러다임을 전환할 때 그리스도교가 유다교, 이슬람교, 힌두교와의 대화에 더 접근할 수 있습니다. 그러나 동양이나 한국의 경우처럼 근본적으로 신을 언급하고 있지 않는 불교나 유교와는 대화의 지평을 마련할 수 없는 어려움이 여전히 남아 있습니다.

    세 번째는 대화적 방법입니다. 대화는 각각의 종교가 상대화될 수 없는 절대적 주장을 가지고 있음을 전제하고, 각각의 절대적 확신이 서로 다르다는 것을 인정하자는 입장입니다. 이런 입장에서 파니카(R. Panikkar)는 대화에 있어서 종교 간의 관계는 '동화의 관계도, 대체의 관계도 아니고, 서로가 풍요로워지는 관계'임을 강조합니다. 다종교 상황 속에서 종교 간의 대화는 교회가 교회 밖을 넘어서 하느님의 구원을 이야기할 수 있는 가능성을 제공해 주고 있습니다. 그러나 이러한 대화의 원칙은 하나의 이론으로서 제시될 뿐, 실제적으로는 대화의 동등성을 주장하며 타 종교에 대한 상대주의적 입장으로 혼합주의나 절충주의 또는 평행주의 현상을 나타내고 있습니다. 실제로 오늘날 가톨릭 신자들에게서 이 종교도 좋고, 저 종교도 좋은 게 아니냐는 종교 무차별주의 풍조를 찾아볼 수 있습니다. 따라서 그리스도가 유일한 계시의 완성자요, 인류 구원의 유일한 중재자라는 그리스도 교회의 정체성을 상실할 위험성을 다분히 지니고 있습니다. 여기서 다원주의가 일면의 진실을 지니고 있지만, 다른 한편으로 다원주의의 위험성을 지니고 있음을 지적하고 아울러 가톨릭교회의 정체성을 다시 한번 상기시키고자 합니다.

교황청 신앙교리성의 회칙 〈주님이신 예수님〉[50]은 그리스도교의 고유한 진리를 위협하는 사상은 바로 다원주의로부터 유래하는 상대주의임을 지적하고 있습니다.

"교회의 변함없는 선교 사명인 복음 선포는 오늘날, 실제적으로(de facto)뿐 아니라 원칙적으로(de iure)도 종교 다원주의의 정당화를 모색하는 상대주의 이론들 때문에 위협을 받고 있다."(《주님이신 예수님》, 4항)

이 문헌은 상대주의 이론의 위험성을 다음과 같이 밝히고 있습니다.

첫째, 그리스도교는 신적 진리의 완전한 계시는 '길이요, 진리요 생명'이신 예수 그리스도의 신비 안에서 실현되었음을 믿고 고백합니다(5-6항 참조). 그런데 상대주의는 하느님에 대한 진리는 파악이 불가능하며 표현할 수 없다는 신념으로 그리스도교 계시의 완전성을 거부합니다(4-5항 참조).

둘째, 어떤 사람에게는 진리인 것이 다른 사람에는 진리가 아닐 수 있다는 상대주의적 태도(4항 참조)는 '유일하고 충만하며 완전한' 하느님에 대한 진리를 거부합니다(6항 참조).

셋째, 교회는 교회 전통을 따라서 성경 모두를 거룩한 것으로, 또 정경으로 간주합니다(8항 참조). 그러나 상대주의는 성경이 하느님으로부터 영감 받은 책이라는 특성을 부인합니다(4항 참조).

넷째, 예수님이 유일한 하느님 아버지의 아들이시며, 말씀이시라는 것

---

50 교황청 신앙교리성, 김웅태 옮김, 〈주님이신 예수님〉(Dominus Iesus, 2000. 8. 6.), 《가톨릭교회의 가르침》, 한국천주교중앙협의회, 제17호(2001), 91-102쪽.

은 가톨릭교회의 전통적 신앙입니다(10항 참조). 그러나 나자렛 예수님이 영원하신 하느님의 말씀이심을 부인합니다(4항 참조). 나자렛 예수님은 하느님의 절대적 신비가 역사적 인물의 모습으로 드러나는 바, 예수님이 그들 가운데 하나라는 입장을 보이고 있습니다(9항 참조).

다섯째, 교회는 삼위일체이신 하느님이 계획하신 구원 경륜은 하나이며, 그 구원 경륜은 바로 예수 그리스도를 통하여 이루어졌다고 믿고 가르칩니다(11항 참조). 그러나 상대주의는 예수 그리스도의 신비의 유일성과 보편성을 거부합니다(4항 참조).

여섯째, 가톨릭교회는 사도적 계승과 유효한 성체성사로 그리스도가 세우신 교회를 유지 보존합니다(16항 참조). 그러나 다원주의는 가톨릭교회 안에 존재하는 그리스도가 세우신 교회의 유일성과 단일성을 거부합니다(4항 참조).

일곱째, 교회는 자신을 하느님과의 일치, 전 인류와의 일치의 표지며 도구로 이해합니다(18항 참조). 물론 교회 자신을 하느님 나라와 동일시하지 않지만(19항 참조), 하느님 나라를 목적으로 지향하는 만큼, 하느님 나라의 싹이며 표지로서 결코 하느님 나라와 분리되는 것으로 이해하지 않습니다(18항 참조). 그러나 다원주의 신학은 하느님 나라와 교회, 그리스도 왕국과 교회의 불가분성을 시대에 뒤떨어진 진리로 간주합니다(4항 참조).

여덟째, 교회는 하느님이 모든 인류 구원의 도구가 되기를 바라신다는 것을 이해합니다(22항 참조). 또 하느님이 비그리스도인의 구원을 배제하지 않는다는 것과 하느님만 아시는 방법으로 그들에게 구원의 은총을 베푸신다는 것도 이해합니다(21항 참조). 그러나 다원주의는 가톨릭교회 안에 있는 하나의 그리스도교 유일한 교회의 실재성 역시 거부합니다(4항 참조).

그렇다면 그리스도교의 정체성은 무엇입니까? 즉 과연 그리스도교란 무엇하는 사람들의 모임입니까? 다름 아니라, '예수 그리스도'를 믿는 사람들의 모임입니다. 즉 예수를 그리스도라고 믿는 사람들의 모임입니다. '그리스도교'란 말 자체가 설립자 그리스도 예수님을 지칭하고 있습니다. 그러므로 예수님을 빼놓고서는 그리스도교는 존재할 수 없습니다. 그리스도의 유일하고 보편적인 구원 중재성을 무시하고서는 더 이상 그리스도교일 수 없습니다. 예수 그리스도를 믿는다는 것은 예수 그리스도가 계시하신 진리, 곧 예수의 하느님, 삼위일체의 하느님을 믿는다는 것입니다. 이러한 그리스도교 신앙의 본질은 바로 신경에 담겨 있습니다. 사실 신경을 뜻하는 'Symbolon'이란 용어 자체가 그리스도인의 정체성을 증명하는 신분증이라고 할 수 있습니다. '사도 신경'을 비롯한 모든 신경들은 성부, 성자, 성령에 대한 믿음을 기본적으로 드러내고 있습니다. 그리스도교의 정체성을 진술하는 신경의 내용을 담고 있습니다. 신경은 숱한 교회 공의회마다 고백되었습니다. 당시 이단들과 경쟁하는 상황에서 강조하는 부분과 표현들이 다르긴 하지만 대체로 다음과 같은 내용을 담고 있습니다.

+ 하느님은 한 분이시다.
+ 하느님은 천지를 창조하신 전능하신 분이시다.
+ 하느님은 성부, 성자, 성령으로 삼위이시나 일체를 이루시는 분이시다.
+ 성자 하느님은 사람으로 태어나셨다. 곧 나자렛 예수님이시다.
+ 나자렛 예수님은 하느님의 아드님으로서 성부와 같이 신성을 지니시면서도, 우리 인간과 같이 인성도 지니신다.

- 나자렛 예수님은 성령으로 말미암아 동정이신 마리아로부터 잉태되고 태어나셨다.
- 나자렛 예수님은 빌라도 치하에서 수난을 겪고 십자가에 처형되어 돌아가셨다.
- 나자렛 예수님은 죽은 지 사흘 만에 부활하셨다.
- 나자렛 예수님은 최후의 심판을 주관하신다.
- 세 번째 위격인 성령 역시 성부와 성자와 같은 신성과 위엄을 지니신다.
- 하나요 거룩하고 공번되고 사도로부터 이어 오는 교회는 성부와 성자와 성령의 작업으로 세워졌다.
- 하느님이 계신 천상 교회와 순례의 여정을 걷는 지상 교회와 죽은 이들이 겪는 정화의 교회는 서로를 위해 기도할 수 있다. 왜냐하면 하느님은 살아 있는 자들과 죽은 자들의 하느님이시며, 그들 모두에게 당신의 손길을 뻗으실 수 있기 때문이다. 이를 '성인들의 통공'이라고 한다.
- 죄는 오직 하느님만이 용서하실 수 있고, 하느님은 죄를 용서하시는 분이시다.
- 우리 신앙인들도 예수 그리스도처럼 죽음 후 다시 부활할 것을 믿는다.
- 이 부활은 영혼만이 아니라 죽은 몸이 새로운 육체를 얻는, 전인으로서의 부활을 의미한다. 이를 '육신의 부활'이란 표현으로 드러낸다.
- 부활 후 영원하신 하느님과 함께 영원한 삶을 누리게 될 것이라 믿는다.

이와 같이 그리스도교의 정체성은 교회가 오랜 역사적 전통에서 고수해 왔던 바로 신경에서 찾을 수 있습니다. 신경의 내용은 우리가 왜 그리스도인이며, 그리스도인이란 무엇을 믿는 사람인가를 분명하게 보여 주는 신분증입니다. 오늘날 교회는 다른 종교의 진리 추구를 부인하지 않습니다(《비그리스도교 선언》, 2항 참조).

그러므로 다른 종교와의 대화도 적극적으로 권장하고 있습니다. 또 모든 인간은 물론 풀 한 포기, 새 한 마리까지 돌보시고 염려하시는(마태 6,25-34 참조) 하느님이 그들도 구원하시기를 원하신다는 성경의 가르침을 잊고 있지 않습니다(로마 1,16; 2,9-10; 사도 13,46 참조). 소돔과 고모라가 멸망하지 않기 위하여 의인 열 명이 필요하였듯이(창세 18,16-32 참조), 세상의 소금, 세상의 빛으로서, 즉 세상의 구원을 위하여 '그리스도교'가 하느님으로부터 선택되었다고 믿습니다. 그러므로 세상의 구원을 원하시는 하느님의 보편적 구원 의지를 따라, 예수 그리스도에 의해 소집된 교회 공동체는 대조 사회로서 세상과 구별되어야 합니다. 그래야만 비로소 세상을 위한 '하느님의 백성'일 수 있고, 전적으로 타자를 위해 사셨던 위타적(爲他的) 존재, 예수 그리스도의 추종자일 수 있습니다. 그래야만 세상의 구원을 위한 성사일 수 있습니다. 바로 여기에 대조 사회(對照社會)로서의 그리스도교의 정체성이 있습니다. 타 종교와의 대화 역시 정체성 없이 가능하지 않습니다. 정체성 없이 타 종교와 타 문화에 대한 존경과 가치 긍정도 가능하지 않습니다. 필경 대화에 있어서 요구되는 것이 있습니다.

"참된 만남의 장소란 나와 상대방과 무관한 어떤 변증법적인 중립적 영역이 아니라 나 자신이 되면서도 또 상대방도 공유하고 있는 자기이다."

《종교 간의 대화》[51], 91쪽)

이처럼 정체성을 지닌 대조 사회로서의 교회는 타 종교를 위해서도, 토착화를 위해서도, 타 종교와의 대화를 위해서도, 그리고 하느님이 보시기 좋게 창조한 세상을 위해서도 필요하다고 말할 수 있습니다.

---

51 R. 파니카, 김승철 옮김, 《종교 간의 대화》, 서광사, 1992.

질문
14

인간이 죽은 후에 영혼은 죽지 않고
천국이나 지옥으로 간다는 것을
어떻게 믿을 수 있나?

인간은 아주 오래전부터 오래오래 행복하게 살고 싶어 했습니다. 우리는 진시황이 불로초를 구하기 위해 중국 전역은 물론 세계 곳곳으로 사람들을 파견하였다는 이야기를 알고 있습니다. 그럼에도 그는 49세로 삶을 마감해야 했습니다. 가장 오래된 서사시로 알려진 메소포타미아의 《길가메시 서사시》[52]에서도 '왜 인간은 죽어야 하는가?'라는 질문을 던집니다. 영웅 길가메시가 친구의 죽음을 슬퍼하며 질문합니다. 왜 인간은 죽어야 하는가? 신들처럼 영원히 살 수는 없는 것인가? 그는 천신만고 끝에 불로초를 바다 깊은 곳에서 얻어 냅니다. 그러나 뱀이 그 불로초를 물고 달아나 버립니다. 《길가메시 서사시》는 인간이란 영원히 살고 싶어 하지만 결국 죽을 수밖에 없는 존재라는 것을 말해 줍니다. 영원히 살고 싶어 하는 인간의 본능적인 욕망은 어린이들의 동화에 잘 담겨 있습니다. 동화는 늘 행복하게 오래오래 잘 살았다는 것으로 끝을 맺습니다.

---

52 N. K. 샌다아즈, 이현주 옮김, 《길가메시 敍事詩》, 범우사, 1978.

이러한 욕망은 본능적으로 죽음 너머 또 다른 삶을 희망하고 있습니다. 종교들은 그 삶을 제시하고 있습니다. 토마스 아퀴나스는 영원한 생명의 실재를 인간의 본능적인 갈망으로부터 설명합니다. 예를 들면 시각이란 볼 것이 있어서 존재한다는 것입니다. 볼 것이 없으면 시각은 퇴화된다는 것입니다. 깊은 물속의 물고기들은 눈이 없고 어둠 속에서 더듬이로 살아가고 있습니다. 청각도 들을 것이 없으면 퇴화되기 마련입니다. 그러므로 영원한 생명이 없다면 영원한 생명에 대한 인간의 본능적인 갈망도 없어지기 마련이라는 것입니다. 그러나 사람들은 여전히 영원을 이야기합니다. 영원히 사랑한다고 말하고, 영원히 살기를 희망하고 있습니다. 그렇게 영원을 이야기하는 것은 영원이라는 것이 가능하기 때문에 그렇다는 것입니다. 그것이 가능하지 않다면 볼 것 없는 시각처럼, 들을 것 없는 청각처럼 퇴화되기 마련이라는 것입니다.

또 한편으로 공평하기 위해서 죽음 너머에 삶이 있어야 한다고 주장하는 사람도 있습니다. 이 세상 삶은 불공평합니다. 예수님의 비유처럼, 어떤 사람은 다섯 탈렌트를 받고 살아가고 있고, 또 어떤 사람은 한 탈렌트를 받고 살아가고 있습니다. 예컨대 어떤 사람은 살기 좋은 나라에, 금수저 집안에, 그리고 높은 지능을 지니고 태어나고, 외모도 수려하고, 많은 재주를 지닌 채로 태어나 살아갑니다. 그런가 하면 어떤 사람은 어려운 나라에, 가난한 집안에 태어납니다. 그렇다고 재주도, 높은 지능도, 멋진 용모도 물려받지 못하고, 단지 건강 하나만을 운명처럼 받고 태어납니다. 또 이 세상을 착하게 살기는커녕 악한 짓을 많이 했는데도 영웅처럼 죽음을 맞이하는 사람이 있는가 하면, 정말 나라와 국민을 위해 열심히 살았는데 아무도 모르는 개죽음을 당한 사람도 있습니다. 죽음으로 모든 것이 끝장이라면 이 세상은 분명 불공평한 세상입니다. 그러므로 죽음이 끝이어서는 안 된다는 것입니다. 이 세상에서는 오르막이 있으면 반드시 내리막이 있기 마련이라는 것입니다. 내리막길을 걸은 사람은 반드시 오르막길을 오르는 노고를 겪어야만 한다는 것입니다. 그런데 어떤 사람은 내리막길만을 걸었는데, 죽음이라는 장막으로 더 이상 그가 오르막길을 올라야 하는 것을 보지 못하고 있다는 것입니다. 오르막길을 오르느라 고생한 사람은 죽음 너머에서라도 내리막길을 걸어야 한다는 것입니다. 그러므로 죽음이 끝이어서는 안 된다는 것입니다.

그리스도교는 '죽음이 마지막 말'이 아니라고 말합니다. 그것은 앞서서 말씀드린 토마스 아퀴나스의 논리처럼 영원에 대한 본능적인 갈망 때문에, 또는 불공평한 세상이 되지 말아야 한다는 논리 때문에 죽은 다음의 세상이 있어야 한다고 주장하는 것은 아닙니다. 바로 예수님의 부활 때문입니다. 물론 예수님이 부활하시는 것을 목격한 사람은 없습니다. 그러나 십자가에 돌아가신 그분을 다시 살아 계신 분으로 만났던 제자들의 증언이 있습니다. 그 증언이 복음서에 담겨 있습니다. 제자들 역시 그분의 부활을 처음부터 받아들인 것이 아닙니다. 그들도 의심하고 불신하였기 때문에 예수님으로부터 꾸중을 듣기도 했습니다. 그처럼 의심과 불신을 넘어서 그리스도인들은 예수님의 부활이 첫 번째 부활이요, 그분의 부활에 이어서 우리들도 부활할 것으로 희망하고 믿고 있습니다. 이러한 희망과 믿음은 일찍이 바오로 사도에 의해 강조된 바 있습니다.

"죽은 이들의 부활이 없다면 그리스도께서도 되살아나지 않으셨을 것입니다. 그리스도께서 되살아나지 않으셨다면, 우리의 복음 선포도 헛되

고 여러분의 믿음도 헛됩니다."(1코린 15,13-14)

그런데 이 부활은 단순히 죽음에서 다시 일으켜지는 것만이 아닙니다. 예수님에게는 부활이 마지막 목표가 아니었습니다. 그 부활은 아버지 하느님께 되돌아가는 것이었습니다. 그것을 가톨릭 교리는 승천이라고 표현합니다. 우리는 그것을 잘 표현한 천상병 시인의 '귀천'(歸天)이라는 시를 알고 있습니다. 그리스도교인이 믿는 '육신의 부활'은 영혼의 불사불멸성이라는 그리스 철학과 그리스의 종교와 근본적으로 다르다는 것을 명확하게 드러내고 있습니다. 플라톤 철학은 인간을 이데아 세계에서 온 영혼과 물질세계에서 유래하는 육신의 결합으로 이해했으며, 죽음이란 물질적인 세계에 속하는 육신으로부터 영혼이 벗어나 이데아 세계로 되돌아가는 것이라고 했습니다. 우리는 그러한 생각을 소크라테스에게서 찾아볼 수 있습니다. 소크라테스가 자신의 죽음을 놓고 울며 슬퍼하는 제자들에게 죽음이란 '꿈 한 번 꾸지 않고 편히 잠든 긴 잠'처럼 횡재이거나, '이데아 세계로부터 온 영혼이 육신으로부터 벗어나 이데아 세계로 되돌아가는 것'이 아니겠냐고 말했습니다.

그러나 그리스도인들은 인간을 비롯한 모든 것은 하느님으로부터 왔다고 믿습니다. 그러므로 하느님에게로 되돌아가는 것이라 믿습니다. 천상병의 시인의 '귀천'이라는 시는 그러한 믿음의 반영입니다.

"나 하늘로 돌아가리라.
새벽빛 와 닿으면 스러지는
이슬 더불어 손에 손을 잡고,

나 하늘로 돌아가리라.
노을빛 함께 단 둘이서
기슭에서 놀다가 구름 손짓하면은,

나 하늘로 돌아가리라.
아름다운 이 세상 소풍 끝내는 날,
가서, 아름다웠더라고 말하리라."

  더욱이 하느님에게로 귀천하는 것은 영혼만이 아니라, 육신과 더불어 한 인간으로서 돌아가는 것이라 믿습니다. 이것이 부활 신앙이요, 특히 '육신의 부활'이라는 신경의 내용입니다.
  그리스도인들은 '육신의 부활'을 믿습니다. 죽음이 한 인간의 마지막 말이 아니며, 인간이 죽음 후에도 무(無)로 사라지지 않고 새로운 세계로 들어서게 되는 바, 육신의 부활을 통해서 이루어진다고 믿습니다. 육신의 부활에 대한 믿음은 불교의 윤회에 의한 죽음 후 생명과 다릅니다. 그리스도교 신학이 인간을 영혼과 육신으로 구별하기는 하지만, 육신을 마치 부속품처럼 분리할 수 있는 것은 아닙니다. 몸 없는 영혼도 없고, 영혼 없는 몸도 없습니다. 그리스도교 인간학은 육신 없이는 한 인간으로 간주하지 않습니다. 몸은 있어도 그만 없어도 그만인 부속품이 결코 아닙니다. 바로 '몸은 어떤 것이 아니다. 몸은 어떤 사람이다. 나의 몸, 그것은 나다.'(《흔들리지 않는 신앙》, 322쪽 참조)라는 것입니다.
  그러므로 그리스도인이 희망하는 부활은 결코 영적 부활이 아닙니다. '육신의 부활'이란 영혼 없는 육신만의 부활도 아닙니다. 영혼만의 구원을 주장하는 이단적 주장을 대항하기 위한 믿음입니다. '육신의 부활'에서 '육신'이란 단순히 신체적 실재만을 의미하지 않습니다. 단순히 세포를 의미한다면 흙이 되어 버리는 것이나 다른 사람에게 이식된 살덩어리의 부활을 이해하기는 어렵습니다. 세포로서의 살덩이는 끊임없이 다른 세포로 교체됩니다. 다른 세포로 대체되었음에도 여전히 자신의 동일성을 보여 주는 '육신'은 그 세포의 의미보다 더 큰 의미와 가치를 지니고 있습니다.

프란츠 요셉 녹케(F. J. Nocke)는 그의 저서 《종말론》[53]에서 인간의 육체에 관하여 다음과 같이 설명합니다.

> "인간의 육체는 다른 사람과 친교를 나누는 능력의 실재 상징이요, 그의 역사를 이루어 가는 실재 상징이다. … 말하고 듣고 관찰하고 손을 내밀고 얼싸안고 심지어 읽고 쓰는 모든 것은 자신을 표출하여 친교를 나누고 다른 사람의 뜻을 받아들이는 친교의 형태가 육체적으로 발생한다."
>
> 《종말론》, 170쪽)

부활하는 육신은 그의 모든 역사와 더불어 모든 다른 사람과의 관계를 지니고 미래를 향하는 그의 인격적 실재를 의미합니다. '육신의 부활'은 구체적으로 역사 안의 삶을 살았던 그 자신이 죽음 후에도 여전히 하느님 앞에 서게 된다는 표현입니다. 물론 지금의 우리 육신은 영원한 생명을 위하여 하느님의 은총으로 불사의 옷을 덧입어야 합니다. 그러므로 바오로 사도는 강조합니다.

---

53 프란츠 요셉 녹케, 조규만 옮김, 《종말론》, 성바오로, 1998.

"죽은 이들의 부활도 이와 같습니다. 썩어 없어질 것으로 묻히지만 썩지 않는 것으로 되살아납니다. 비천한 것으로 묻히지만 영광스러운 것으로 되살아납니다. 약한 것으로 묻히지만 강한 것으로 되살아납니다. 물질적인 몸으로 묻히지만 영적인 몸으로 되살아납니다."(1코린 15,42-44)

그러므로 그리스도인들은 희망합니다. 단 한 번의 삶을 살고 난 인간은 하느님의 은총으로 그 역사를 고스란히 간직한 채 그 자신의 모습으로 서게 되리라는 것을 희망합니다. 프란츠는 '육신의 부활'의 의미에 관하여 다음과 같은 윌리암 브로이닝(W. Breuning)의 말을 인용합니다.

"하느님은 죽음의 순간에 육체 안에서 발견되는 분자(分子)만을 사랑하는 것이 아니다. 그분은 모든 수고로움을 겪은 육체를 사랑한다. 그리고 아울러 순례의 지칠 줄 모르는 향수로 갈망하며 살았던 육체를 사랑한다. 육체는 이러한 순례의 여정에서 이 세상에 많은 흔적을 남겨 두었다. 이러한 흔적 덕분으로 더욱 인간적이 된다. 육체의 부활은 이러한 모든 것이 어느 하나도 상실되지 않고 하느님 앞에 받아들여짐을 뜻한다. 하느님은 인간을 사랑하시기 때문이다. 하느님은 모든 눈물을 받아들이신다. 어떤 미소도 그분에게 흔적없이 사라지지 않는다. 하느님 앞에 다시 서게 될 육체의 부활은 단순히 그의 마지막 모습만이 아니라 그의 전 역사를 지닌 모습인 육체일 것이다."(《종말론》, 172쪽)[54]

그리고 그리스도인들은 하느님의 정의를 믿습니다. 공평하신 하느님

---

54 재인용: W. Breuning, 'Gericht und Aufeweckung', in Mysterium Salutis, vol.5, Zurich 1976, p.882.

이심을 믿습니다. 그러므로 상선벌악은 이 세상에서만이 아니라, 저세상에서도, 곧 죽음을 넘어서라도 이루어진다는 신념입니다. 예수님은 그러한 상선벌악을 최후 심판이라는 예를 들어 설명하셨습니다.

> "그때에 임금이 자기 오른쪽에 있는 이들에게 이렇게 말할 것이다. '내 아버지께 복을 받은 이들아, 와서, 세상 창조 때부터 너희를 위하여 준비된 나라를 차지하여라. 너희는 내가 굶주렸을 때에 먹을 것을 주었고, 내가 목말랐을 때에 마실 것을 주었으며, 내가 나그네였을 때에 따뜻이 맞아들였다.' … 그때에 임금은 왼쪽에 있는 자들에게도 이렇게 말할 것이다. '저주받은 자들아, 나에게서 떠나 악마와 그 부하들을 위하여 준비된 영원한 불 속으로 들어가라. 너희는 내가 굶주렸을 때에 먹을 것을 주지 않았고, 내가 목말랐을 때에 마실 것을 주지 않았으며, 내가 나그네였을 때에 따뜻이 맞아들이지 않았다.' … 이렇게 하여 그들은 영원한 벌을 받는 곳으로 가고 의인들은 영원한 생명을 누리는 곳으로 갈 것이다."(마태 25,34-46)

예수님은 또 다른 예를 들어 말씀하십니다.

> "그 가난한 이가 죽자 천사들이 그를 아브라함 곁으로 데려갔다. 부자도 죽어 묻혔다. 부자가 저승에서 고통을 받으며 눈을 드니, 멀리 아브라함과 그의 곁에 있는 라자로가 보였다. 그래서 그가 소리를 질러 말하였다. '아브라함 할아버지, 저에게 자비를 베풀어 주십시오. 라자로를 보내시어 그 손가락 끝에 물을 찍어 제 혀를 식히게 해 주십시오. 제가 이 불길 속에서 고초를 겪고 있습니다.' 그러자 아브라함이 말하였다.

'애야, 너는 살아 있는 동안에 좋은 것들을 받았고 라자로는 나쁜 것들을 받았음을 기억하여라. 그래서 그는 이제 여기에서 위로를 받고 너는 고초를 겪는 것이다. 게다가 우리와 너희 사이에는 큰 구렁이 가로놓여 있어, 여기에서 너희 쪽으로 건너가려 해도 갈 수 없고 거기에서 우리 쪽으로 건너오려 해도 올 수 없다.'"(루카 16,22-26)

부자의 살아 있는 형제들이 그 고통스러운 곳으로 오지 않도록 죽은 이들 가운데에서 누가 가면 회개할 것이라고 부탁하는 부자에게 아브라함은 또 이렇게 말합니다.

"그들이 모세와 예언자들의 말을 듣지 않으면, 죽은 이들 가운데에서 누가 다시 살아나도 믿지 않을 것이다."(루카 16,31)

그렇습니다. 죄인들이 고통스러운 곳으로 간다는 사실은 죽은 자들이 다시 살아나서 알려 주어도 믿지 않을 사람은 여전히 믿지 못합니다. 죄인을 위한 지옥은 믿음의 문제입니다.

오랫동안 죽은 이들의 염을 비롯하여 장례를 치러 주었던 어느 성당의 연령회장이 들려준 이야기입니다. 어떤 사람은 죽었음에도 죽은 것인지 잠을 자는 것인지 모를 정도로 편안한 죽음을 맞이하고, 또 어떤 사람은 그 집에 들어서기조차 힘들 만큼 역겨운 냄새가 진동한다는 것입니다. 그는 죽음 자체에서 바로 천당과 죽음을 보았다고 말합니다. 충분히 가능하고 이해할 수 있는 현실입니다.

질문
15

신앙이 없어도 부귀를 누리고,
악인 중에도 부귀와 안락을
누리는 사람이 많은데
신의 교훈은 무엇인가?

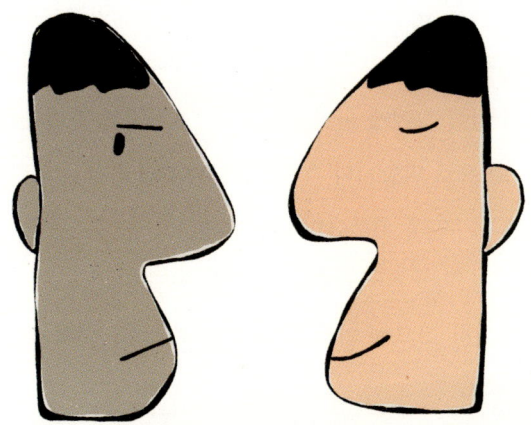

신앙이 없어도 부귀를 누릴 수 있다는 데는 큰 문제가 없습니다. 신앙은 부를 얻기 위한 수단이 아니기 때문입니다. 그런데 악인 중에도 부귀를 누리는 것에는 하느님의 존재와 또 하느님의 선성에 의문을 제기할 수 있습니다. 일찍이 시편 저자가 질문을 제기한 바 있습니다.

"악인이 콧대를 높여 '하느님은 벌하지 않는다. 하느님은 없다!' 하니 이것이 그의 생각 전부입니다. 그의 길은 언제나 성공에 이르고 당신의 심판은 높이 있어 그에게 미치지 않으니 그는 자기 반대자들을 모두 조롱하며 마음속으로 말합니다. '나는 영원히 흔들리지 않으리라!' 재앙을 모르는 그자 저주만을 퍼붓습니다."(시편 10,4-7)

그리고 그러한 의문에 관해 시편 저자 역시 답을 제시하고 있습니다.

"주님께서는 의인도 악인도 가려내시고 그분의 얼은 폭행을 사랑하는 자를 미워하신다. 그분께서 악인들 위에 불과 유황의 비를 그물처럼 내리시어 타는 듯한 바람이 그들 잔의 몫이 되리라. 주님께서는 의로우시어 의로운 일들을 사랑하시니 올곧은 이는 그분의 얼굴을 뵙게 되리라."
(시편 11,5-7)

이 세상의 삶의 부귀는 신앙과 비례 관계에 있지 않습니다. 신앙이 크다고 해서 부자가 되는 것은 아닙니다. 오히려 신앙은 부와 반비례하는 듯한 인상을 줍니다. 일찍이 예수님은 '하느님과 재물 둘을 함께 섬길 수는 없다.' 하였습니다.

"어떠한 종도 두 주인을 섬길 수 없다. 한쪽은 미워하고 다른 쪽은 사랑하며, 한쪽은 떠받들고 다른 쪽은 업신여기게 된다. 너희는 하느님과 재물을 함께 섬길 수 없다."(루카 16,13)

구약 성경에 따르면 부나 재물이 선이나 축복으로 이해된 적이 있습니다. 모든 것이 하느님께 속해 있기 때문에 재물 역시 하느님께 속한 것으로, 어느 인간이 부유하다는 것은 하느님의 축복과 보호를 드러내는 표징으로 이해된 것입니다.

"이사악은 그 땅에 씨를 뿌려, 그해에 수확을 백 배나 올렸다. 주님께서 그에게 이렇듯 복을 내리시어, 그는 부자가 되었다."(창세 26,12-13)

"너희가 주 너희 하느님의 말씀을 잘 듣고, 내가 오늘 너희에게 명령하는 그분의 모든 계명을 명심하여 실천하면, … 주님께서는, 너희에게 주시겠다고 너희 조상들에게 맹세하신 땅에서, 너희 몸의 소생과 가축의

새끼와 땅의 소출을 풍성하게 해 주실 것이다."(신명 28,1-11)

한 인간이 하느님께 대한 충실성으로 말미암아 그 보상으로 자손들의 번영과 재물의 풍요로움을 얻게 된다는 것이 일반적인 견해로 나타납니다. 하지만 하느님께 대한 충실성과 재물의 풍요로움이 반드시 비례 관계를 지녔던 것은 아닙니다. 이스라엘 역사를 보면 벼락부자가 되고 세력을 휘두르는 사람들이 악한 사람들이었다는 사실을 알게 됩니다.

"그들의 집안은 사기쳐 얻은 재물로 가득 차 있다. 그리하여 그들은 더욱 득세하고 부유해졌으며 기름기로 번들거린다. 그들은 악한 행실도 서슴지 않으니 고아들이 승소할 수 있도록 그 송사를 공정으로 다루지 않고 가난한 이들의 재판을 올바로 진행하지 않는다."(예레 5,27-28)

그러므로 지혜를 얻는 것이 금보다 좋고, 슬기를 얻는 것이 순은보다 낫고, 명예와 존경이 재물보다 소중하다고 가르칩니다.

"지혜를 얻는 것은 금보다 좋고 예지를 얻는 것은 은보다 낫다."(잠언 16,16)
"주님을 경외하며 가진 적은 것이 불안 속의 많은 보화보다 낫다."(잠언 15,16)

그러므로 가난과 부 사이에서 평형을 찾은 잠언 저자는 하느님께 다음과 같이 청합니다.

"저를 가난하게도 부유하게도 하지 마시고 저에게 정해진 양식만 허락해 주십시오. 그러지 않으시면 제가 배부른 뒤에 불신자가 되어 '주님이 누구냐?' 하고 말하게 될 것입니다. 아니면 가난하게 되어 도둑질하고 저의 하느님 이름을 더럽히게 될 것입니다."(잠언 30,8-9)

이스라엘의 예언자들은 군주제의 발전과 더불어 이룩된 경제적 풍요로움이 우상 숭배와 밀접한 관계를 지닌 것을 보았습니다(호세 10,1; 이사 2,7-8; 에제 7,19-20 참조). 왕은 나라의 대지주가 되었으며, 힘없고 보잘것없는 백성들은 유산으로 물려받은 조상의 땅까지도 강제로 팔아야 했고, 심지어 약탈당했습니다. 오늘날 권력을 가진 사람들이 행하는 일과 크게 다르지 않았습니다.

예수님은 재물 자체를 악한 것으로 보지는 않지만, 재물을 얻는 방법이 불의함과 연결되어 있음을 지적하고 있습니다(루카 16,1-8 참조). 부는 하느님과 같은 섬김의 대상이 될 수 없고, 부와 재물을 섬기는 일이 양립할 수 없음을 분명하게 밝히신 것입니다(루카 16,13 참조). 부가 하느님을 섬기는 데 걸림돌이 되고 있다는 것입니다. 사람이 돈이나 재물에 몸과 마음을 사로잡혀 있는 한 하느님을 온 마음으로, 온 힘으로 섬길 수 없다는 것입니다.

이 교훈은 행복이 물질에 있는 것이 아니라는 것을 가르쳐 줍니다. 이 점은 예수님이 말씀하신 진복팔단의 첫 번째 조항에서 더욱 분명하게 나타납니다.

"행복하여라, 마음이 가난한 사람들! 하늘나라가 그들의 것이다."(마태 5,3)

많은 그리스도 신자들이 이 말씀에서 곤혹을 느끼고 있습니다. 세상 사람들은 모두 행복하기 위하여 돈을 벌기에 안간힘을 쓰고 있는데, 그리스도인들은 가난하게 되도록 노력해야 한다는 뜻인가요? 더욱이 우리가 이해하기 어렵게 하는 것은 '마음'이라는 수식어입니다. 루카 복음사가는 수식어 없이 "행복하여라, 가난한 사람들! 하느님의 나라가 너희 것이다."(루카 6,20)라고 선언하고 있기 때문입니다. 도대체 '마음'이라는 수식어는 무슨 의미를 담고 있는 것인가요?

우선 우리는 예수님이 말씀하신 가난한 사람들이 누구를 지칭하는지 생각할 필요가 있습니다. 이스라엘 백성들이 사용하던 히브리어에는 '가난'을 뜻하는 용어가 많이 있습니다만, 여기서는 그 가운데 '아나빔'(anawim)을 지시한다고 말할 수 있습니다. 우리는 이 용어를 '야훼의 가난한 사람들'이라고 번역할 수 있을 것입니다. 그들은 본디 억눌리고 비천하고 노예가 된 사람들이었습니다만 이스라엘 백성의 바빌론 유배 중에, 그리고 유배 이후 종교적 의미가 가미되면서 약간 변형된 의미를 지니게 되었습니다. '하느님께 헌신한 사람', '겸손한 사람'의 의미도 담게 되었습니다. 말하자면 유배 중에 하느님의 말씀과 이스라엘의 전통에 충실하려다가 새로운 환경인 유배 생활에 적응하지 못하고 가난하게 된 사람들을 의미하게 된 것입니다. 그러니까 '아나빔'이란 게을러서 가난하게 된 사람들이 아니라, 새로운 종교와 풍속 안에서 여전히 이스라엘의 전통과 야훼 하느님께 성실하기 위해서 바빌론의 종교나 풍습에 적응하지 못하고 가난하게 된 사람들을 의미하게 된 것입니다.

예를 들면, 미국 이민 사회에 가서 '우리 것은 좋은 것'이라 하여 한국적인 것만을 고집하다가 성공은커녕 '이방인' 또는 '괴짜'로 외톨이가 되는 경우와 다르지 않을 것입니다. 루카 복음사가가 지시한 '가난한 사람'이란 분명 '아나빔'을 의도한 것이 분명합니다. 그들은 실제로 가난했기 때문입니다. 또 마태오 복음사가가 지시한 '마음으로 가난한 사람' 역시 예수님께서 말씀하신 '아나빔'을 가리키고 있습니다. 그들은 분명 하느님을 향한 성실한 마음을 갖추고 있었기 때문입니다.

한편 본당의 신부님들은 신자들의 상점이나 공장 등을 축성하면서 돈을 잘 벌기를 빌어 줍니다. 그렇다면 예수님의 가르침과 모순되는 것이 아닌가요? 우리는 '가난이 행복하다'라는 말과 '가난한 사람이 행복하다'라는 예수님의 말씀을 구별할 필요가 있습니다. 일찍이 구약 성경에서 "저를 가난하게도 부유하게도 하지 마시고 저에게 정해진 양식만 허락해 주십시오. 그러지 않으시면 제가 배부른 뒤에 불신자가 되어 '주님이 누구냐?' 하고 말하게 될 것입니다. 아니면 가난하게 되어 도둑질하고 저의 하느님 이름을 더럽히게 될 것입니다."(잠언 30,8-9)라고 청하는 기도자를 만납니다.

분명 가난 자체가 행복한 것은 아닙니다. 만일 가난 자체가 행복이라고 하면 주님은 제자들에게 이렇게 말씀하셔야 했을 것입니다. '너희는 가서 다른 사람들의 것을 빼앗아 오너라.' 그래야만 그들은 가난하게 되고 그래서 행복하게 될 것이기 때문입니다. 그러나 예수님은 제자들에게 다음과 같이 말씀하셨습니다. '너희는 너희 것을 나누어 주어라.'

또한 부 자체가 불행도 아니요, 행복도 아닙니다. 예수님에 따르면, 행복은 언제나 하느님에게서 오는 것입니다. 그런데 가난한 사람은 하느님을 행복의 원천으로 여기는 일이 쉽습니다. 부유한 사람들은 집안에 문제가 발생했을 때 바로 자신이 가진 돈으로 해결하려고 할 것입니다. 권력이 있는 사람은 자신의 권력에 의지하여 문제를 해결하고자 할 것입니다. 그러나 가난한 사람은 돈도, 권력도, 재주도 없습니다. 그러므로 문제를 해결하리면 기댈 곳이 하느님밖에 없습니다. 그러므로 돈이나 권력이나 자신의 재주가 희망이요 배경인 사람보다 하느님이 희망이고 배경인 사람이 행복하다는 것입니다. 부자가 불행한 이유는 하느님보다도 돈을 더 의지하는 일이 쉽기 때문인 것입니다. 그 때문에 예수님은 어리석은 부자의 비유(루카 12,16-21 참조)를 들려주시고 다음과 같이 선언하십니다.

"부자가 하느님 나라에 들어가는 것보다 낙타가 바늘귀로 들어가는 것이 더 쉽다."(루카 18,25)

그렇다고 예수님은 결코 부자와 가난한 자를 편 가르는 일을 원하지 않습니다. 부자들에게 하느님을 우선적으로 의지하는 일이 어렵다고 말씀하신 것이지, 부자들은 하느님 나라에 들어갈 수 없다고 말씀하신 것이 결코 아닙니다. '사람에게는 불가능한 것이라도 하느님께는 가능하기'(루카 18,27 참조) 때문입니다. 예수님은 세관장이었던 자캐오의 구원을 언급하셨습니다.

"오늘 이 집에 구원이 내렸다."(루카 19,9)

삼백 데나리온이나 하는 값비싼 향료를 쏟아 부어 예수님의 발을 씻긴 여인에게도 구원이 배제되지 않았습니다.

"내가 진실로 너희에게 말한다. 온 세상 어디든지 이 복음이 선포되는 곳마다, 이 여자가 한 일도 전해져서 이 여자를 기억하게 될 것이다."(마

태 26,13)

예수님의 추종자 가운데는 부자들이라고 할 수 있는 사람들도 여럿 있었습니다. 유다 최고 의회 의원이며 바리사이파 사람이었던 니코데모(요한 3,1 참조), 물질적으로 예수님을 도왔던 예루살렘의 부녀들, 자신을 위해 준비해 둔 무덤을 예수님께 내어 드린 아리마태아 사람 요셉이 있습니다. 성서는 그가 부유한 사람이었다고 전하고 있습니다(마태 27,57 참조). 슬기롭게 대답한 율법 학자에게 "너는 하느님의 나라에서 멀리 있지 않다."(마르 12,34)고 선언하시는 주님은 재물을 슬기롭게 사용하는 사람들에게도 여전히 똑같은 말씀을 하실 것입니다.

"내가 너희에게 말한다. 불의한 재물로 친구들을 만들어라. 그래서 재물이 없어질 때에 그들이 너희를 영원한 거처로 맞아들이게 하여라."(루카 16,9)

여러 해 전에 미국의 재벌 워런 버핏(Warren Buffett)이 자신의 재산 374억 달러, 곧 37조 원을 자선단체에 기부하였다는 소식을 들었습니다. 그때 문득 김요한 시인의 시 '영혼의 보배'[55]가 생각이 났습니다.

"많은 재산과 권력과 명예를 가진 사람이 죽었습니다.
천사가 그의 영혼에게 말했습니다.
'이제 저승으로 떠납니다.

---

55 김요한, 《아름다운 삶의 이야기》, 바오로딸, 1999, 65쪽.

갖고 가고 싶은 것이 있으면 말씀하십시오.'

그러자 그는 대뜸 말했습니다.

'돈을 가져가겠습니다.'

천사가 '그것은 안 됩니다.' 하고 말했습니다.

'그럼 권력을 갖고 가겠습니다.'

그것도 안 된다고 하자

'그렇다면 아름다운 여자라도 데려가고 싶습니다.'

그것도 안 된다고 하자

그는 화가 나서 말했습니다.

'그럼 내 몸에 있는 보석이라도 가져가게 해 주십시오'

그것도 안 된다고 하자

'그럼 대체 무엇을 갖고 갈 수 있다는 말입니까?'

그는 화가 나서 물었습니다.

천사가 대답했습니다. '

'세상에 있을 때 남에게 베풀어 준 것은

모두 가져갈 수 있습니다.'

그러자 그는 아무 말도 못하고 고개를 숙였습니다.”

그렇습니다. 현명한 부자들은 자신의 재산을 어떻게 이용하는지 압니다. 어떻게 하늘에 보화를 쌓는지도 압니다. 그리고 하느님만을 의지하는 '아나빔'들은 자신들의 가난이 왜 행복인지를 압니다. 우리는 어느 편에 속합니까? 가난이 참 행복이라는 것을 아는 '아나빔'입니까? 아니면 재물로 영원한 거처를 마련하는 현명한 부자들입니까?

질문
16

성경에 부자가 천국에 가는 것을
낙타가 바늘구멍에 들어가는 것에 비유했는데,
부자는 악인이란 말인가?

예수님이 분명하게 말씀하셨습니다. 그런데 분명한 만큼 이해가 쉽지는 않습니다.

"부자가 하느님 나라에 들어가는 것보다 낙타가 바늘귀로 빠져나가는 것이 더 쉽다."(마르 10,25)

그러자 제자들은 놀라서 '그러면 누가 구원받을 수 있는가?' 하며 서로 수군거렸다고 전합니다. 그러자 예수님은 즉시 '사람에게는 불가능하지만 하느님께는 그렇지 않다. 하느님께는 모든 것이 가능하다.'고 말씀하십니다. 이 문맥에 따르면, 예수님은 부자들도 하느님 나라에 들어가는 일이 가능하다는 것을 암시하고 있는 셈입니다. 실제로 성경에서 부자들에게 구원의 가능성을 보여 주는 대목이 있습니다.
자캐오의 경우가 그렇습니다. 성경은 이렇게 쓰고 있습니다.

"마침 거기에 자캐오라는 사람이 있었는데, 그는 세관장이고 또 부자였

다."(루카 19,2)

그는 키가 작았는데, 마침 그곳에 예수님이 지나가신다는 이야기를 듣고, 소문을 들었던 터라 그분을 보고 싶어 돌무화과나무에 올라간 사람입니다. 예수님은 그의 그러한 열정을 보고 그 집에 함께하십니다. 그러자 그는 자기 재산의 반을 가난한 사람에게 나누어 주겠노라고 약속합니다. 그리고 다른 사람의 것을 불의하게 취한 것이 있으면, 이스라엘 율법처럼 네 배로 갚겠노라고 선언합니다. 그러자 예수님은 말씀하십니다.

"오늘 이 집에 구원이 내렸다."(루카 19,9)

예수님의 발에 비싼 향유를 부은 여인의 경우도 마찬가지입니다. 예수님께서 그전에 나병 환자였던 베타니아의 회당장 시몬의 집에 초대받았을 때였습니다. 어떤 여인이 비싼 순 나르드 향유를 가져와 예수님의 머리에 부었습니다(마태 26,6-13 참조). 성경은 그 향유가 삼백 데나리온 이상의 가치가 있다고 전하고 있습니다(마르 14,5 참조). 제자들 가운데 어떤 이는 그것을 팔아 가난한 사람에게 나누어 줄 수 있는데 허투루 낭비한다며 못마땅해하였습니다. 그때 예수님이 그들에게 선언하십니다.

"이 여자를 가만 두어라. 왜 괴롭히느냐? 이 여자는 나에게 좋은 일을 하였다. 사실 가난한 이들은 늘 너희 곁에 있으니, 너희가 원하기만 하면 언제든지 그들에게 잘해 줄 수 있다. 그러나 나는 늘 너희 곁에 있지는 않을 것이다. 이 여자는 자기가 할 수 있는 일을 하였다. 내 장례를 위하여 미리 내 몸에 향유를 바른 것이다. 내가 진실로 너희에게 말한다. 온 세상 어디든지 복음이 선포되는 곳마다, 이 여자가 한 일도 전해져서 이 여자를 기억하게 될 것이다."(마르 14,6-9)

카파르나움에서 자신의 병든 부하를 예수님으로부터 치유받은 백인대장의 경우도 그렇습니다. 예수님은 믿음을 보인 그 백인대장에 감탄하시며 이렇게 말씀하십니다.

"내가 진실로 너희에게 말한다. 나는 이스라엘의 그 누구에게서도 이런 믿음을 본 일이 없다. 내가 너희에게 말한다. 많은 사람이 동쪽과 서쪽에서 모여 와, 하늘나라에서 아브라함과 이사악과 야곱과 함께 잔칫상에 자리 잡을 것이다. … 가거라. 네가 믿은 대로 될 것이다."(마태 8,10-13)

하늘나라가 멀지 않다고 하신 율법 학자 니코데모, 예수님에게 돌무덤을 봉헌한 아리마태아 사람 요셉 등은 당시로서는 부자였습니다. 그러나 예수님은 그들에게 하느님 나라는 멀지 않다고 선언하셨습니다. 그런 경우는 더 많이 찾아볼 수 있을 것입니다.

결코 부(富) 자체가 악은 아닙니다. 그러나 부가 사람으로 하여금 하느님보다 돈에 더 집중하게 하고, 의지하게 하는 경우가 있습니다. 우리는 주변에서 돈이 있는 사람들은 무슨 문제든지 돈으로 해결하려고 하는 것을 봅니다. 권력이 있는 사람은 집안의 문제를 권력으로 해결하려고 합니다. 재주와 머리가 있는 사람은 자신의 재주와 머리로 문제를 해결하고자 합니다. 돈도 없고, 권력도 없고, 그렇다고 재주와 꾀조차 없는 사람이 문제를 해결하려면 전적으로 하느님께 매달리는 수밖에 없습니다. 그러므로 예수님은 말씀하시는 것입니다.

"행복하여라, 마음이 가난한 사람들!"(마태 5,3)

부자들에게는 돈이, 권력자들에게는 권력이, 그리고 재능이 있는 사람에게는 자신의 재능이 그들의 문제 해결의 배경이겠지만, 가난한 사람들에게는 문제 해결의 배경이 바로 하느님이기 때문인 것입니다. 하느님은 부자들을 죄악시한 것이 아니라, 돈보다 하느님을 더 의지하기를 바라시는 것입니다.

성경은 하느님의 전능성을 거듭 강조합니다. 가브리엘 천사가 성모 마리아에게 나타나서 예수님의 잉태를 알리셨을 때, 성모님은 처녀인 당신에게 그런 일이 어떻게 일어날 것인지를 물었습니다. 그러자 천사는 말했습니다.

"하느님께는 불가능한 일이 없다."(루카 1,37)

많은 사람들이 성모님의 동정 잉태를 믿지 못합니다. 단세포들의 분열을 통한 생식은 이해할 수 있지만 고등 생물의 처녀 생식은 받아들이지 못합니다. 2004년 황우석 박사가 한창 동물 복제로 화제가 되었을 때로 기억합니다. 암컷의 난자에 자극을 주면 마치 정자가 들어온 것처럼 반응하는 처녀 생식을 이야기한 적이 있습니다. 그리스 신화는 제우스가 자신과 상관없이 머리에서 비너스를 탄생시킨 것에 질투심에 불

탔던 헤라가 남편 제우스와 아무런 상관없이 아이를 잉태하여 낳습니다. 그리스 신화는 그를 대장장이 신 헤파이스토스라고 합니다. 그러므로 처녀 생식은 하나의 신화였는데, 황우석 박사를 비롯한 생명 공학자들에 의해 가능한 것으로 이해하게 되었습니다. 하느님에게는 불가능하다고 생각하면서 생명 공학자들에게는 가능하다고 보는 오늘이 되었습니다.

많은 사람들이 육신의 부활이라는 그리스도교 교리도 받아들이지 못합니다. 죽어서 재가 되고 흙이 되어 버린 시신을 어떻게 다시 부활시킬 수 있느냐? 그것은 하느님의 전능성에도 불구하고 가능하지 않다고 여깁니다. 아주 오래전에 스티브 스필버그라는 영화감독이 만든 '쥐라기 공원'이라는 영화를 본 적이 있습니다. 이야기인즉은, 호박돌에 화석이 된 모기에서 쥐라기 시대에 공룡을 물어 생긴 피를 추출하여 공룡 알을 부화시켜서 공룡들을 부활시켜 냈다는 것입니다. 사람들은 감탄하였습니다. 하느님에게는 가능하지 않지만, 스티븐 스필버그 감독에게는 가능한 것입니다. 생명 공학자들에게는 머리카락이나 시신 일부에서 채취한 DNA로 생명 복제가 가능하지만 하느님에게는 가능하지 않다고 여기는 것입니다.

기도에 관해서도 이의를 제기하는 사람들이 있습니다. 아무리 하느님이라 해도 어떻게 수많은 사람들이 동시에 '자신의 기도를 들어달라고 청하는데' 어떻게 다 들어줄 수 있느냐? 그렇습니다. 하느님께 청원 기도를 하는 사람들은 아주 많습니다. 주일의 경우는 모든 성당마다 많은 사람들이, 우리나라만이 아니라, 세계 곳곳에서 시간마다 청하는데 그 청을 어떻게 다 들을 수 있을까요? 요즈음 우리나라 사람들은 자동차마다 내비게이션 장치를 설치하고 있습니다. GPS 시스템은 모든 자동차마다 내비게이션 장치를 통해 자신이 지금 어디에 있고, 어디로 가야 하는지를 끊임없이 알려 주고 있습니다. GPS 시스템은 가능하지만 하느님은 불가능하다고 여기는 시대가 되었습니다.

 일찍이 어느 주교님이 하셨다는 말이 기억납니다. '요즈음 사람들은 하느님만 빼고 모두 하느님으로 생각하고 있다.' 인간에게 가능해 보이지 않는 일을 두고 사람들은 기적이라고 말합니다. 어느 책에서 이런 내용을 읽은 적이 있습니다. 하느님이 인간의 기도를 들어주시는 것을 기적이라고 하지만, 인간이 하느님의 뜻을 실현하는 것이 더 큰 기적이라고. 맞는 말입니다. 우리는 하느님의 뜻을 실현하기가 얼마나 힘듭니까? 그야말로 낙타가 바늘구멍을 빠져나가는 것만큼 어렵지 않을까요?

질문
17

이탈리아 같은 나라는
국민의 99%가 천주교도인데
사회 혼란과 범죄가 왜 그리 많으며
세계의 모범국이 되지 못하는가?

저는 초등학교를 졸업하고 신학교에 들어갔습니다. 지금은 없어졌지만, '성신중고등학교'(聖神中高等學校)라는 이른바 '소신학교'(小神學校)였습니다. 원래는 학생들이 전국에서 모이는 학교였는데, 입학생을 지역으로 한정하는 것으로 입시 제도가 바뀌어 소신학교는 오래가지 못하였습니다. 사제의 꿈을 안고 입학한 소신학교 동료는 99명, 저까지 포함해서 100명이었습니다. 그런데 지금 사제가 된 동료들은 모두 13명입니다. 첫 학기가 끝나기도 전에 동료들이 신학교를 떠나기 시작했습니다. 성적이나 잘못된 행동 때문에 쫓겨난 친구들도 있지만, 제 스스로 그만둔 친구들도 있습니다. 그들 가운데에는 신학교라는 곳에 실망해서 떠난 친구들이 있습니다. 신학교에는 모두 천사들만 모여 사는 곳인 줄 알았던 모양입니다. 자신과 다를 바 없이, 좀 더 먹겠다고 욕심부리고 작은 일에도 화를 내는 철부지들이 모여서 신학교를 이루고 있다는 것을 받아들이지 못했던 것입니다.

수녀원에 입회했다가 퇴회(退會)한 많은 여성들이 있습니다. 그들 중에도 수녀원에 실망해서 나온 사람들이 많습니다. 동료 수녀나 장상 수녀들에게 실망한 까닭입니다. 수녀들 역시 이슬만 먹고 살거나, 화장실에도 가지 않는 천사들이 아닙니다. 자기 이외에 다른 수녀들은 모두 천사여야만 된다고 생각했을 것 같습니다. 아마도 천주교에 입교한 후 성당 사람들에게 실망해서 냉담하거나 다른 종교로 전향한 사람들도 있을 것입니다. 천주교 신자들이라고 해서 비그리스도교인들보다 더 착하고 더 윤리적인 사람들은 아닙니다.

고 이병철 회장 역시 아마도 천주교 신자들이란 더 착하고 더 윤리적인 사람들이라고 생각한 것 같습니다. 어쩌면 그 반대일지 모릅니다. 왜냐하면 예수님은 당시 죄인들로 취급받고 있는 세리들과 창녀들과 어울렸고, 그것을 못마땅하게 여기는 잘난 사람들에게 이렇게 말씀하셨기 때문입니다.

"건강한 이들에게는 의사가 필요하지 않으나 병든 이들에게는 필요하다. 나는 의인이 아니라 죄인을 불러 회개시키러 왔다."(루카 5,31-32)

그렇습니다. 천주교 신자라 해서 신자가 아닌 사람들보다 더 착하고, 더 똑똑하고, 더 성실한 사람들이 아닙니다. 다만 하느님 때문에, 예수님 때문에, 신앙 때문에 더 착해지려고 노력하는 사람들일 뿐입니다. 그럼에도 그 노력이 좋은 성과를 이루지 못하는 경우가 많습니다.

우리는 사람으로 태어났지만 사람이 되어야 한다는 이야기를 종종 합니다. 우리는 사람이 되어 가는 과정에 있는 것입니다. 그리스도 신앙인은 세례를 받았지만, 참으로 그리스도인이 되어 가는 과정에 있습니다. 예수님은 이런 점을 일찍이 간파하신 듯 합니다. 더욱 분발하라는 뜻으로 말씀하신 것 같습니다.

"나에게 '주님, 주님!' 한다고 모두 하늘나라에 들어가는 것이 아니다. 하늘에 계신 내 아버지의 뜻을 실행하는 이라야 들어간다."(마태 7,21)

아우구스티노 성인이 일찍이 말한 바 있습니다. '마음은 교회에 있지만 몸은 교회 밖에 있는 사람도 있고, 몸은 교회에 있지만 마음이 교회 밖에 있는 사람도 있다.' 모든 그리스도교 신자들의 몸과 마음이 모두 교회에 있는 것은 아닙니다.

우리나라가 역사적으로 불교 국가였던 시절도 있고, 유교가 국교였던 시절도 있습니다. 그러나 그때 모두가 부처님의 가르침대로 산 것은 아닙니다. 살생하지 말아야 하는데 수많은 살생이 일어났습니다. 공자님이나 맹자님의 가르침대로 인의예지를 실천해야 했지만, 조선은 결코 군자들의 국가가 되지 못했습니다. 훌륭한 선비들이 있었지만, 수많은 간신들과 비열한 사람들, 잔악한 군주와 무자비한 대신들이 허다했습니다.

고 이병철 회장은 이탈리아인들이 참그리스도인이 되려면 아직 한참 멀었다고 생각한 것 같습니다. 그건 우리나라 천주교 신자들의 모습도, 그리고 천주교 신자들이 대부분을 차지하는 이탈리아 국민들도 예외는 아닐 것입니다.

질문
18

신앙인은 때때로 광인처럼 되는데,
공산당원이 공산주의에
미치는 것과 어떻게 다른가?

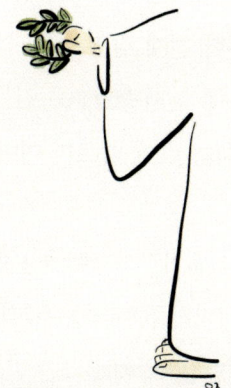

사람은 어떤 특정한 일에 심취할 수 있습니다. 어떤 일에도 심취할 수 없는 사람들은 오히려 불행한 사람들이 아닐까 생각합니다.

몇 해 전 정민 교수가 쓴 책 《미쳐야 미친다》[56]를 읽었습니다. 불광불급(不狂不及), 곧 미치지 않고서는 그 정상에 이를 수 없다는 뜻입니다. 정민 교수는 조선 시대에 '벽(癖)'에 들린 사람들을 소개하고 있습니다. 꽃에 미친 김덕형, 돌만 보면 벼루를 깎았던 석치 정철조, 굶어 죽은 천문학 천재 김영 등 조선 시대의 마니아들을 소개하고 있습니다. 그 가운데 독서광(讀書狂) 김득신이 저에게는 매우 인상적입니다. 그의 독수기(讀數記)에 따르면 어마어마한 독서광입니다.

"《백이전(伯夷傳)》은 1억 1만 3천 번을 읽었고, 《노자(老子傳)》, 《분왕(分王)》, 《벽력금(霹靂琴)》, 《주책(周策)》, 《능허대기(凌虛臺記)》, 《의금장(衣錦章)》, 《보망장(補亡章)》은 2만 번을 읽었다."《미쳐야 미친다》, 52쪽)

---

56 정민, 《미쳐야 미친다》, 푸른역사, 2013.

김득신이야말로 그 누구도 쉽게 따라 할 수 있는 독서광이 아니라 할 수 없습니다. 그의 후손 김유한은 선조의 독수기를 읽은 후에 이렇게 적고 있습니다.

"옛날 우리 백곡 선조께서는 만년까지 손수 여러 책을 베껴 써서 늘어서도 읽기를 게을리하지 않았다. 백 번을 잃고 천 번을 읽고, 만 번 억 번에 이르도록 읽었다. 글의 맥락이 담긴 복선이 있는 곳에는 밑줄을 긋고 둥근 점을 잇대어 놓았다. 핵심 의미가 담긴 곳에는 흘려 쓴 글씨로 곁에다 주를 달았다. 삼가 필적을 살펴보니 쇠 바늘과 은 철사가 살아 움직이는 것만 같았다."《미쳐야 미친다》, 56쪽)

님 웨일즈(Nym Wales)는 조선인 혁명가 김산(金山)을 소개합니다. 그녀가 김산과 함께 쓴 《아리랑》[57]은 김산이 어떻게 공산주의에 미쳐 있는지를 잘 보여 줍니다. 그의 본명은 장지락(張志樂)입니다. 그는 일제 식민지 하에서 고통을 겪고 있는 조국을 11세에 떠나 일본으로, 만주로, 중국으로 전전하며 혁명가로서의 삶을 살았습니다. 그가 중국 대혁명에 뛰어들어 공산주의자가 된 것은 조국 해방이라는 목표 때문이었습니다.

"우리는 억압받고 있는 모든 민족을 해방시킬 것이다. 중국도. 조선도. 또한 후에는 일본까지도 모두 함께 힘을 합하여 극동의 하늘 위에 휘황찬란한 자유의 성화를 높이 올리리라. 그래서 나는 중국에 귀화하였고,

---

57 님 웨일즈 · 김산. 송영인 옮김. 《아리랑》, 동녘, 2006(개정 3판).

중국 공산당원이 되었다."(《아리랑》, 57쪽)

그는 죽을 고비를 수차례 겪고 마침내 1930년 베이징의 서성에서 체포됩니다. 일본 경찰로 넘겨진 다음 여섯 차례의 물고문을 비롯한 모진 고문에도 자신이 공산주의자라는 것을 자백하지 않습니다. 그리고 결국 증거 불충분으로 석방됩니다. 그러나 1933년 다시 일본 형사에게 체포됩니다. 끝까지 고문과 협박을 견디어 낸 그는 다시는 중국으로 돌아가서는 안 된다는 경고와 더불어 석방됩니다. 그러나 그는 그 경고를 무시하고 다시 중국으로 떠납니다. 그리고 1936년 그는 조선 민족 해방 동맹과 조선 공산당에 의하여 서북에 있는 중화 소비에트 지구에 파견될 대표로 선출됩니다. 이 정도면 그가 공산주의에 미친 사람이라고 아니할 수 없습니다. 그가 공산주의에 철저하게 미친 이유는 다음의 그의 말에서 읽어 낼 수 있을 것입니다.

"내 전 생애는 실패의 연속이었다. 우리나라의 역사도 실패의 역사였다. 나는 단 하나에 대해서만 — 나 자신에 대하여 — 승리했을 뿐이다. 그렇지만 계속 전진할 수 있다는 자신감을 얻는 데는 이 하나의 작은 승리만으로도 충분하다. 다행스럽게도 내가 경험했던 비극과 실패는 나를 파멸시킨 것이 아니라 강하게 만들어 주었다."(《아리랑》, 464쪽)

한편 조국의 해방이라는 이유와 달리 공산주의에 빠져드는 이유를 중국 공산주의자들에게서 찾아볼 수 있습니다. 에드거 스노(Edgar Snow)는 마오쩌둥(毛澤東, 모택동)을 비롯한 공산주의자들이 철저하게 공산주의 사상에 빠져 있는 모습을 《중국의 붉은 별》[58]에서 소개합니다. 마오쩌둥은 에드거 스노와의 인터뷰에서 자신의 삶을 회고하면서 자신에게 영향을 준 몇 가지를 전해 줍니다.

"나는 1839년 후산성 샹탄현 사오산 마을에서 태어났습니다. … 내 전 생애에 영향을 미친 한 사건이 후난성에서 터졌습니다. … 그해에는 기근이 심해 창사에는 먹을 것이 없는 주민이 수천 명이나 되었습니다. 굶주린 사람들이 구호를 청하기 위해 대표를 뽑아 성장(省長)에게 보냈으나 성장은 '왜 먹을 것이 없는가? 성내에는 먹을 것이 가득하다. 난 언제나 먹을 것이 충분해.' 하고 오만하게 대답했지요. 사람들은 성장의 대꾸를 전해 듣고 격분했습니다. 이들은 집단 모임을 갖고 시위대를 조직했습니다. 그리고는 청조의 관아를 습격해 관아의 상징인 깃대를 꺾어 버리고 성장을 몰아냈어요. … 그가 해임되고 이어 새로운 성장이 부임해서 곧 봉기의 주동자들을 체포하라는 명령을 내렸지요. 많은 사람이 참수 당했고, 이들의 목은 앞으로 '반란'을 일으키지 못하도록 경고하기 위해 장대에 꽂아 널리 내보였습니다. 우리는 학교에서 이 사건을 두고 여러 날 동안 의견을 나누었습니다. 그 사건은 나에게 깊은 영향을 미쳤지요. 대부분의 학생들이 '반란민들'에게 동정을 보냈지만 그것은 어디까지나 방관자의 입장에서였습니다. 이들은 그 사건이 자신의 생활과 어떤 연관성이 있다는 점을 이해하지 못했어요. … 나는 그 사건을 잊지 못했어요. 나는 반란자들과 함께 움직인 사람들이 내 가족과 마찬가지로 평민들이라고 생각하고 이들에 대한 불법적인 조치에 격분을 느꼈습니다."

---

58 에드거 스노, 홍수원·안양노·신홍범 옮김, 《중국의 붉은 별》, 도서출판 두레, 2016(개정판 7쇄).

마오쩌둥을 지지하며 9천 6백여 킬로미터의 대장정을 함께한 주더(朱德, 주덕), 린뱌오(林彪, 임표), 저우언라이(周恩來, 주은래), 덩샤오핑(鄧小平, 등소평)을 비롯한 지도자들이나, 홍군에 입대한 많은 젊은이들도 비슷한 경험을 했다고 에드가 스노는 전합니다.

"'노구'(老狗), 즉 늙은 개라는 별명을 가진 소년이 있었는데, 나는 이 소년과 함께 걸으면서 홍군에 입대한 이유를 물어 보았다. 소년은 남부 출신으로 푸젠성 소비에트 지구에서 홍군의 장정에 참여하여 처음부터 끝까지 따라왔다. … 그는 홍군이 장정을 벌인다면 또다시 2만 5천 리를 걸을 용의가 있다고 말했다. 또 다른 소년은 별명이 '시골 사촌'이었는데 그도 장시성에서 출발한 자정에 참여하여 '노구'와 다름없는 9천 6백여 킬로미터를 걸었다. 그는 이제 16살밖에 되지 않았다. 이 소년들은 홍군을 좋아했는가? 내가 묻자 그들은 정말 뜻밖이라는 표정으로 나를 빤히 쳐다보았다. … '홍군은 저에게 글을 읽고 쓰는 법을 가르쳐 주었어요.' '노구'가 입을 열었다. '이곳에 와서는 무전기 조작과 소총을 정조준하는 법을 배웠지요. 홍군은 가난한 사람들을 도와주고 있습니다.' '그게 전부인가?' '홍군은 우리에게 친절해서 우리는 절대로 매를 맞는 일이 없어요.' '시골 사촌'이 덧붙였다. '이곳에서는 모든 사람이 똑같아요. 가난한 사람들이 지주와 국민당의 종노릇을 하는 백구(白區)하고는 달라요. 여기서는 모든 사람들이 가난한 사람을 돕고 조국을 구하기 위해 싸우고 있어요. 홍군은 지주들이나 백비들과 싸우고 또 일본에 항거하지요. 이런 홍군을 누가 싫어할 수 있겠어요?"《중국의 붉은 별》, 92-93쪽)

공산주의의 선택은 일본으로부터 조국의 독립, 지주들을 비롯한 권력자들의 폭력에 가까운 갑질, 노예와 다름없는 가난한 삶에서 벗어나기 위한 방법으로 선택된 것임을 알 수 있습니다.

　이와 같이 사람은 어떤 특정한 일에 깊이 빠질 수 있습니다. 그런데 그 특정한 일이 좋은 일일 수도 있고, 나쁜 일일 수도 있습니다. 옳은 일일 수도 있고, 그릇된 일일 수도 있습니다. 또는 옳은 일이나 그릇된 일과는 상관없는 일일 수도 있습니다. 돈에 미쳐 있는 사람, 술에 빠져 사는 사람, 도박이나 게임에 정신 못 차리는 사람들도 있습니다. 이들을 중독이라고 말합니다. 어떤 특정 종교에 빠져 있는 사람들도 있고, 학문이나 스포츠에 빠져 있는 사람들도 있습니다. 좋은 일에 깊이 빠져 있는 사람들을 우리는 위대한 사람이라고 말합니다. 야구에 미쳐서 야구밖에 몰랐던 사람들이 있습니다. 그들을 전설, '레전드'라고 말합니다. 신앙에 빠져 있었던 그들을 우리는 성인들이라고 말합니다. 하느님 때문에 목숨을 내어놓은 순교자들을 분명 미친 사람이 아니라고 할 수 없습니다.

　한국 천주교회사에는 만여 명의 순교자들이 있음을 이야기합니다. 그들 가운데 확실한 기록이 있는 사람들을 로마 교황청에 보고하여, 김대건 안드레아 신부를 비롯한 103위 순교자들은 1984년 요한 바오로 2세 교황에 의해 여의도에서 시성된 바 있습니다. 그리고 2014년 8월 프란치스코 교황은 윤지충 바오로와 그의 동료 124위의 순교자들을 복자로 추대하였습니다. 시복시성을 위해 순교 사실에 관한 기록을 찾는 작업은 지금도 계속되고 있습니다.

　순교자들의 기록을 읽어 보면 그들을 미친 사람이 아니라고 할 수가 없을 것입니다. 김대건 안드레아 신부님이 순교하기 전에 신자들에게 남긴 글이 있습니다. 하느님의 존재를 믿지 못하고 하느님의 전능을 믿지 못하는 사람에게 배교한다는 말 한마디만 하면 목숨을 건질 수 있는데, 그것을 포기하고 기꺼이 죽음을 택한 김대건 신부님의 맘은 허황하기 짝이 없을 것입니다.

"세상 온갖 일이 막비 주의 명이요, 막비 주상 주벌이라. 고로 이런 군난 또한 천주께서 허락하신 바이니 제형들은 감수 인내해 위주하고 오직 주께 슬피 빌어 빨리 평안함 주시기를 기다리라. 내 죽는 것이 제형들 육정과 영혼 대사에 어찌 거리낌이 없으랴. 그러나 천주 오래지 않아 제형들과 내게 비겨 더 착실한 목자를 상 주실 것이니 부디 서러워 말고 큰 사랑을 이루어 한 몸같이 주를 섬기다가 사후에 하나로 영원히 천주 대전에서 만나 길이 누리기를 천만 바라노라."(김대건 신부의 〈옥중서한〉)

결혼은 하였지만 유중철 요한과 동정부부로 살았던 복자 이순이 루갈다가 어머니에게 남긴 글입니다.

"이 세상에서는 잠깐 부부가 되고, 영원한 세상에서는 성인의 반열에 올라, 모자, 형제, 남매, 부부가 영원한 세상에서 즐기면 얼마나 좋겠습니까? 제가 죽은 후에라도 전주 소식이나 발길을 끊지 말고, 내가 있던 때처럼 하십시오. 이 딸자식이 여기에 온 후 저희가 평소에 마음에 두고 있던 일을 이루어 구월에 와 시월에 두 사람이 맹세하여 사년을 친남매같이 지내는 도중에 십여 차례의 유혹에 빠질 뻔하다가, 주님의 성혈 공로에 의지하여 능히 유혹을 물리쳤습니다. … 치명의 결실을 맺기 전에 이처럼 붓을 들어 글을 쓰는 일이 참으로 경솔한 짓이지만, 어머님의 근심을 풀어 드리고 반기시게 하려는 일이니 이것으로써 위로를 삼으시기

를 바랍니다."《이순이 루갈다 옥중편지》[59], 26-27쪽)

    부부로 살면서도 약속한 대로 정결을 지켜 내며, 또한 신앙 때문에 기꺼이 자신의 목숨을 바칠 뿐 아니라, 어머니를 비롯한 다른 이들에게도 죽음으로 신앙을 지키도록 권하는 그들이야말로 천주 신앙에 미친 사람들이 아닐 수 없을 것입니다.

    순교자들은 분명 하느님에게 미친 사람들입니다. 그런데 정말 하느님이 존재하시고, 그분이 정녕 세상과 인간을 창조하신 분이시고, 그분이 전지전능하신 분이시라면. 그분을 대군대부(大君大父)로 모시고, 그분의 명령에 따라, 순교를 선택한 그들의 삶은 전적으로 옳은 일이며, 찬양받을 일이 아닐 수 없습니다. 그리스도 신앙인들은 그런 의미에서 순교자들을 현양하고 그 모범을 따르고자 하는 것입니다.

    공산주의에 미친 사람들도 이해할 수 있을 것 같습니다. 그것이 나라를 위해, 백성을 위해 도움이 되는 길이라고 여겼을 수 있습니다. 봉건 제도를 이겨 내고, 일제 군국주의를 이겨 낼 수 있는 새로운 제도로 지상 낙원을 이룰 수 있다고 여겼을 법합니다. 그러므로 많은 젊은 지성인들이 사회주의에 빠져들었던 시기가 있었습니다. '사의 찬미'로 유명한 김우진의 아우이자 모범 신앙인인 김익진 프란치스코에 관해서 김문태 교수는 말합니다.

"유교와 불교의 성인들에 대해서는 웬만큼 알았다. 하지만 성인들의 삶이라는 게 워낙 현실과 동떨어져 있어 별 감흥 없이 지나쳐 왔다. 그런

---

59 이태영·유종국 역주, 《동정부부 순교자 이순이 루갈다 옥중편지》, 천주교전주교구, 2011.

네 가톨릭 성인이라니], … 책값을 내면서도 납득되지 않았다. 항일의 일념으로 홍군에 입대해 죽을 고비를 몇 차례 넘겼다. 하지만 공산주의 혁명과 사회주의 운동에 대한 신념이 내 갈증을 해소해 주지 못했다. 귀국 후에는 불교에 심취했다. 불력이 있다는 백양사와 한용운 선사가 머물렀던 백담사를 찾아다니며 마음을 추슬렀다. 청담 스님과 며칠을 토론하기도 했다. 하지만 불교의 가르침 역시 휑한 가슴을 채워 주지는 못했다. 그러던 차에 만난 프란치스코였다. … 잠시도 책에서 눈을 뗄 수 없었다. 어쩌면 나와 그리 닮았을까. 그 역시 부잣집에 태어나 부러울 것 없이 살았다. 그러나 가슴 한쪽은 늘 비어 있었다. 어디에서 갈증을 달래야 할지 몰라 헤매고 다니는 그에게서 나를 봤다. 젊은 날의 그는 영락없는 김익진이었다."《불꽃이 향기가 되어》[60] 32-33쪽)

그가 가톨릭에 입문하기 전에 사회주의에 심취했었다는 것을 알 수 있습니다.

"책 사이에 꽂힌 몇 장의 라틴어 문서는 더욱 놀라웠다. 레오 13세 교종이 1891년 5월 15일에 공포한 〈자본과 노동에 관한 회칙(Rerum Novarum)〉(새로운 사태)이었다. 입이 떡 벌어졌다. 고용주들의 무절제한 경쟁의 탐욕에 무참히 희생된 노동자들의 비참한 현실을 직시하고 있었다. 아울러 이런 문제를 해결하기 위해 사유 재산을 공유화하고, 모든 재화를 국민에게 공평하게 분배해야 한다는 사회주의자와 공산주의자의 주장을 낱낱이 비판하고 있었다. … 공산주의와 사회주의의 허점을 비판하는 데

---

60 한국 천주교 평신도사도직단체협의회, 《불꽃이 향기가 되어 — 20세기를 살아간 다섯 사람 이야기》, 으뜸사랑, 2016.

그치지 않고, 그 대안까지 내놓았던 것이다. 벌어진 입을 다물 수 없었다."《불꽃이 향기가 되어》, 42-43쪽)

민주주의나 자본주의에 미친 사람들도 마찬가지 아닐까요? 과연 어떤 제도가 진리일까요? 민주주의와 자본주의 안에도 수정 보완되어야 할 것들이 여전히 많이 있지 않을까요? 절대적인 제도는 없습니다. 제도만으로 지상 낙원을 이룰 수도 없습니다.

가톨릭에 미치거나, 공산주의에 미치는 일은 다르지 않은데, 하나는 이 세상이 전부라고 생각하고 모든 것을 건 셈이고, 또 하나는 이 세상이 아니라, 이 세상 너머 저세상이 더욱 진실한 세상이고 가치가 있다고 여기고 모든 것을 걸었다는 것이 그 차이가 아닐까 싶습니다. 사냥감을 본 개는 끝까지 달린다고 했습니다. 어쩌면 공산주의자들이나 순교자들은 그들의 목표를 본 사람들이 아닐까 합니다. 심리학자들은 분노가 쌓여서 그것이 해소되지 않은 채로 그 절정에 이르면 외향성이 강한 사람은 살인을 범하게 되고 내향성이 강한 사람은 자살을 하게 된다고 말합니다. 어쩌면 신앙인들은 그들의 희망을 내향성의 방향으로 표현하였고, 공산주의자들은 분노를 외향성으로 표출한 것이 아닐까요?

질문
19

천주교와 공산주의는 상극이라고 하는데,
천주교도가 많은 나라들이
왜 공산국이 되었나?
예. 폴란드 등 동구 제국, 니카라과 등

어린 시절 초등학교 벽에서 '반공', '방첩', '때려잡자 김일성', '무찌르자 공산당' 등의 글귀들을 볼 수 있었습니다. 그리고 한반도 북쪽에 사는 사람들을 '빨갱이'라고 불렀습니다. 저는 그들이 얼굴이 빨간 사람들인 줄 알았습니다. 당시 한반도 이남에서는 '공산주의'를 배울 수 없었기 때문입니다. 또한 맑시즘에 관한 서적은 불온서적으로 취급되었습니다. 중앙정보부 요원들이나 군사 정권의 보안부 요원들은 책 표지만 빨간 색이어도 불온서적으로 수거했다는 황당한 이야기도 들었습니다. 남한 정권은 정권을 연장하거나 정적들을 제거하기 위해선 늘 '공산주의'를 이용하였습니다. '간첩'이라는 누명을 씌우면 사형을 집행해도 아무런 문제가 없었습니다. 한반도에서 이른바 색깔 논쟁은 아직도 계속되고 있습니다. '좌빨'이니 '보수 꼴통'이니 하는 속어들이 난무하고 있습니다.

현대 공산주의의 토대는 맑시즘입니다. 맑시즘은 종교 비판을 기조로 삼고 있는 헤겔 철학을 바탕으로 하고 있습니다. 특히 '인간이 인간에게 신이다.'라고 주장하는 헤겔 철학 좌파들의 경로를 거쳐 이루어졌습니다. 혹자는 맑시즘을 현실화된 헤겔주의라고 말합니다. 그들은 '종교란 인간 자신의 산물, 인류의 역사적 산물'로 이해하고 있습니다. 불행한 현실에 대하여 도피처로 종교를 만들어 내고 있다는 것입니다. 그러므로 종교는 정치, 경제적 세계의 변혁과 더불어 저절로 사라지게 될 것이라고 자신만만하게 말하고 있습니다. 여기서 '종교'는 그리스도교를 지시한다고 말할 수 있습니다. 당시 그들에게 종교는 가톨릭을 중심으로 한 그리스도교였기 때문입니다.

이와 같이 공산주의는 종교, 특히 그리스도교와는 상극인 셈입니다. 그러면서도 유사성을 지닙니다. 공산주의도 그 목표는 종교와 마찬가지로 영적이든, 현세적이든 '인간 구원'이기 때문입니다. 그들의 조직은 그런 이유로 가톨릭과 매우 닮아 있습니다. 그리스도교가 마태오, 마르코, 루카, 요한이라는 4가지 복음서를 가지고 있다면 그들은 4가지 정전, 곧 마르크스, 엥겔스, 레닌, 스탈린을 가르치고 있습니다. '당 비서'의 권위는 교황만큼이나 강력한 권위를 지니고 있으며, '공산당'은 '로마 교황청'의 무류적 교도권을 행사하듯이, 오류를 공개적으로 단죄하면 발설자들은 자신을 굽히고 자아비판을 실시하게 됩니다. '공산당'이야말로 진리의 기둥이요, 기초이며 정통성의 보루가 됩니다. 이러한 방주 밖에는 어떤 구원도 없습니다. 일찍이 한스 큉(Hans Küng) 신부는 그의 저서 《신은 존재하는가》[61]에서 공산주의를 이렇게 표현했습니다.

"로마 가톨릭처럼 소비에트 공산주의도 세계는 악하고 따라서 '구속을 필요로 한다.'는 전제하에 출발한다. 공산주의자들에게도 '계시'란 시간

---

61 한스 큉, 성염 옮김, 《신은 존재하는가》, 분도출판사, 1994.

이 찬 다음에 혹은 변증법적 발전의 절정이 주어진다는 것이 네 정전에 여실하게 지적되고 있다. (마르크스, 엥겔스, 레닌, 그리고 어느 특정 후계자든), 공산주의도 당의 무류한 교도권에 의해서, 정치국이라는 성청에 의해서, 무류한 최고의 당비서 개인에 의해서 보전되고 보호되고 해석되어 왔다. 개개 철학자는 그 할 일이 이 교리 체계를 풍부하게 만들고 성장시키고 비판하는 것이 아니다. 다만 모든 생활 영역에 이 교리 체계를 응용하도록 민중을 가르치는 것이며, 이 교리 체계에 대한 이단과 이탈을 색출해 냄으로써 이 '순수한 교리'를 돌보는 것이다. 당의 무류한 교도권이 이단들을 공공연히 단죄한다. 일단 당이 발언을 하고 나면 의견을 달리하던 이단자는 자아비판에 회부되어 비판을 행하여야 하며 그 잘못을 철회하여야 한다. 만약 그가 이 의무를 소홀히 하면 '파문'당하고 총살당한다. 그리하여 당이 '진리의 기둥이요 터전'임이 입증되며 전통을 지키는 성채요 보루가 된다. 이런 수세적 입장과 더불어 정통 공산주의는 공격적인 선교 정책도 동시에 수행한다. 유일무이한 구원의 교리이기 때문에 그 본성상 온갖 수단을 다하여 전 세계에 전파하려고 하며, 선전 본부로부터 어디에든지 선교사를 파견한다. 공산주의 밖에서는 구원이 없다. 공산주의는 엄격한 조직과 맹목적 순종과 당의 규율이 필요하다. 만사가 위대한 지도자 밑에 있고, 그는 거의 예배의 대상이 되다시피 하며, 그에게는 숭경의 선서와 대행진과 퍼레이드와 그의 무덤을 찾는 순례 행렬로 경의를 표한다."《신은 존재하는가》, 340-341쪽)

이러한 유사성을 지닌 까닭에 공산주의는 가톨릭교회를 박해할 수밖에 없습니다. 실제로 북한의 공산주의는 천주교를 박해하였습니다. 공산주의를 몸으로 체험한 지학순 주교는 자신의 저서[62]에서 다음과 같이 이렇게 회고하고 있습니다.

"1945년 8월 15일 해방이 되자, 38선 이북에는 소련 붉은 군대가 진주하게 되었다. … 그들은 이북에 들어올 때에 소련과 중공에서 양성된 많은 공산주의자들을 데리고 들어왔고, 또 들어와서는 초기부터 가난한 가정에 태어나 당시의 사회에 반감을 가지고 있던 유능한 젊은이들을 골라 공산주의로 양성하였다. 그래서 이들을 사회에 내보내어 사회의 주권을 잡게 하며, 과거에 세력을 가졌던 자들이 공산주의를 반대하는 기색을 보이기만 하면 가차 없이 처치해 나가게 했다. 또한 그들은 토지 개혁이라는 미명 하에 기존의 자본주의 사회 형태를 완전히 없애기 위하여 부자들의 토지를 몰수하여 가난한 농민들에게 주는 척하고 농민들에게는 현물세라는 과중한 짐을 지워 과거보다 더 가난하게 만들어 놓고, 모든 기업체는 전부 몰수해 국가 소유로 만들어 일반 대중을 가난으로 묶어 놓고, 공산주의 국가를 건설하기 위한 공허 상태를 만들어 놓았다. 이렇게 가난에 허덕이는 백성을 꼼짝 못하게 움켜잡고 소위 정신 교양이라는 것을 통하여 자꾸 공산주의자를 만들어 나갔다. … 그들은 자기들을 반대하는 사람들을 자꾸 줄여 나가다가 1949년에는 마지막으로 도저히 그냥 두고는 자기들이 원하는 공산주의 사회를 건설할 수 없겠다고 생각되는 종교계 인물들을 잡아 처치한 것이다. 물론 1949년 이전에도 많은 우리 종교인들이 개별적으로 피살되고, 혹은 투옥되었다."《내가 겪은 공산주의》, 23쪽)

---

62 지학순, 《내가 겪은 공산주의》, 가톨릭출판사, 2017(개정판).

"1947년까지는 전교 활동을 직극적으로 할 수는 없었으나, 그저 그대로 살아 나갈 수가 있었다. 그 후부터 차차 한국 공산당원들에게 정치 주권이 넘어가기 시작하니, 조금씩 조금씩 교회를 얽어매기 시작하였다. 그래서 몇몇 지방 교회에서 경영하던 학교가 우선 몰수되고, 그 외의 교회 부속 건물들도 몰수되어 활동에 제한을 받기 시작하였다. … 1948년 겨울인가, 1949년 이른 봄, 이북에서 화폐 개혁이 있었다. 이 화폐 개혁이 있은 후, 뚜렷한 이유도 없이 수도원 경리 신부와 대외적인 일을 보는 수사 한 사람을 잡아갔다. 잠깐 문의할 일이 있다고 데려간 사람이 며칠 동안은 원산 정치보위부에 있는 것을 알았지만, 그 후에는 영영 소식이 없어지고 말았다. 이렇게 되니 점점 사태는 긴박하게 되었다."《내가 겪은 공산주의》, 32–33쪽)

가톨릭교회의 이상(理想)은 사도행전이 전하고 있듯이 '한마음 한뜻이 되고, 모든 것을 공동으로 소유하는 공동체'입니다. 가톨릭교회의 이상대로 오늘날 수녀님들과 수사님들은 수도회 공동체 안에서 살아가고 있습니다. 그들은 모든 것을 공동으로 소유하고, 필요한 만큼 배급을 받아서 살아가고 있습니다. '한마음 한뜻으로' 살아가고 있는지는 모르겠지만 그렇게 하려고 노력하는 공동체입니다. 그 이상이 실현된다면 그 수도회는 정말 아름다운 공동체임에 틀림없습니다. 가톨릭교회의 이상은 우리 교회 구성원 모두가 추구하는 목표입니다. 지금은 그 과정입니다. 모든 수도원이 그렇습니다. 우리 교회 자신이 그렇습니다.

오늘날 공산주의는 이 교회의 이상 공동체를 시도했지만 실패했습니다. 그들에게는 여전히 계급이 존재합니다. '이만갑'(이제 만나러 갑니다)이라는 TV 프로그램을 가끔 봅니다. 그들의 이야기에 따르면, 북한만 하더라도 백두 혈통을 비롯하여 소위 '금 수저' 계급과 '흙 수저' 계급이 현격하게 구별되어 있음을 알 수 있습니다.

공산주의야말로 가톨릭과 가장 유사합니다. 사이비(似而非)란 가장 '비슷하다'는 뜻입니다. 명품일수록 짝퉁도 많은 법입니다. 많은 가톨릭 국가가 공산주의가 된 이유는 유사성 때문이 아닐까요? 그러나 단순히 그것만을 이유로 말하기는 어려울 것입니다. 당시의 여러 가지 환경과 상황을 고려해야 할 것입니다. 우리나라의 경우, 일본 제국으로부터 조선이 독립하기 위해서는 사회주의 체제가 가장 적합하다고 여겼던 많은 지식인들이 공산주의에 빠졌던 것을 기억할 수 있을 것입니다.

질문
20

우리나라는 두 집 건너 교회가 있고,
신자도 많은데
사회 범죄와 시련이 왜 그리 많은가?

2014년도 한국갤럽 조사에 따르면, '종교를 믿는다'는 답변이 50%가 됩니다. 그 비율은 불교 22%, 개신교 21%, 천주교 7%로 나타납니다. 많은 사람들이 종교를 가지고 있고, 그리스도교 신자들이 국민의 25%가 넘는 셈입니다. 그렇게 많은 그리스도교 신자들이 살고 있으면서도 우리 사회에 범죄가 많은 데에는 부끄러움을 느끼지 않을 수 없습니다. 교회가 이 세상의 빛과 소금 역할을 제대로 하지 못한 까닭입니다.

예수님은 그리스도인들에게 당부하셨습니다.

"너희는 세상의 소금이다 … 너희는 세상의 빛이다."(마태 5,13-14)

천주교와 개신교를 합한 28%의 그리스도교인이 사회를 밝히는 촛불이라면 세상이 눈이 부실 것입니다. 소금이라면 부패하기는커녕 짜디짠 소금밭이 되었을 것입니다. 이 사회에 범죄와 시련이 많다는 것은 그리스도교 신자들이 예수 그리스도의 가르침대로 살지 못하는 까닭입니다. 물론 우리가 학교를 다닌다고 모두가 우등생이 되는 것이 아닌 것과 같지 않을까요? 또한 어느 인간도 자기가 알고 있다고 알고 있는 것만큼 사는 것이 아닙니다. 바오로 사도의 고백은 그런 점을 잘 반영해 줍니다.

"나에게 원의가 있기는 하지만 그 좋은 것을 하지는 못합니다. 선을 바라면서도 하지 못하고, 악을 바라지 않으면서도 그것을 하고 맙니다."(로마 7,18-19)

이미 앞서 언급한 것처럼, 그리스도인이란 예수 그리스도로부터 부르심을 받은 사람들이고, 예수님은 마치 병자에게 의사가 필요하듯이, 의인보다는 죄인을 부르러 오신 분입니다. 어쩌면 그리스도 교회는 죄인들의 모임입니다. 교회가 거룩하다고 하는 것은 하느님 때문입니다. 부족한 사람들이고 죄인들의 모임일지 모릅니다. 예수님 때문에 그래도 좀 더 희생하려고 하고, 죄를 덜 지으려고 하고, 다른 사람을 위해 선을 행하려고 노력하는 사람들의 모임일 뿐입니다.

하느님을 믿지 않는 사람들도 하늘을 두려워합니다. 그러나 하느님을 믿는 사람들 가운데 하느님을 전혀 개의치 않은 사람들을 자주 봅니다. 사실 하느님을 무서워하지 않는 사람들보다 무서운 사람은 없습니다. 모세로부터 물려받은 십계명의 첫 번째가 바로 하느님을 흠숭하는 것이고, 두 번째가 하느님의 이름을 헛되이 부르지 않는 것입니다. 그런 계명이 있다는 자체가 그런 범죄가 있었다는 것을 반증합니다. 하느님을 믿어야 할 사람들이 하느님을 업신여기고, 하느님의 이름을 남용하고, 하느님을 이용하여 자신의 이익을 취하는 경우가 얼마나 많습니까? 일찍이 주님은 경고하셨습니다.

"나에게 '주님, 주님!' 한다고 모두 하늘나라에 들어가는 것이 아니다. 하늘에 계신 내 아버지의 뜻을 실행하는 이라야 들어간다."(마태 7,21)

시련은 인간에게 필수악인 듯 여겨집니다. 금은 용광로라는 것을 통하여 순수하게 걸러지듯이, 사람들도 시련을 통하여 성장합니다. 우리가 '위대한 인물'이라고 일컫는 사람들 가운데 시련을 거치지 않은 사람은 없습니다. 큰 시련을 잘 견디어 낸 사람일수록 우리는 위대한 사람이라고 말합니다. 물론 사람마다 시련의 크기와 깊이는 모두 다를 것입니다. 그것을 일반 사람들은 '운'이라고도 말합니다만, 그리스도교 신앙은 그것을 하느님의 섭리(攝理), 또는 안배(按配)라고 말합니다. 그리고 그 큰 시련을 잘 겪어 낸 사람을 교회는 성인(聖人)이라고 말합니다. 물론 모든 시련이 다 하느님으로부터 준비된 섭리는 아닙니다. 인간이 제 스스로 자초한 시련도 없지 않습니다. 물리적이든 윤리적이든 잘못을 범하면 그에 상응한 대가로서 시련이 따르기 마련입니다. 물론 작은 잘못인데도 엄청난 대가의 시련을 겪기도 하고, 큰 잘못인데도 작은 시련으로 마무리되기도 합니다. 물론 나의 잘못이 아닌 다른 사람의 잘못으로 시련을 겪기도 합니다. 이를테면 가까운 사람의 잘못은 주변 사람들에게도 시련을 가져다줍니다. '고통 분담'이라는 것은 가까운 만큼 함께하기 마련입니다. 이것을 군대에서는 '연대성'이라고 말합니다. 우리 그리스도교에서는 이를 '원죄'(原罪)라고 말합니다. 원죄의 교리란, 아담과 하와가 하느님의 금령이었던 '선과 악을 알게 하는 나무' 열매를 따먹었기 때문에 '에덴동산'에서 쫓겨나게 되었다는 것입니다. 바로 아담과 하와의 잘못으로 그의 후손인 인간들은 낙원에 살 수 있었던 하느님의 은총을 잃어버리게 되었다는 것입니다. 이처럼 자신의 죄가 아니라 다른 사람의 죄로 은총을 잃어버린 상황을 말합니다. 이것은 하느님 앞에서 아담과 하와는 오늘의 인류와 깊은 연대성을 지닌 한 가족이라는 뜻입니다. 실제로 현실에서 우리는 한 집안의 가정이 경제적으로 파탄이 나면, 그의 가족들이 함께 고통을 겪게 되는 현실을 봅니다. 이것은 잘못의 경우만이 아니라, 반대로 공로에 관하여서도 마찬가지입니다. 가족 중에 한 사람이 큰 공로를 쌓아 영예를 얻게 되면 그 주변의 가까운 사람일수록 함께 영광스러워지는 것입니다. 가령 올림픽에서 금메달을 획득하게 되면 그 선수만이 아니라, 그의 가족들, 그의 동네 사람들, 더 나아가 그 국민들에게 기쁨이 되는 것과 마찬가지입니다. 원죄론은 그처럼 아담과 하와로 말미암아 에덴동산이란 은총의 선물을 상실하게 되기도 하였지만, 반대로 우리와 한 지체를 이루어 그리스도교 신비체(神祕體)의 머리가 되시는 그리스도 덕분에 다시 영원한 생명을 되찾게 되었다는 것입니다.

결국 세상의 빛이 되고 소금이 되어야 할 소명을 받고 있는 그리스도인들 역시 바오로 사도처럼 '선을 행하려고 하지만 하지 못하고, 악을 저지르려고 하지 않지만 행하고 마는', 잘못을 범할 수 있고, 잘못하는 인간이라는 것입니다. 하긴 이 세상에는 머리끝에서부터 발끝까지 착한 사람도 없고, 머리끝에서 발끝까지 악한 사람도 없습니다. '나쁜 사람'이라고 하는 사람도 가끔은 좋은 일을 행합니다. 그리고 '좋은 사람' 혹은 '착한 사람'이라고 하는 사람도 잘못을 저지르기도 합니다.

성경이란 하느님의 이야기이기도 하지만, 또 한편으로 하느님 백성의 이야기이기도 합니다. 성경에는 하느님 백성들의 온갖 범죄들이 등장하고 있습니다. 그러므로 모세가 받은 십계명이 유효하고, 여전히 예수님의 말씀이 강조될 필요성이 있습니다. 그중 지옥에 관한 경고성 발언에 유의할 필요가 있습니다.

"나를 믿는 이 작은 이들 가운데 하나라도 죄짓게 하는 자는, 연자매를 목에 달고 바다 깊은 곳에 빠지는 편이 낫다. 불행하여라, 남을 죄짓게 하는 일이 많은 이 세상! 사실 남을 죄짓게 하는 일은 일어나기 마련이다. 그러나 불행하여라, 남을 죄짓게 하는 일을 하는 사람! 네 손이나 발이 너를 죄짓게 하거든 그것을 잘라 던져 버려라. 두 손이나 두 발을 가지고 영원한 불에 던져지는 것보다, 불구자나 절름발이로 생명에 들어가는 편이 낫다."(마태 18,6-8)

그리스도 신앙인은 '착한 행실'을 통하여 사람들이 하늘에 계신 하느님 아버지를 찬양할 수 있게 해야 할 의무를 부여받았습니다(마태 5,16 참조). 그런데 오히려 하느님을 믿지 않는 사람들에게 나쁜 표양을 보임으로써 하느님께 다가갈 수 없게 하는 것은 분명 죄가 아닐 수 없습니다. 우리 사회가 이렇게 범죄가 많은 것에 관한 책임과 의무에 있어서 그리스도 신앙인들이 자유로울 수 없는 부분은 분명 있습니다.

질문
21

로마 교황의 결정엔 잘못이 없다는데,
그도 사람인데
어떻게 그런 독선이 가능한가?

교황의 모든 결정에 잘못이 없다는 뜻은 아닙니다. 신앙과 도덕에 관한 문제에 관해서, 그리고 '사도좌'에서 공적으로 선언할 때에 한해서 오류가 없다는 것입니다. 베네딕토 16세 교황은 《나자렛 예수》[63]라는 책을 내면서 서두에 이렇게 밝혔습니다.

"이 책은 절대로 교도권 차원에 속하는 공식 문헌이 아니다. 이것은 '주님의 얼굴'을 찾는 개인적인 탐구일 뿐 그 이상도 그 이하도 아니다. 따라서 누구든 내 견해에 반론을 제기할 수 있다. 나는 그저 독자들에게 공감을 부탁할 뿐이다. 공감 없이는 이해도 있을 수 없기 때문이다."《나자렛 예수 1》, 24쪽)

베네딕토 교황님은 이처럼 자신의 주장이 절대적이 아니라고, 반론을 제기할 수도 있다고 분명하게 밝혔습니다. 제1차 바티칸 공의회는

---

63 베네딕토 16세 교황, 박상래 옮김, 《나자렛 예수1》, 바오로딸, 2012.

교황의 무류권이란 교황의 사건을 포함한 모든 결정이 아니라 '신앙 또는 관습에 대한 가르침'에 관한 결정으로 국한시키고 있습니다. 교황의 무류성에 대해 공의회는 이렇게 쓰고 있습니다.

> "로마 교황이 사도좌에서 발언할 때, 곧 모든 그리스도인의 목자요 스승으로서 자신의 직무를 수행함에 있어서, 자신의 사도적 최고 권위를 가지고, 신앙과 도덕에 관한 교리를 보편 교회가 고수해야 할 것이라고 결정한다면, 그는 복된 베드로에게 약속하신 하느님의 도움에 힘입어 무류성을 지닌다. 이 무류성은 하느님이신 구속주께서 당신의 교회가 신앙과 도덕에 관한 교리를 규정지을 때 갖추기를 바라셨다. 그러므로 로마 교황의 결정들은 교회의 동의 때문이 아니라, 그 자체로서 개정될 수 없는 것이다."《신앙 편람》, 3074항)

이와 같은 선언은 교황님의 가르침에 오류가 없기는 바라는 교회의 간절한 바람일 수 있을 것입니다. 사실 더 나아가서 교회의 가르침에 오류가 없기를 희망하는 표현이기도 합니다. 성령으로 역사되는 교회가 진리를 가르침에 있어서 오류가 있다고 한다면 누가 교회를 믿을 수 있을까요? 예수님은 베드로에게 수위권을 부여하면서 교회를 보장한 바 있습니다.

> "너는 베드로이다. 내가 이 반석 위에 내 교회를 세울 터인즉, 저승의 세력도 그것을 이기지 못할 것이다. 또 나는 너에게 하늘나라의 열쇠를 주겠다. 그러니 네가 무엇이든지 땅에서 매면 하늘에서도 매일 것이고, 네가 무엇이든지 땅에서 풀면 하늘에서도 풀릴 것이다."(마태 16,18-19)

교황의 가르침에 관한 무류성의 역사적 배경은 바로 베드로에게 수여된 관할권과 관련되어 있습니다. 로마의 주교, 곧 교황은 베드로로부터 수위권을 물려받았다는 점을 강조한 것입니다.

"로마 교회는 주님의 안배로 그 밖의 다른 모든 교회들 위에 직권의 우위를 보유한다. 그리고 로마 교황의 이러한 재치 수위권은 진정한 주교의 권한으로서 직접적이다. 그러므로 모든 품계들과 온갖 전례들을 불문하고 목자들과 신자들은 개인적으로나 집단적으로나 로마 교황의 재치 수위권에 교계적으로 예속되고 진정한 순명을 할 의무가 있다. 이러한 순명의 의무는 신앙과 도덕에 관한 사안들에만 국한되는 것이 아니고 온 누리에 퍼져 있는 교회의 규율과 통치에 관한 사안들에 있어서도 해당되는 것이다."(《신앙 편람》, 3060항)

이런 입장은 한편 15세기에 풍미했던 공의회 우위설을 반박하기 위한 것입니다. 공의회 우위설에 대한 주장들은 14세기 교황의 무소불위의 권력에 대하여 주교들의 권한이 교황으로부터 유래한다는 사실을 부인하기 위한 것이었습니다. 그레고리오 7세 교황, 인노첸시오 3세 교황, 보니파시오 8세 교황에 이르러 교황권은 세속적이고 정치적인 제왕으로서 군주적 모습의 절정을 보였습니다. 인노첸시오 3세 교황 시절 이전까지 교황을 베드로의 대리자, 승계자로 여겨 왔으나, 이후 그리스도의 대리자라는 칭호가 생겨났습니다. 동방 교회의 주교들은 인정하지 않았던 피렌체 칙령에서는 교황의 수위권을 다음과 같이 언급하고 있습니다.

"또한 우리는, 거룩한 사도좌와 로마 교황이 전 세계에 대한 수위권을 지니며, 로마 교황 자신은 사도들의 으뜸인 복된 베드로의 후계자이자, 모든 교회의 머리이시고 모든 그리스도인의 아버지이시며 스승이신 그리스도의 참된 대리자라고 결정한다. 또한 세계 공의회들의 문헌과 거룩한 법규들이 견지하는 것처럼, 우리 주 예수 그리스도로부터 복된 베드로 안에서 로마 교황에게 보편 교회를 돌보고 이끌며 다스릴 충만한 권한이 부여되었다."《신앙 편람》, 1307항)

하지만 군주적인 교황권에 대한 반발은 17세기와 18세기에도 갈리아주의와 주교 중심주의로 인해 계속 이어졌습니다. 이들은 주교들 역시 마치 베드로의 권한을 물려받은 교황과 같은 권한을 갖는다고 주장했습니다. 공의회 우위설을 주장하는 주교들은 공의회가 교회에 대한 최고 권한을 가지며 교황은 이 공의회의 대행자일 뿐이라고 보았습니다. 이처럼 교황 무류권은 당시 한편으로 지나치게 주장되었던 제왕적 교황권과 공의회 우위설을 앞세운 주교 단체권의 대립에 대한 중재안이라고도 말할 수 있습니다.

바오로 6세 교황 재위 시절, 신앙교리성은 무류권에 관하여 다음과 같은 회칙 〈교회의 신비〉를 발표하였습니다. 이 회칙은 보편 교회의 무류성, 교회 교도권의 무류성은 축소될 수 없고, 변질될 수 없다는 점을 설명하면서 그 조건과 한계를 명시하고 있습니다.

"전적으로 무류하신 하느님께서는 몸소, 교회인 당신의 새로운 백성에게 어느 정도 참여적 무류성을 베풀어 주셨다. 그 무류성은 신앙과 도덕 사안의 범위 안에 국한되며, 백성 전체가 이 사안들에 속하는 어떤 교리 항

목을 의심없이 고수할 때에 유효하다. 마지막으로 그 무류성은 주님께서 영광스럽게 다시 오실 때까지 교회를 온전한 진리로 인도하시는 성령 은총의 지혜로운 섭리와 도우심에 항상 의존한다. … 오직 … 베드로와 다른 사도들의 후계자들인 목자들만이 하느님께서 정하신 대로 유권적으로, 곧 여러 모양으로 참여하는 그리스도의 권위로 신자들을 가르칠 수 있다. 그러므로 신자들은. … 그들이 가지고 사용하려는 권위의 정도에 상응하는 순종으로 목자들을 따라야 한다."(《신앙 편람》, 4531-4533항)

"이 무류성은 전 세계에 흩어져 있으면서도 베드로의 후계자와의 친교 안에서 가르치는 주교들이 하나의 의견을 결정적으로 고수해야 할 것으로 합의할 때 생겨난다. 이는 한편으로 세계 공의회에서처럼 주교들이 단체적으로 그들의 가시적인 으뜸과 함께 어떤 교리를 결정할 때와 다른 한편으로 로마 교황이 '사도좌에서' 발언할 때, 곧 모든 그리스도인의 목자요 스승으로서 직무를 수행함에 있어서 자신의 사도적 최고 권위를 가지고 신앙과 도덕에 관한 교리를 보편 교회가 고수해야 한다고 결정할 때에 더욱 분명해진다."(《신앙 편람》, 4535항)

"교회 교도권의 무류성은 신앙의 유산뿐 아니라 이 유산을 올바르게 보존하고 설명하는 데에 없어서는 안 될 것에도 미치는 것이다. … 이 진리에 입각하여 제1차 바티칸 공의회는 가톨릭 신앙의 내용을 다음과 같이 규정하였다. '성경과 성전으로 전해 오는 하느님의 말씀에 포함된 모든 것과, 교회가 장엄한 판결이나 통상적 보편 교도권으로써 하느님께서 계시하신 믿을 교리로 가르치는 모든 것은 신적이고 가톨릭적인 신앙으로 믿어져야 한다.' 그러므로 교의들이라는 이름을 불리는 이 가톨릭 신앙의 대상들은 필연적으로 과거의 그 어떤 시대에서도 신앙과 신학을 위한 불변의 규범이었고 현재도 그렇다."(《신앙 편람》, 4536항)

이처럼 교황의 모든 말씀과 가르침에 오류가 없다는 것이 아닙니다. 신앙과 도덕의 문제에 관하여, 계시 진리를 교황의 공적인 '사도좌'에서 선언할 때로 제한하고 있는 것입니다. 그것은 교회의 가르침에 오류가 없기를 희망하는 교회의 표현인 것입니다.

질문
22

신부는 어떤 사람인가?
왜 독신인가?
수녀는 어떤 사람인가?
왜 독신인가?

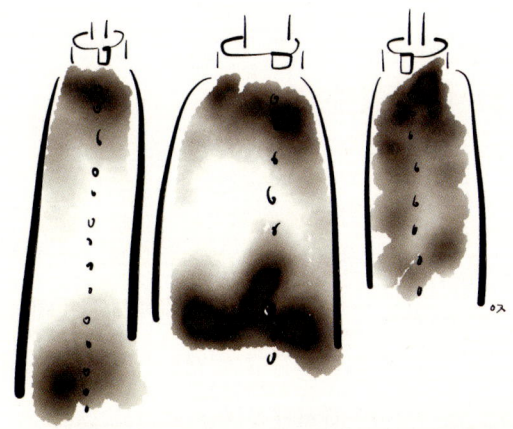

신부는 어떤 사람인가? 왜 독신인가?

교회법은 교회를 하느님의 백성으로 규정하고, 하느님의 백성을 성직자와 평신도로 구분하고 있습니다.

"하느님의 제정으로 그리스도교 신자들 중에는 교회 안의 거룩한 교역자들이 있는데 이들을 법에서 성직자들이라고 부르고, 그 외의 신자들을 평신도들이라고 부른다."(교회법 제207조 1항)

성직자들은 교황으로부터 시작하여 주교(主敎), 사제(司祭), 부제(副祭)에 이르기까지 서열을 이룹니다. 신약 성경에서 보듯이, 초기 공동체는 감독과 장로와 부제라는 단순한 교계 제도를 이루었습니다. 이들을 오늘날 교회에서는 주교와 사제와 부제로 일컫고 있습니다. 그렇지만 교회 공동체가 점차 성장함에 따라 그 서열의 구분이 더 복잡하게 세분되었습니다.

사실 사제라는 용어는 넓은 의미에서는 신부(神父)를 비롯하여 주교와 교황까지도 포함합니다. 그러나 좁은 의미에서는 신부들만을 일컫는 용어로도 사용되고 있습니다.

제2차 바티칸 공의회 문헌인 〈교회 헌장〉은 신부를 그 직무와 더불어 다음과 같이 정의합니다.

"신부들은 비록 대사제직의 정점에는 이르지 못하고 권력의 행사에서 주교들에게 의존하고 있지만, 사제의 영예로는 주교들과 함께 결합되어 있으며, 성품성사의 힘으로 영원한 대사제이신 그리스도의 모습을 따라 신약의 참사제로서 복음을 선포하고 신자들을 사목하며 하느님께 예배를 드리도록 축성된다. 자기 봉사 직무의 단계에서 유일한 중개자이신 그리스도의 임무에 참여하며, 모든 사람에게 하느님의 말씀을 전한다. 성찬의 예배 또는 집회에서 자기의 거룩한 임무를 최대한으로 수행한다. 거기에서 그리스도로서 행동하고, 그리스도의 신비를 선포하며, 신자들의 예물을 그들의 머리이신 그리스도의 희생 제물과 결합시키고, 신약의 유일한 희생 제사를, 곧 그리스도께서 당신 자신을 깨끗한 제물로 성부께 단 한 번 바치신 희생 제사를 주님께서 다시 오실 때까지 미사의 희생 제사 안에서 재현하고 봉헌한다. 참회하는 신자들이나 병든 신자들을 위하여 화해와 위안의 직무를 각별히 수행하며, 신자들의 요청과 기도를 하느님 아버지께 바친다. 목자이시며 머리이신 그리스도의 임무를 자기가 받은 권위에 따라 수행하며, 형제애로 한마음을 이룬 하느님의 가족을 모아, 그리스도를 통하여 성령 안에서 하느님 아버지께 인도한다. 무리 한가운데에서 하느님을 영과 진리 안에서 흠숭한다. 끝으로, 말씀을 전하고 가르치는 일에 수고하며, 주님의 법 안에서 묵상하

며 읽은 것을 믿고, 믿은 것을 가르치며, 가르친 것을 실천한다."(〈교회 헌장〉, 28항)

가톨릭교회는 성직자들에게 교회법으로 결혼 생활을 허락하고 있지 않습니다.

"성직자들은 하늘나라를 위하여 평생 완전한 정결을 지킬 의무가 있고, 따라서 하느님의 특별한 은혜인 독신 생활을 하여야 한다. 이로써 거룩한 교역자들이 일편 단심으로 그리스도께 더 쉽게 밀착할 수 있고 또한 하느님과 사람들의 봉사에 더 자유롭게 헌신할 수 있다."(교회법 277조 1항)

성직자들의 독신 생활에 관한 교회법은 예수님의 말씀에 근거하고 있습니다.

"사실 모태에서부터 고자로 태어난 이들도 있고, 사람들 손에 고자가 된 이들도 있으며, 하늘나라 때문에 스스로 고자가 된 이들도 있다. 받아들일 수 있는 사람은 받아들여라."(마태 19,12)

또 바오로 사도의 설명처럼, 독신 생활은 하느님과 이웃에게 더욱 효율적인 봉사를 하기 위한 것입니다.

"혼인하지 않은 남자는 어떻게 하면 주님을 기쁘게 해 드릴 수 있을까 하고 주님의 일을 걱정합니다. 그러나 혼인한 남자는 어떻게 하면 아내를 기쁘게 할 수 있을까 하고 세상일을 걱정합니다. 그래서 그는 마음이 갈라집니다. … 나는 여러분 자신의 이익을 위하여 이 말을 합니다. 여러분에게 굴레를 씌우려는 것이 아니라, 아무런 방해도 받지 않고서 품위 있고 충실하게 주님을 섬기게 하려는 것입니다."(1코린 7,32-35)

베드로 사도에게 장모가 있었던 것처럼, 초창기부터 성직자 독신제가 강요된 것은 아니었습니다. 물론 초세기에도 성직자들은 대다수가 독신자들이었습니다. 그러나 교회 업무를 감당하기에 충분할 만큼의 독신자들이 없었기 때문에 한 여자만 아내로 둔 기혼자들도 성직자로 임용되었습니다(1티모 3,1-7 참조). 4세기부터 서방 교회에서는 성직자 독신제가 권고되었지만, 실제로 잘 시행되지 않았습니다. 성직자의 독신제에 관한 명문 규정이 엘비라 지역 공의회 규정 33조(300년경), 일리베리다노 지역 공의회(300~306년), 카르타고 지역 공의회(446년)에 지역적으로 있었습니다만 여전히 잘 시행되지 않았던 것으로 보입니다. 모든 교회에 성직자 독신 제도가 의무 규정으로 재차 명문화된 것은 트리엔트 공의회(1563년)입니다.[64] 그런 탓으로 초기 교회와 중세기에 많은 성직자들의 여성들과의 관계가 오늘날의 성직자들과 많이 다를 수밖에 없었다는 것을 이해할 수 있을 것입니다.

무엇보다도 사제의 독신제는 '예수 그리스도처럼 살아가려는 한 가지 삶의 형태'입니다. 하느님의 영광과 하느님 백성의 평화를 위하여 헌신하기에 가장 모범적인 삶의 형태이기 때문입니다.

---

64 정진석 추기경 지음, 한영만 신부 개정, 《교회법전주해》, 한국천주교중앙협의회, 2008년, 311쪽 참조.

수녀는 어떤 사람인가? 왜 독신인가?

수녀(修女)란 각각의 수도회의 고유한 법률에 따른 서원이나 그 밖의 다른 거룩한 결연을 통하여 정결과 청빈과 순명의 복음적 권고를 선서하고 또한 이 권고가 이끄는 애덕을 통하여 교회와 그의 신비에 특별한 양식으로 결합되는 그리스도교 신자들을 교회의 관할권자에 의하여 교회법적으로 설립된 봉헌 생활회 안에서 이러한 생활 형식을 자유로이 받아들인 여성을 뜻합니다(교회법 573조 참조).

그들은 자발적으로 독신 생활을 선택한 것입니다. 그들이 독신 생활을 선택한 이유도 바오로 사도의 설명과 같은 것입니다.

"처녀가 혼인하더라도 죄를 짓는 것은 아닙니다. 그러나 그렇게 혼인하는 이들은 현세의 고통을 겪을 것입니다. 나는 여러분이 그것을 면하게 하고 싶습니다. … 남편이 없는 여자와 처녀는 몸으로나 영으로나 거룩해지려고 주님의 일을 걱정합니다. 그러나 혼인한 여자는 어떻게 하면 남편을 기쁘게 할 수 있을까 하고 세상일을 걱정합니다. 나는 여러분 자신의 이익을 위하여 이 말을 합니다. 여러분에게 굴레를 씌우려는 것이 아니라, 아무런 방해도 받지 않고서 품위 있고 충실하게 주님을 섬기게 하려는 것입니다."(1코린 7,28-35)

이미 소개한 바 있습니다만, 프로테스탄트 교회와 함께 성경 공동 번역에 참여하셨던 저의 은사 신부님인 선종완 라우렌시오 신부는 수녀회를 창설하신 분입니다. 그 수녀회는 바로 '말씀의 성모영보수녀원'입니다. 여자와는 눈도 마주치지 않았다는데, 수녀원을 세우셨다는 것은 매우 특이한 사건이 아닐 수 없었습니다. 그러나 배우지 못한 사람들도 수도자가 되는 일이 불가능해서는 안 된다는 입장에서 수녀원을 세우신 것입니다. 바로 그분이 수녀님들에게 독신 생활에 대해 이렇게 말씀하신 바 있습니다.

"하느님 나라는 거룩한 가정생활을 본받음으로써 우리 안에 임하게 되는 것입니다. 그러나 하느님 나라를 위해 가정이라는 굴레에서 벗어나 사도들이 그랬듯이 전심전력 하느님의 뜻을 따르게 된다면 얼마나 행복하겠습니까? 전체를 위해서 봉사하는 생활, 말하자면 군인이 된다거나 특수한 임무를 부여받은 사람은 집을 떠날 수밖에 없다는 것입니다. 집에 틀어박혀 있으면 임무를 수행할 수 없기 때문입니다. 나라를 위해 생명을 걸고 싸워야 할 사람들이 가정을 가지고 걱정하고 있다면 어떻게 되겠습니까? 마찬가지 이유를 수도자나 성직자에게도 비길 수 있습니다. 영신적으로 헤아릴 수 없이 많은 사람들을 돌보아야 할 군사, 일선에 나가서 마귀와 격전을 벌이게 될 우리가 당당하고 용맹한 교회의 일꾼으로 활약하려면 가정을 가질 수는 없는 것입니다. 온전한 마음으로 하느님을 섬기고 남의 영혼을 지도하려면 독신 생활이 절대로 필요한 것입니다."《그리스도를 따라서》[65], 93-94쪽)

선종완 신부는 수녀가 독신으로 살아야 할 이유를 가장 잘 설명해 준 셈입니다.

---

[65] 선종완 신부, 《그리스도를 따라서 — 서원에 대한 강론》, 가톨릭출판사, 1977.

질문
23

천주교의 어떤 단체는
기업주를 착취자로,
근로자를 착취당하는 자로 단정,
기업의 분열과 파괴를 조장하는데,
자본주의 체제와 미덕을 부인하는 것인가?

천주교와 천주교의 단체를 구별할 필요가 있습니다. 천주교가 공식으로 인정한 단체인지 확인할 필요도 있습니다. 천주교의 이름을 빌어 자신들의 헛된 주장을 하는 단체들도 없지 않기 때문입니다. 천주교는 무작정 기업주를 착취자로, 근로자를 착취당하는 자로 단정하지 않습니다. 그 단체가 기업주를 착취자로 단정하고, 근로자를 착취당하는 자로 단정하였다면 그 단체는 잘못을 주장하는 단체임에 분명합니다.

물론 교황님들은 일찍부터 노동의 가치와 신성성을 강조하고, 노동자들의 권리를 옹호한 바 있습니다. 1891년 5월 15일 레오 13세 교황은 회칙 〈새로운 사태〉를 발표였습니다. 이 회칙을 소위 '노동 헌장'이라고 합니다. 노동의 신성성과 노동자의 권익을 옹호하고 있기 때문입니다.

"인간 안에서 노동은 본성으로부터 내재된 **두 가지 특성**들을 지니고 있으니, 곧 노동은 인격적이다. 행동 능력이 인격에 속하며, 또한 그로부터 발휘되는 것은 전적으로 그 자신의 것이며, 천성적으로 그에게 유용하기 때문이다. 다음으로 노동은 필요하다. 노동의 결실이 인간에게 삶을 유지하기 위해 필요하다는 이 이유 때문이다. 최대한 따라야 할 자연 자체가 생명을 유지하기를 명한다. 노동이 순전히 **인격적**이라는 면에서 볼 때에, 합의된 **임금**보다 낮은 기준을 설정하는 것은 의심할 나위 없이 노동자에게 달려 있다. 노동자가 자유 의지로 자신의 일을 하는 것처럼, 자유 의지로 저 임금이나 무보수로 만족해 할 수도 있다. 그러나 **인격성**의 국면과 함께 사고상으로는 구별되지만, 실제상으로는 구별되지 않는 **필요성**의 국면이 연계되는 때에는, 아주 다르게 판단해야 할 것이다. 사실 생명을 부지하는 것은 각자의 공통 의무여서, 이를 소홀히 하는 것은 범죄이다. … 곧 임금은 노동자의 생계, 곧 검소하고 성실한 노동자의 생계에 심히 부적절해서는 안 될 것이다."《신앙 편람》, 3268-3270항)

이 회칙 〈새로운 사태〉가 발표된 후 40주년을 맞이하여 사회의 경제적 측면에 대해 좀 더 보완하여 비오 11세 교황은 1931년 5월 15일 회칙 〈40주년〉을 발표하였습니다. 사유 재산의 문제와 노동의 가치, 그리고 공정한 분배의 지침을 주고 있습니다.

"먼저 소유권이란 그 사용과는 구별되어야 한다는 교황 레오 13세가 확정한 것이 근본 원칙으로서 먼저 설명되어야 한다. 소유의 분배를 온전히 지키고 자신의 소유권의 한계를 넘어섬으로써 타인의 권리를 침해하지 않도록 하는 것을 이른바 교환 정의가 명하고 있다. 그렇지만 소유자가 자신의 소유를 합당하게 사용하는 것은 교환 정의에 속하지 않고 다른 덕목에 속하며, 그 덕목의 의무를 '법적 소송으로 요구하는 것은 법이 아니다.' … 오용이나 비사용으로 소유권 자체가 없어지거나 상실된다는 말도 진리에서 한참 벗어나는 것이다. … 공권력은 공동선의 실제 요구들을 고려하여 재산 소유자의 재산 사용에 대하여 정당한 것과 부당한 것을 더욱 정확하게 규정할 수 있다. 더구나 레오 13세는 '하느님께서는 인간의 노력과 민족들의 제도에 따라 사적 소유의 분배를 허용하셨다.'고 현명하게 가르쳤다. … 재산을 소유하고 유산으로 물려주는 것에 대한 자연권 자체는 언제나 온전하게 침해받지 않도록 남아 있어야 하며, 국가도 그 권리를 빼앗을 수 없다. … 어떤 사람이 자신의 이름으로 기업을 경영하여 새로운 형태의 노동을 창출하고 가치 증대를 추구할 때, 그 결실은 노동을 하는 사람에게 공정하게 분배되어야 한다. … 비록 각 개인의 소유로 분배되어 있다 하더라고 여전히 모든 이의 선익에 봉사하는 것을 멈추지 않는다. … 재화는 … 모든 사람의 공동 이익이 안전하도록 각 개인과 인간 계급들에게 분배되어야 한다. 다시 말하면 전체 사회의 공동선이 온전히 보장되어야 한다. … 임금 계약은 본디 부당한 것이 아니다. … 그러나 적정한 임금 배당은 한 가지 점만이 아니라 여러 가지 점에서 고려되어야 한다. … 공동선을 고려하지 않고 사리사욕을 위하여 지나치게 노동자들의 임금을 낮추거나 올리는 것은 사회 정의에 위배된다."(《신앙 편람》, 3727-3737항)

이후 교황님들은 이러한 경제적 문제에 대하여 계속 회칙을 발표하였습니다.

〈어머니요 스승〉(Mater et Magistra, 요한 23세 교황, 1961년), 〈민족들의 발전〉(Populorum Progressio, 바오로 6세 교황, 1967년), 〈노동하는 인간〉(Laborem Exercens, 요한 바오로 2세 교황, 1981년), 〈사회적 관심〉(Solicitudo Rei Socialis, 요한 바오로 2세 교황, 1987년), 〈진리 안의 사랑〉(Caritas in Veritate, 베네틱토 16세 교황, 2009년) 등이 그것입니다.

이러한 교황 문헌에 따르면, 어떤 이익이 창출될 때, 그것은 자본과 노동의 협력의 결과라는 것입니다. 과연 자본이 몇 %를 차지하고, 노동이 몇 %를 차지하는지 결정하는 일은 쉽지 않습니다. 그것을 결정하기 위해서는 자본의 가치와 노동의 가치를 어떻게 생각하느냐에 따라 다릅니다. 교회는 단순하게 그런 비율만으로 임금을 고려하지 않습니다. 공동선과 노동자의 필요성마저도 감안해야 한다는 것입니다. 그런데 터무니없이 노동력보다 자본에 더 많은 가치를 부여한다면, 착취자가 되는 셈입니다. 오늘날 자본주의 체제가 가져오는 폐해를 충분히 생각할 수 있습니다. 자본주의가 최고의 경제 체제는 아닙니다. 현재로서는 다른 어떤 경제 체제보다 낫다고 보는 입장이지, 그것이 절대적이고 최선이라는 것은 아닙니다.

일찍이 예수님이 비유를 통하여 우리에게 일러 주신 이야기가 있습니다.

"하늘나라는 자기 포도밭에서 일할 일꾼들을 사려고 이른 아침에 집을 나선 밭 임자와 같다. 그는 일꾼들과 하루 한 데나리온으로 합의하고 그들을 자기 포도밭으로 보냈다. 그가 또 아홉 시쯤에 나가 보니 다른 이들이 하는 일 없이 장터에 서 있었다. 그래서 그들에게, '당신들도 포도밭으로 가시오. 정당한 삯을 주겠소.' 하고 말하자, 그들이 갔다. 그는 다시 열두 시와 오후 세 시쯤에도 나가서 그와 같이 하였다. 그리고 오후 다섯 시쯤에도 나가 보니 또 다른 이들이 서 있었다. 그래서 그들에게 '당신들은 왜 온종일 하는 일 없이 여기 서 있소?' 하고 물으니, 그들이 '아무도 우리를 사지 않았기 때문입니다.' 하고 대답하였다. 그러자 그는 '당신들도 포도밭으로 가시오.' 하고 말하였다. 저녁때가 되자 포도밭 주인은 자기 관리인에게 말하였다. '일꾼들을 불러 맨 나중에 온 이들부터 시작하여 맨 먼저 온 이들에게까지 품삯을 내주시오.' 그리하여 오후 다섯 시쯤부터 일한 이들이 와서 한 데나리온씩 받았다. 그래서 맨 먼저 온 이들은 차례가 되자 자기들은 더 받으려니 생각하였는데, 그들도 한 데나리온씩만 받았다. 그것을 받아 들고 그들은 밭 임자에게 투덜거리면서, '맨 나중에 온 저자들은 한 시간만 일했는데도, 뙤약볕 아래에서 온종일 고생한 우리와 똑같이 대우하시는군요.' 하고 말하였다. 그러자 그는 그들 가운데 한 사람에게 말하였다. '친구여, 내가 당신에게 불의를 저지르는 것이 아니오. 당신은 나와 한 데나리온으로 합의하지 않았소? 당신 품삯이나 받아서 돌아가시오. 나는 맨 나중에 온 이 사람에게도 당신처럼 품삯을 주고 싶소. 내 것을 가지고 내가 하고 싶은 대로 할 수 없다는 말이오?"(마태 20,1-15)

그렇습니다. 우선 그렇게 계약이 성사되었습니다. 그리고 한 시간 일한 사람에게도 가족들이 하루를 먹고 살기 위해서는 하루 일당에 해당되는 한 데나리온이 필요한 까닭에 포도밭 주인은 그것을 셈해 준 것입니다. 그리고 이 예화에서 우리가 놓치고 있는 부분이 있습니다. 분명 아침 일찍 포도밭 주인을 만난 일꾼에게는 하루 일당 이외에 더 첨가된 것이 있습니다. 우리는 IMF를 겪어서 잘 알게 되었습니다. 일을 할 수 없다는 것이 얼마나 큰 불행인지를 배운 것입니다. 우리는 일자리가 없어서 가족이 굶어야 한다는 현실이 얼마나 가슴 아픈 것인지 압니다. 아침 일찍 포도밭 주인을 만난 사람은 아침부터 기쁘게 일할 수 있었을 것입니다. 왜냐하면 그와 그 가족들은 굶지 않게 되었기 때문입니다. 저녁 다섯 시쯤 만난 일꾼은 아침부터 그 시간까지 고통 속에 있었을 것입니다. 오늘도 그와 그 가족이 굶게 되었으니까요. 그런 점에서 아침에 포도밭 주인을 만난 사람은 하루 일당에 기쁨까지 얻을 수 있었다는 사실입니다. 어떻든 포도밭 주인의 비유를 통해서 예수님은 노동이 단순히 시간으로 계산되는 것이 아니라, 공동선과 노동자의 필요성까지 계산되어야 한다는 것을 말해 주고 있습니다.

베네딕토 16세 교황은 그의 회칙 〈진리 안의 사랑〉에서 경제를 포함한 민족들의 발전이란 '온전한 인간 발전'을 지향해야 한다고 전하며, 기업과 노동자, 자본과 노동에 관하여 다음과 같이 종합합니다.

교회의 사회 교리의 중심 원칙 중 두 가지는 정의와 공동선입니다. 공동선이란 "우리 모두의 선입니다. 자기 자신이 아니라 사회 공동체에 속하는 사람들을 위하여 추구하는 선입니다."(7항) 교회가 의미하는 발전이란 개인과 민족들의 책임 있는 자유를 전제로 하는 인간의 온전한 발전입니다(17항 참조). "모든 사람에게 이익이 되고 실제로 지속 가능한 실질적 성장을 이루어 내는 것"(21항)입니다. 왜냐하면 바오로 6세 교황이 강조한 것처럼 하나하나의 인간, 그 인간들의 집단, 더 나아가서 인류 전체가 중요하기 때문입니다(18항 참조). 인간은 "보호하고 소중히 여겨야 할 으뜸 자본"(25항)이기 때문입니다. 그러므로 "발전이 올바른 것이 되기 위해서는 한 인간 전체와 인류 전체의 발전이 전체적인 것이라야 합니다."(8항) 오늘날 지나친 부의 불균형 사회에서 최우선 과제는 모든 사람의 안정된 고용 보장입니다(32항 참조) 민족들의 발전이 "참으로 인간다운 것이 되려면 형제애의 표현으로서 무상성의 원칙이라는 여지를 마련할 필요"(34항)가 있습니다. "친교, 사회성, 연대, 상호 관계와 같은 진정한 인간 관계가 … 경제 활동 안에서도 이루어질 수"(36항) 있어야 합니다. "기업

경영은 오로지 소유주의 이익만 고려해서는 안 되며, 노동자, 고객, 여러 생산 요소의 공급업자, 하위 공동체 등 기업의 생존에 이바지하는 모든 이해 관계자에 대해 책임을 져야"(40항) 합니다. "기업 활동은 직업적인 의미에 앞서 인간적인 의미를 담고 있으며, 인간 행위로 이해되는 모든 노동 안에 새겨져 있습니다. 따라서 모든 노동자는 어느 모로 '자신을 위해서 노동하고 있다'는 것을 인식하여 고유한 공헌을 할 기회를 가져야 합니다. '일하는 사람은 누구나 다 창조를 계속하는 셈'"(41항)입니다.

가톨릭교회는 이처럼 경제 활동 안에서도 인간 중심을 강조하고 있습니다. 그러므로 소유주의 이익만이 아니라, 노동자들의 권리도 옹호할 수밖에 없습니다. 더욱이 부의 불균형이 지나친 오늘날 교회는 약자 편에 설 수 밖에 없는 셈입니다.

질문
24

지구의 종말은 언제 오는가?

최근 천문학자들은 137억 년 전에 빅뱅이라는 사건을 통해 오늘의 우주가 형성되었다고 합니다. 천문학자 이석영 교수에 따르면, 지구는 태양과 더불어 45억 년 전에 형성되었고, 태양은 1초에 1조 개의 핵폭탄을 터뜨리는 것에 맞먹는다고 합니다. 그리고 태양과 같은 별을 5백억 개나 지니고 있는 은하가 있는가 하면, 1천억 개의 별들을 지닌 은하가 1천억 개 정도가 펼쳐져 있기도 하다는 것입니다. 그럼에도 우리 인간들이 알고 있는 것은 4%에 불과하고, 72%의 암흑 에너지, 24%의 암흑 물질로 구성된 것이 우주라고 합니다. 이러한 우주의 현실은 우리들의 상상을 초월합니다.

그래도 분명한 것은 시작이 있었기 때문에 그 끝이 있다는 것입니다. 천문학적으로는 태양의 수명은 아직도 50억 년이 남아 있습니다. 지구 역시 그럴 수 있지만, 지금도 수도 없이 날아오는 행성과 충돌함으로써 지구가 파괴될 가능성도 많습니다. 물론 목성이 큰 몸집으로 수많은 유성의 방패 역할을 하기 때문에 아직도 이렇게 멀쩡하게 살아남아 있다고는 하지만 지구도 종말의 가능성은 여전히 있습니다.

지구의 종말에 앞서 인류의 종말이 더 궁금할 것입니다. 지구의 종말보다 인류의 종말이 더 앞설 것이기 때문입니다. 얼마 전 세상을 떠난 물리학자 스티븐 호킹(Stephen William Hawking, 1942~2018년)이 지구를 떠난 새로운 별에서의 삶을 조언한 바 있습니다. 지구보다 먼저 인류가 종말을 가져올 가능성이 크다는 것입니다. 인류 멸망의 위험 요소로 핵무기, 환경 오염에 의한 생태계 파괴, 인공 지능 등을 꼽았습니다. 인류 멸망에 앞서 인류의 지속적인 삶을 위해 이 지구를 떠나야 된다는 것입니다. 그렇게 되면 인간은 자신이 사는 곳을 떠나는 최초의 종족이 될 것이라는 이야기를 했습니다.

스티븐 호킹에 앞서서 인류의 종말에 관해서는 많은 예언들이 있었습니다. 여러분 가운데 기억하고 있는 분들도 있을 것입니다. 이장림이라는 목사를 중심으로 다미 선교회(다가올 미래를 준비하는 선교회)에서 1992년 10월 28일 휴거가 일어난다는 주장의 팸플릿을 돌리고, 가두 선교를 벌이자, 많은 사람들이 불안에 떨었습니다. 그런 이유로 평화신문과 평화방송에서는 '휴거설'에 대해서 해설해 줄 것을 요청했습니다. 심지어 불교 잡지에서도 이게 어떻게 될 것이냐고 이에 대해 글을 써 달라고 부탁해 왔습니다. 1992년 7월호 불교 잡지는 "말세는 올 것인가?"라는 특집을 다루었고, 거기에 제 글을 청탁해서 실었습니다. 저는 그 글 서두에 "이제 10월 28일이 지나면 저 사람들은 무슨 말로 변명할까 궁금해진다."라고 썼습니다. 물론 아직 그들의 변명을 듣지 못했습니다. 들을 필요도 없습니다. 그들은 자신들이 기도를 열심히 한 덕분에 그 종말이 미루어졌다고 설명할 테니까요.

이장림 목사의 휴거설 이후로도 시한부 종말론자들의 주장이 끊임없이 나왔습니다. 제가 수집한 팸플릿에 따르면, 세상 종말이 95년도에

온다는 것도 있고, 〈1995년 인류 최후의 해〉, 〈97년 대경고〉, 〈세계화와 컴퓨터 그리고 666〉라는 인쇄물도 있습니다. 그런가 하면 우리나라 텔레비전에서도 '충격 대예언'이라는 프로그램을 통해서 '2000년의 대지각변동', '에드가 케이시의 예언', '노스트라다무스의 1999년 7월 종말설' 등을 비롯하여 세기말 현상을 보였습니다. 1998년 12월쯤에는 경향신문의 어느 기자가 이런 세기말 현상에 대해서 전화로 질문을 해 왔습니다. 2000년의 문턱에서 사람들이 세상의 종말이 올까 두려워하는 까닭이었습니다. 그래서 1999년 여름, 〈세기말 현상으로서의 지구 최후 종말에 관한 예언들과 희망으로서의 그리스도교 종말론〉이라는 글을 학교 잡지에 기고하였습니다. 그해 여름 어느 텔레비전 방송 저녁 9시 뉴스에서 "1999년 8월도 무사히 지나갔습니다."라는 멘트로 뉴스를 끝맺는 것을 들었습니다. 노스트라다무스의 1999년 7월 종말설이 얼마나 대단했는가를 반증해 주는 것이었습니다.

그리고 2000년이 다가오자, 또 다시 똑똑한 컴퓨터가 Y2K라는 오작동으로 2000이라는 숫자를 읽지 못해서 곧 세상에 혼란이 온다는 주장이 있었습니다. 컴퓨터 오작동으로 미사일, 비행기, 모든 은행 전산 시스템의 마비가 와서 세상이 망한다는 것입니다. 그래서 여러분 가운데도 많은 사람들이 라면을 사재기하고, 가스렌지를 사고, 양초를 사 모았다는 이야기들이 떠돌았습니다.

이처럼 세상 사람들은 그 세상의 끝, 곧 종말을 두려워하고 불안해합니다. 그런데 그리스도교 신자들인 우리도 세상 사람들 못지않게 세상의 마지막을 두려워하고 있는 것이 사실입니다. 물론 교회는 그리스도인들이야말로 세상의 마지막을 희망해야 한다고 가르칩니다. 왜냐하면 모든 것이 하느님에게로 돌아가는 것이고, 그것은 완성이기 때문입니다. 세상을 보시기 좋게 창조하신 하느님이 세상을 보시기 좋게 완성하시기 때문이라는 믿음입니다.

그런데 시한부 종말론자들의 주장은 우리의 희망적인 믿음을 공포로 바꾸어 버렸습니다. 그들은 성경을 들이대면서 협박하고 있습니다. 그렇다면 그리스도인들은 왜 인생의 마지막인 죽음과 세상의 마지막을 두려워하기보다 희망해야 할까요?

그리스도교 신학에서 마지막에 관한 신학을 종말론이라고 합니다. 과거 전통적 교리는 종말론의 내용으로 사말(四末)이라고 해서 네 가지 마지막 것들, 곧 죽음, 심판, 천당, 지옥을 다룹니다. 이 세상에 사는 사람들은 결국 죽어야 하고, 죽어서 심판을 받아야 하며, 천당이나 지옥으로 가야 한다는 것입니다. 그러나 성경은 인간의 개별적인 입장에서보다는 인류를 전체적인 입장에서 바라보고 있습니다. 따라서 인류 전체의 마지막에 관하여, '그리스도의 재림', '죽은 자들의 부활', '최후의 심판', '세상의 최종적 완성'에 더욱 초점을 두고 있습니다. 무엇보다도 예수님이 핵심으로 전해 주신 '하느님 나라' 역시 종말론의 중심 내용입니다. 예수님이 전해 주신 하느님 나라를 성찰해 보면 그리스도교 종말론은 더욱더 희망론일 수밖에 없습니다. 개별적인 입장의 사말의 교리 역시 두려움을 주기 위한 것이 아니라, 희망의 교리입니다. 심판에 관해서는 각자의 잘못을 가리는 사심판과 모든 공적 차원까지 포함된 전체적인 최후의 심판으로 나누어 설명합니다. 현실에서 우리는 심판을 두려워하지만, 예수님이 우리를 심판하시는 분이시요, 최후의 심판관이시라는 사실은 큰 위안을 줍니다. 그분은 자비로운 분이시고, 우리의 죄를 용서해 주실 수 있는 분이며, 우리가 잘못의 용서를 청하면 일곱 번씩 일흔 번도 용서하시는 분이십니다. 우리를 죄를 용서하고, 우리를 구원하기 위해서 인간이 되실 만큼 우리를 사랑하시는 분이시라는 사실입니다.

지옥은 하느님과 함께하는 천국을 잃어버리는 것이 얼마나 고통스러운 것인지를 알려 줍니다. 마치 할머니들이 울며 떼쓰는 손주들을 달래기 위해 도깨비나 호랑이가 잡아간다고 하는 것과 다르지 않습니다. 어떤 할머니도 호랑이가 손주를 잡아가기를 바라지 않습니다. 그와 같이 사람들이 천국을 놓치지 않기를 바라는 예수님의 간절한 마음이 담겨 있습니다.

예수님은 우리 모두가 천국에 가기를 바라는 마음에서 '하느님 나라'를 선포하셨고, 여러 가지 비유로 그 아름다움, 그 풍성함, 그 소중함 등을 설명하셨으며, '하느님 나라'에 들어가는 것이 최우선이라는 점을 거듭 강조하셨습니다. '하느님 나라'의 기쁜 소식을 전하는 것이 바로 당신의 사명이었으며, 제자들이 선교에서 수행해야 할 미션이었습니다. 그리고 오늘날 교회가 최선을 다하여 선포하고, 기도하며, 건설해야 할 사명도 다름 아닌 '하느님 나라'입니다. '천국' 또는 '천당'이란 예수님이 선포한 '하느님 나라'의 한자말입니다.

성경에서 세상 종말에 대비하여 "깨어 있어라."(마르 13,37) 하고 거듭 조언하고 있는 것은 사실입니다. 분명 시작이 있는 세상인 만큼 반드시 그 끝 날이 있기 때문입니다. 그러나 세상 종말인 "그 날과 그 시간은 아무도 모른다."(마르 13,32)고 가르치고 있습니다. 그날은 하느님만이 아신다는 것입니다. 이것이 예수님의 가르침이요 그리스도인들의 믿음입니다.

무엇보다 아주 오래전부터 인간에게 최대의 과제는 죽음입니다. 죽은 자에게는 7년 대환란, 세상 종말 그 어떤 것도 위협적일 수 없습니다. 그리고 그 죽음은 나에게 언제 닥칠지 모릅니다. 죽음은 언제나 삶을 다 살고 난 다음 찾아오는 것도 아니기 때문입니다. 나의 죽음은 사이비 종말론자들이 종말로 예고하는 그날까지, 기다려 준다고 말할 수도 없습니다. 나의 죽음은 내일일 수도 있고 모레일 수도 있습니다. 그래서 우리는 늘 깨어 준비해야 합니다. 더욱이 요즈음 공해에 의한 자연 파괴를 점점 피부로 느끼고 있습니다. 인간들이 잘못 경영한 지구가 몸살을 앓고 있습니다. 인간의 이기심과 욕심이 자멸을 재촉하고 있습니다. 이러한 슬픈 상황이 사이비 주장에 더욱 현혹되게 만들고 있습니다. 우리는 자연 파괴로부터 지구를 보전하고 가꿀 책임과 의무에 늘 깨어 있어야 합니다. 그리스도교 종말론은 언제든지 자멸할 수 있는 가능성이 있는 상황에서도 하느님의 권능과 자비를 희망하며, 바로 지금부터 죄스러운 과거를 돌이켜, 미래에는 더 나은 삶을 살도록 촉구하는 것입니다.

그리스도교는 죽음이 예수 그리스도의 죽음으로 극복되었음을 선언합니다. 예수님의 부활은 죽음에 대한 승리이며, 장차 우리도 주님처럼 부활하게 될 것이라는 것입니다. 하느님은 무엇보다 전능하신 분이시기 때문입니다. 여기에 그리스도인들의 희망이 있는 것입니다. 하느님이 우리의 마지막 희망이요, 절대적 희망입니다. 우리는 이 희망으로 모든 어려움을 이겨 낼 수 있습니다. 베네딕토 16세 교황은 이 점을 강조하였습니다.

"어떤 절망에도 흔들리지 않고 위대하고 참된 희망은 오로지 하느님, 우리를 사랑하시고 '끝까지' '다 이루어질 때까지' 계속 사랑하시는 하느님 뿐이십니다."〈희망으로 구원된 우리〉, 27항)

물론 하느님이 우리의 마지막이요, 절대적인 희망이지만, 우리에게는 이 참된 희망 이외에 우리들이 삶을 조금씩 조금씩 진전시키는 희망이 필요합니다. 부부들이 백년해로하고, 자녀들이 성장하여 결혼을 하고, 그래서 손자들이 무럭무럭 자라는 희망, 세상 끝 날까지 그래도 신뢰할 수 있는 교회에 대한 희망, 한반도의 평화와 대한민국의 경제적, 정치적, 문화적 성장이라는 희망이 필요합니다. 그러나 이러한 모든 희망의 토대는 여전히 끝까지 우리를 사랑하시는 하느님입니다.

그리스도교에서 죽음은 한 인간의 운명이 무로 사라지는 마지막이 아니라, 새로운 삶을 위한 관문이라고 설명합니다. 그 때문에 예수님께서 죽음으로부터 부활하셨다는 것입니다. 그러므로 예수님의 부활은 인간이 영원히 행복하게 살고 싶어하는 염원이 비로소 성취되기 시작한 역사적 순간이라는 것입니다. 그리스도교는 바로 예수의 부활이라는 사건에서 제자들이 다시 예루살렘에 모임으로써 시작되었고, 우리들의 희망인 부활을 선포하기 시작한 것입니다. 그런 이유로 부활이 그리스도교 복음 선포의 핵심이 된 것입니다.

결론은 분명합니다. 종말은 있습니다. 그러나 그날과 그 시간은 예수님께서 말씀하셨듯이, 하느님만이 아십니다(마르 13,32 참조). 물론 스티븐 호킹이 말한 것처럼, 인간이 인류의 종말을 스스로 앞당길 수 있는 가능성도 없지 않습니다. 주님이 경고하신 것처럼, 늘 깨어 있어야 할 뿐입니다.